思
问
siwen

爱智·包容·笃行

Hingabe der Gedanken

思想的虔诚

余 平 著

思问文库
编委会
四川大学哲学系

陈志远	郭立东
韩　刚	韩　媚
黄路苹	李　裴
刘　娟	史冰川
熊　林	杨顺利
余　玥	

一个思者的虔诚

掠过思

寂寥的天空

迎面而过的是

浩浩荡荡的

学术葬礼……

目 录

再版—时刻
001

写在前面
005

上篇 思，在此划然而过

传统与传统物之思
3

海德格尔的死亡之思
17

科学与科学精神之思
43

"哥白尼式的革命"与哲学言说的困境
52

海德格尔的良知之思
64

海德格尔的栖居之思
89

栖居之桥的现象学沉思
——海德格尔的栖居之思（续）
109

海德格尔存在之思的伦理境域
126

"朝向实事本身"之思
140

"自然长生之道"的信仰性奠基
——《老子道德经河上公章句》读解
200

《想尔》之道的现象学定位
220

下篇　思，在栖居中鸣响

· 在世之思意 ·

金庸漫笔
252

贺　词
256

命题采访
258

会议发言提纲
263

思想与学术的争执一则
270

汉语人文学术写作终生成就奖评语
279

"后记"之思
284

· 课桌间的解蔽时刻 ·

哲学系本科新生致辞
294

学院硕博士新生致辞
301

学院毕业典礼致辞
304

哲学系复系 60 周年暨独立庆典致辞
306

我的大学教－学理念
310

哲学系本科考题一份
313

走向《存在与时间》（讲座提纲）
316

思与诗的风云际会
——由研讨海德格尔的《语言》引发而来
327

跋　文

哲学是一种出类拔萃的生存论现象
379

再版—时刻

什么是再版？问得更精准点：再版在说着什么？

按字典上的一般解释，"再版"指的是"书刊的第二次出版或重新修订出版"。这样的解释自然没问题，但无疑只是一种"操作性"的解释，虽然普遍适用，但对每一个实际生活中的再版来说，却是完全无关痛痒的，因为它实际上什么也没有说出。

作为一个时间性的发生－事件，现实生活中的再版，乃是千姿百态的。再版，通常说的是由读者的某种需求而来，如各种教材以及实用性流行读物等的再版；或者可能说的是源自意识形态或文化传统的某种需要，如各类信仰性经典、政治性文本等的再版；当然了，再版说的也可能是横亘在某个专业领域、使所有的研究者均无法绕道前行的经典文本，如哲学领域中的《纯粹理性批判》《逻辑学》《存在与时间》等名著的再版；抑或是那些涵养人文或文化底蕴的必读文本，如古今中外的各类名诗、名画、名著等文本的再版；另外，再版也有可能说的是被某个时期的某种社会思潮或精神意向所切中的文本，如《权力意志》《精神分析引论》等著作的再版；甚至还可能是某种特定历史－社会境况的变形表达，如上世纪90年代前后以金庸为代表的武侠书的再版；等等，等等，不一而足。

显然，所谓再版，绝非是在诉说"第二次或第n次出版"这种量之空洞或空洞之量，毋宁说，本真位面的再版，总是意指着某个再版－时刻，亦即意指着某种特定的社会－历史世界的聚集性到达。因此，每一次再版，都是一个再版－时刻，一个独特的在世－存在之云集着的绽开时刻，就是说，一个独一无二的存在－时刻。

承蒙川大哲学系的一个善意筹划，拙著《思想的虔诚》有幸获得了再版的机会。不过坦率地讲，在此思魂溃败、实用至上以及常识流亡的时代，事实上压根儿就不会发生什么"思想的虔诚"这样一回事，因为只消这个命名便已经意味着：1. 踏上一条彻底追问的道路；2. 逗留在此追问道上，忍受着思之决断的踽踽独行。所以，此时此地，没有什么"思想的虔诚"之"再版"－时刻，但这个"没有"，却又反射回来构成着当下的再版－"时刻"。

拙著取"思想的虔诚"为名，并不是要企图标榜拙著的运思有何不同凡响，倒不如说，"思想的虔诚"作为命名，恰好是弥漫伸张着的无思情景的一个刚性确证；换句话说，《思想的虔诚》力图呼唤向来缺席之思想的到来，并企图以纵深推进的思之"路标"和"栖居之思"的叙事方式，具体地践行这种呼唤。

在历史天命的起伏笼罩下，这种呼唤领受着自己决断性的命运。当是时也，作者不禁叹息：从初版－时刻到再版－时刻，区区五载而已矣；然，对作者来说，韶华已逝，江湖远去；继而，举目四顾，猛然惊心于历史沧桑：曾在，已然魂断溃败；将在，已然自我封印；现在，卡死在曾在着的将在上。于是，此刻此境，作为命名的"思想的虔诚"，重新发出召唤，再一次向着思想的耳朵，鸣响。窃以为，这也许便是拙著《思想的虔诚》的再版－时刻之价值所在，尽管微不足道。

最后我要说，再版之于作者，其实是痛苦的，因为一旦踏上彻底追问的道路，就势必恨不得将被再版的文本全部重写：彻底的追问引发回行，而回行则将人逼向重思和重写。但一切走过的道路，自有其那时那样存在的尊严，故而，就让读者去回行、重思和重写吧，而作者本人的重思－重写，则已留给作者余生的著述《思想－时刻》中的"重思－时刻"去践诺。

拙著的这次再版，增加了一个在四川大学哲学系建系 60 周年大会上的致辞，删掉了一个书评，并对初版的开本等形式，作了些调整。

感谢川大哲学系的善意筹划；

尤其要感谢张琛琛女士，由于她的独特劳作，才使得这个版本拥有了全新的面貌。

余　平
2023 年 4 月 2 日于奥克兰

写在前面①

一个学者的哲学生命显现无非是:"思"及其"问"。只有置身并维持在思-问鲜活的生存状态中,所谓"哲学"才可能到场。故而哲学作为"智慧"的涌动之源,就是思-问的聚集性绽出,就是思-问的存在性打开。

思-问的第一要义是虔诚,对"事情本身"的虔诚。如若没有这种虔诚的统摄,事情本身便已然板结而全面蜕变,思-问也随之扭曲而面目全非。始终持守对事情本身的虔诚,始终献身在思-问的虔诚之中,这不仅是作为自由的人之尊严的吐露,更是哲学"存在"之辽阔所在。思-问之虔诚意味着敞开,朝不断收放着自身的"存在深渊"的敞开。敞开绝非撤换一种理论,更新一个观点;质朴的敞开是知其白而守其黑,是在敞开着的遮蔽中深度地恭谦聆听。在这种响应存在本身的聆听中,哲学之为哲学

---

① 2004年左右,我系全体教师为获取博士授权点资格而东奔西突。在一片迷茫中,我们将一套自己胶印的论文集送给相关专家。该论文集被命名为《思问》。"思问"从此遂成为四川大学哲学系的标志性"品牌"。这是我作为当时的系主任为这套论文集写的前言。

才真正贯穿我们，敞开之为敞开才真正造访我们。

如此的敞开引向思－问之道，澎湃争涌着的思－问之道。前辈哲人思－问的光芒，默默伴送着我们，绵绵奔袭着我们。于是，我们被逼向一种严峻的境况：要么聚入并见证思－问之道的自由和尊严，要么在哲学的过道里毫不相干。历史性生存的泡沫总会喧嚣一时，然而持续不息流淌着的，始终只是下面的思－问之深流。

这里结集的论文，我不敢说是"深流"，那是历史本身才可能作出的判决；但是我敢说：它们是虔诚的，开放的，是全力以赴地走在不断涌动着的思－问之途中的。

忝为绪言，不胜惶恐。

余 平

2004 年 9 月 18 日于川大

上篇　思，在此划然而过

踏上这条道路,乃思想的力量;
保持在这条道路上,乃思想的节日。

—— 海德格尔 ——

传统与传统物之思[1]

传统之成其为问题,从来是在认识论层面上被摊出的,即总是作为认识重构的对象被提出的。这个现象本身就构造了一种反思传统的"传统":对于传统,只存在诸如"传统与反传统""传统的继承与批判""中体西用与西体中用"之类的问题。这些问题本身无可厚非,而且它们往往直接凸现某种生存上的危机。但是这些问题也把我们带到了认识论维度的极限处;所有这类问题都是并且也只能是在传统本身之中被提出;换句话说,当我们在认识论的境域内去把握上述问题之际,"传统本身",活生生的传统本身却仍然在这种把握方式的视野之外。这个令人尴尬的理论困境,迫使我们不得不将探究的目光投向传统的另一个维度,这就是传统的存在论的或"存在"的维度。

一 传统与传统物——传统的非对象性

只要我们谈论传统,就避不开这样一个接踵而至的追问:传

---

[1] 该论题曾以"论传统的本体论维度"为题发表在《哲学研究》1993 年第 1 期上。成书时对注释以及个别术语作了些调整。

统是什么？或："传统"这个词究竟指的是什么？

问题一经提出，答案便随之涌出：传统即那些出土及未出土的供人凭吊古昔的废墟遗址，寝殿陵阙；那些如今已经和者甚寡的杜稿钟隶，戏曲诗词；那些不断被开辟为旅游景点的或精巧或辉煌的楼观飞阁，寺院庙宇；那些收藏家的书斋中抑或图书馆的书库里深窖着的漆书坟典，孤本绝版；还有那些已经流逝或正在流逝的风俗、礼仪、道德、艺术、宗教、制度；等等。所有这些在"过去"的时间向度上向我们开放着的东西，触之凿凿，唾手可获，扭身可弃，似乎使得上面的问题成为不言而喻的。然而，传统就是上述这些积淀着"过去"的既定的东西吗？或者说，愈"久远"的东西就愈传统吗？

任何肯定的解释，都注定会在这个追问的深处趋于瓦解：如果传统被界定、归结为一种以感性或理性的形式现成地摆在那里的东西，它就被有意无意地对象化了；而传统一旦从人这里被剥离出去硬化为一种自在自足的实体，那便意味着，我们一方面从理论上把人的生存内容彻底掏空了，因为当人硬是从自己无法跳出去的传统中跃出去时，它就只能成为一个抽去了一切现实规定的空洞虚假的存在者；另一方面又在实践上陷入了"文化大革命式"的幻觉：同传统的决裂或对传统的守护，就是对那些面对我们的诸如菩萨、宫殿、祠堂、藏书、风俗、思想甚至脑袋之类的对象性东西的粉碎、捣毁、铲平、焚烧、厉禁和砸烂，或者相反变成对这些东西的重塑、仿造、修缮、再版、开禁和复旧等等。

这种"瓦解"直截了当地向我们端出了一个结论：传统之为

传统,首先就在于它本质上不是对象。① 对于上面那些现成的或给定的对象性东西——不管是有形的(如宫殿、寺庙、菩萨、礼仪之类)还是无形的(如作为认识对象的法律、道德、思想之类),我们将之命名为"传统物"。所谓传统不是对象,实即指它不是对象性的传统物,虽然前者非但不能脱离后者而独立自存,并且传统物不仅庇护着传统,而且还组建着传统的能指面。万里长城沉默地屹立在群山峻岭之中。对于一个非中国人来说,它只是一座世界上最长的城墙,或一座颇具观赏、游览和种种研究价值的城墙。可对于在这座城墙周围生生死死了两千多年的中国人而言,本真的绝非其长度,绝非其旅游的以及技术的价值,也绝非其作为漫长历史巨流的沉积物而成为历史学的认识对象的价值,而是它那数千年滔滔不断的传统自己的"言说",那不绝如缕的"传"和"统"的种种"现身"以及重新现身。作为单纯的对象性的传统物,即令它完好无损,也不能不存在于我们的庇护之下(如"国家一级重点保护文物"之类规定);但作为使传统现身的能指物,即令它残缺不全,即令我们没有亲临过它,我们也不能不生存在它的统摄之中:这个具有无限再生力的传统的能指物聚集、成形、过滤和承传着一代又一代中国人的梦想与现

---

① 汉语"传统"一词由"传"和"统"组建。传,驿也,本指一站传一站的意思;统,纪也,原指丝的头绪。因此,"传统"一词源始地说出的不外乎是:从某种源头而来绵绵不绝的由彼及此的递送着的"存在"本身,而非某种"对象性的存在物"。英语的"传统"为"tradition",词头 tra(trans)的意思是"横过、贯通、超越、变化、转移"等等;di(dis, dia)的意思是"通过、离开、二次、分开"等等;词尾 tion 表"动作、状态"等等。不难看出,tradition 的重音显然是"通过、贯通、变化"等等的"存在",也非某种"对象性的存在物"。"传统"与"tradition"之所说,何其遥相呼应!

实、伟大与平凡、英武与怯弱、智慧与愚昧、自豪与耻辱、先进与落后等等，一句话，"传"和"统"着中国人作为中国人而生存的诸种生存方式。从这种活生生"生存着的"意义上讲，万里长城根本就不是一座由死气沉沉的砖石砌成的城墙，它简直就是一条由每一代中国人的各种"在世"（being in the world）方式砌成的灵魂的疆界；这种疆界不断地使中国人重新生成为中国人，并且绝不会像它的砖石那样在时间的无情侵蚀中流逝。

由此可见，传统物之于人，本质上是外在的，尽管它伸手可及，但转身也可弃；传统之于人则是"内在"的，它虽然确实不可"捉摸"，但却组建着人最基本的存在方式。传统，乃传统物的传统，更确切地说，乃传统物之生存；反之，传统物之成其为传统物，它之所以能作为传统物来呈现，作为传统物被命名，那仅仅由于它存在于传统之中。理解这个"存在论差异"，是进入传统的存在论维度的根本前提。

人们在传统中活着，在传统中死去，在传统中言说，在传统中写作，乃至在传统中继承以及反叛"传统"，概言之，人总是已经居住在传统之中。人在，传统在；传统在，人也必定在。传统乃人作为人而生存的基本样态，乃人"在世"的基本方式。不能想象，没有传统还能有人的存在。人与传统这种在存在维度上的同一敞现了一个无法规避的事实：人实际上无法将传统作为对象性的东西即作为传统物来占有以及失去。从存在论的严格意义上讲，传统无所谓占有或失去，因为它本质上是非对象性的；或者换一个说法，作为对象，传统不存在。能够作为对象来占有和失去的，只能是传统物，而且还只能在传统中去占有和失去。换言之，我们既不可能像收藏历史文物那样去拥有传统，也不可能像观赏残垣败壁那样去对传统评头论足，因为在这样做之前和之时，我们自己已经隶属于或正在规定着传统。说得更狠点，传统，无论你自以为在高扬它或贬损它，继承它抑或批判它，其实都无一例外地守护着它，因为传统不但无法捍卫，也无法委弃。传统看守着一切挤上前来的高扬和贬抑、继承和批判。假如你觉得已经占有或摈弃了传统，那一定是你自己被占有或被摈弃了：你被你以为被摈弃的所占有，你被你以为被占有的所摈弃。

所以说，传统不是对象，既不是认识的对象，也不是实践的对象，它组建或奠基这些对象，其本身却不是对象。一切把传统当作对象性的传统物来捕捉的理解以及解释，都必然在这种捕捉中与传统交臂失之，并由此形成对传统的存在论实质的一种根本性遮蔽。

二 传统与时间——传统的历史性

传统不是对象，这个命题不像日常话语中的否定判断那样，等待着一个合适的宾词。[①] 换言之，"不是对象"所否定的不是主词的某一个给定的和现成的规定，而是对主词"传统"的一切可能的完成性、既定性和现成性本身的解构。正如任何建构都这样那样地在解构一样，一切解构也同时在建构。这就是说，这个命题在解构的同时也敞开了一个完全不同的解释学处境，即一个使我们的理解和解释得以从正面突入传统的存在论深处的境域。

[①] 即不像类似"苏格拉底不是中国人"的否定命题那样，等待着一个现成确定的宾词"古希腊人"来替换现成不确定的宾词（"不是中国人"），从而转换成"苏格拉底是古希腊人"的肯定命题。一切日常的否定命题都奠基于肯定命题，因而也指向肯定命题。

这个境域便是传统的"历史性"。

传统的历史性,乃传统的存在论问题以至有关传统的全部问题的精髓。关于传统的所有问题,最终都根源于对于传统历史性的领会。比如,不管我们将传统领会为对象性的还是非对象性的,实质上均源出于对传统历史性的领会,虽然这种根源性通常都不是明-显的。因此从很大程度上讲,理解传统就是去赢获对其历史性的理解。

然而,传统的历史性说的是什么?一般说来,这个概念不是从"存在论"便是从"认识论"的意义上被领会的。就前者而言,传统的历史性指一切传统物均为在时间上的"过去"所限定的时间性。一座古朴雄奇的建筑物、一种古风盎然的风俗礼仪、一个奉为国粹的道德体系乃至一套风格独具的饮食方式,一经被界说为"传统"(其实是传统物),那就表明它们被界定在"过去"的时间界线之内,其所有的意义都从"过去"涌现:或者作为产生于过去的东西对现在继续有效用(如一个理论体系、一种工艺技巧等等);或者作为过了时的抑或过去了的东西对今天已无实际效用(如一个不再时兴的礼节习俗、一件已朽蚀的器皿等等)。就后者而言,传统的历史性实际上意指从传统的时间性派生出的对传统的某种理解或解释性,并且特别强调地意指一切传统物与现在的某种断裂性或连续性。一个不知道或不懂得历史(知识)的人,被定义为不继承传统或者历史-传统上的虚无主义者,仿佛这种人由于自己的"不知道"而促成了现在与传统之间的断裂;一个对历史(知识)头头是道的人,则被规定为承继传统或者历史-传统上的保守主义者,仿佛这种人由于自己的"知道"而构造了与传统之间的连续性。

上述两种关于传统历史性的理解，实质上均未能真正切入问题的本质处，毋宁说反倒使问题的本真意义更加隐而不彰。且不说"传统"的历史性不等于"传统物"的历史性（前者是源始的，后者是派生的），即使从传统物的层面上讲，其历史性也无法从日常时间概念的"过去"那里获得澄明。当我们说传统有历史性时，说的绝非传统具有"过去"的性质；"历史的"与"过去的"根本不能相提并论。某一传统物，绝不会由于被推向越来越久远的过去就变得更有历史性，似乎愈古老的东西便愈本真地具有历史性似的；同理，一个精通历史的历史学家与一个无知无识的文盲，也绝不会因为其"精通"或"无知"而更加隶属于传统或者更加超然于传统。

历史性不是附着在传统上"流俗的时间"属性，更不依附于对于传统物的理解和解释；历史性之于传统根本就不是什么"属性"，而是传统绽出自身的基本方式，传统生存的根本机制。如果说，人在传统中出场，那么传统就在历史性中到场，在历史性中现身。讲得具体点，传统在其历史性的两个环节中现身。

传统历史性的第一个环节是占有过去的传统物。把捉这个环节的关键在于领悟"占有－被占有"的存在论关系。作为被占有者，过去的传统物通常被视为一种其内容、结构、信息、意义等等都已自然封闭了的给定的东西，因为"过去了的"似乎原本就是指"已完成了的"。实际上，这种将"过去"理解为"以前曾经——但现在已不"的流俗时间观在存在论上是站不住脚的。过去之为过去，并不在于它的相对于现在的流逝或"不存在"，正相反，在于它的向现在的某种涌流；换言之，过去仅当其以某种方式涌入现在时，它才成其为它之所是。这意味着，过去从来不是一种硬结现成的东西，而是一个本质上始终未完成的、集结着待规定的无穷可能性的王国，否则它就不可能向现在涌流。因此，过去之为过去，就在于它使自身作为可能性来"现身"，把可能性作为向现在开放的可能性来"生存"。

但是，若过去的本质便在于向现在的涌流，那么它究竟怎样涌入现在？作为一个独立自存的源泉自动地向外涌出？抑或不间断地从时间之流中涌出？从存在论视界看，被占有者只有在被占有之际才成其为被占有者，就是说，过去的传统物只有当其作为可能性而为作为"占有者"的传统所攫取和吸收时，才真正成其为它所是的东西。所以，所谓过去向现在的涌流，实即传统对传统物之可能性的占有。这种占有乃存在论意义上的占有，即"存在"（to be）层次上的占有。第一，这种占有是源始的。传统只消存在，便已经在某种范围内占有了过去的传统物。传统，首先就是对传统物的"传-统"，而且它只消存在，就总已经在"传统着"传统物。这种生存意义上的"传"和"统"，先于一切在认识论视界内作为对象被如何如何"继承、批判以及改造"的"传统"。① 我们不可能站在传统之外先凭空对传统物进行认识论上的取舍，继而才挟着这些认识论上的猎获物走进传统；正相反，只有当我们已经居住于传统之中，只有当传统已经在存在论上"存在"，才谈得上认识论层面上的诸如"继承、批判和改造"之类的取舍。第二，这种占有是传统绽显自身的基本方式之一。所谓传统在占有传统物上的"源始性"，不是指传统是某种类似"深层结构"那样的东西。不是先有一个虽隐在暗处却仍属现成

---

① 这里的"先于"意指存在上的而非流俗时间上的。

的传统，然后这个传统才走到自己之外去占有传统物，毋宁说，对于传统物的始终先行着的占有本身即传统。正像传统物的"生存"就是被占有一样，传统的"生存"就是占有。传统本质上是绽出的，是在对传统物的活生生的"传"和"统"之中生成的。

传统历史性的第二个环节是敞现将来。说传统敞现将来，这似乎无论如何都讲不通，因为"将来"这个词本来就指一种"现在尚不——但是以后"的悬欠在外的状态。将来之为将来，就在于它始终"尚未到来"，那又怎么能说传统会"现实地"敞现这种"尚未来临"的状态呢？事实上，这种对"将来"的理解，只不过是上面那种关于"过去"的理解（"以前曾经——但现在已不"）的必然延伸而已。"尚不"与"已不"互为前提和补充，而且源出于同一个根本性的理解，即视传统为既定的、现成的（传统物）。其实，传统只要"存在"，从来就无法把自己规定为现成之物。这意味着，将来并不是相对于一个现成的传统的尚未，它不是还在远处而尚未进入传统之内的东西。作为悬欠，将来乃传统生存上的尚未，这种尚未归属于传统的存在本身，传统现实地就"是"这种尚未，而且传统只消存在，它就总是"尚未着"，或者说，它总以尚未的方式"存在"。这种尚未直接泄露了传统的存在论实质：传统本质上是一种"能在"。作为能在，传统始终受到来自它自身的袭击：每当它攫取传统物的某种可能性从而实现自己作为能在的存在时，它便总是已经丧失了作为其他种种可能性的存在。正是这个"已经丧失"袭击了传统；传统在实现某种可能性亦即使之化为对象性的传统物的同时，就被从自己的此种"实现"中挤出；那些已经丧失的种种能在不仅不会由于这种实现而冰消瓦解，相反势必从荫蔽在那个实现了的能在的晦暗处走出来，进而使传统的能在本质益发显得咄咄逼人。不难看出，这个"已经丧失"使传统永远居于一种等待完成的状态之中。所谓"等待完成"当然不是说传统要等到"完成后"才开始存在——"完成后"反而就不存在了——而是说传统始终不是它的"已是"，始终就是它的尚未。传统以"等待完成"的方式生存。因此从存在论上讲，作为能在的传统本身就是开放的，就是说，只要传统存在，就必然敞现着"等待完成"意义上的将来。

无须赘言，传统历史性的这第二个环节也是源始的和传统绽现的基本方式。不过，占有过去根植于敞现将来：只因为传统源始地敞现着将来，源始地以"等待完成"的方式使自身绽出，源始的占有以及在这种占有中绽现传统自身才有可能。这意味着，传统实质上是占有着的敞现或敞显着的占有。在占有着的敞现中，传统突入现在。"现在"绝非处于"过去"与"将来"之间的一个自我封闭的"阿基米德点"，因为这种被领会为"真正现实的现在"，使过去的"不存在了"，使将来的"还不存在"，使现在的"已经过去了"，从而便不能不使作为现实的自身最终化为泡影。传统的现在始终是被赢获的，始终是在占有着的敞现或敞现着的占有中被赢获的。因此，传统的现在必须去赢获，有如当代哲学解释学家伽达默尔所说，传统"是我们自己把它生产出来的"，因为我们"参与到传统的进展之中，从而也靠我们自己进一步规定了传统"。[①] 然而，赢获现在便意味着赢获作为占有着的敞现而突入现在的传统整体；这又意味着，传统的现在也就是传统作为整体统一到场，作为整体统一"到时"。这种整体，

---

① 参见伽达默尔：《真理与方法》，第261页，1975年英文版。

就是传统的历史性;这种历史性,就是历史性的传统本身。动物"有"时间,人则有历史;人之所以能有历史,就因为他在"传"和"统"之中生存,即就因为他总以"占有着的敞现突入现在"这种历史性的方式生存。所以,人类的每一个个体始终生存在作为整体的"人类"之中:他分享这个统一到场的整体存在,同时又在他的分享中以自己个体的存在扩张着这个整体存在。

三 传统与语言——传统的语言性

"语言是储存传统的水库。"① 这是当代哲学解释学提出的关于传统的一个著名命题。从这个异常触目的命题中,浮现出了传统存在论维度的边界。

如前文所述,传统在其历史性中到场。但是,作为占有着的敞现突入现在的传统究竟以什么具体方式到场?这个具体方式,质言之,就是语言。

如果说,人消费传统,传统就消费语言。语言之于传统,其意义首先是存在性的。自亚里士多德以来,语言的存在意义一直为语言的功能性所荫蔽,并由此而构成一个误区:传统在人之外,而语言又在传统之外。所以人们能够提出的问题从来便只能是:怎样选择传统?继承?摈弃?批判地继承?而这又自然决定于这样的问题:怎样运用作为工具的语言(即科学的概念)去发现、揭示、理解和解释传统?问题原本未可厚非,可若滞留于这样的追问中,以为只要坚执着这类追问便看守着传统的本真意义,那就势必会错失我们正在看守的东西。正像人不在传统之外

---

① 伽达默尔:《哲学解释学》,第61页,1976年英文版。

一样，传统也不在语言之外独立自存。伽达默尔说得好："语言不是意识与世界沟通的工具之一。"① 绝非我们先有了语言，然后才运用这个作为工具的语言去建立与传统的存在论纽带，而是我们只能生活于处在语言方式的传统之中。每一代人乃至每一个人都必然会进入语言，而进入语言就是进入传统。一个文本、一个句子就是一种召唤，甚至一个词也是一种召唤。"父亲"（或"爸爸""爹爹""老头子"等）这个词并非意指一个作为生物体的存在者。这个命名从我们一开始牙牙学语时便在向我们不停地呼唤。呼唤什么？呼唤传统到来。一方面，呼唤使以各种历史形态在世的被呼唤的传统物聚拢：父亲意味着家父、严师、权威、真理、君－父、忠孝、荣誉、事业等等，甚至意味着庄重、谨严、进攻、毅力、不屈、大度、宽容等等。另一方面，呼唤便是邀请，它邀请倾听者在自己本真的言说中去承诺或拒绝或改造上述传统物，而这就已经生存于传统之中了。因此，语言乃传统"存在"的言说，乃传统自己的"声音"。传统居住在语言之中。

必须强调指出，存在论意义上的语言不是作为操作对象的语言（即作为操作对象的口语、书面语、图像语言、身体语言等等），而是本真意义上的语言，或者说世界在其中呈报和展现以及人在其中与世界照面的语－言。犹如传统不等于传统物，说着的"源语言"也不等于任何作为存在者的对象性语言。正是在本真的"源语言"的意义上，语言才成为传统存在的声音，传统栖身的处所。

还必须进一步指出，传统储存在语言中，但仅仅在语言中

---

① 伽达默尔：《哲学解释学》，第62页，1976年英文版。

吗？难道传统不也同样储存在风俗、礼仪、道德、制度、建筑乃至饮食等等这些传统的非语言性的诸能指系统之中吗？的确如此，若撇开语言的存在维度的话。可问题恰恰在于，语言的存在维度归根到底是撇不开的。在传统的各种能指系统中，语言为什么具有其他非语言的"水库"所没有的优先地位呢？这源出于语言在存在论意义上的"主体间性"。如果传统消费语言，那么语言就"消费"存在。语言是什么？不是声音，不是字母，更不是图像和偏旁部首。语言存在，只因为它诉说，故语言就"是"诉说。谁在诉说？"主体间"在诉说。无论从什么角度看，从什么意义上讲，每一种语言乃至任何一个词都是也只能是主体间的诉说。向谁诉说？"诉说"这个词本身便袒呈出语言在共时和历时向度上的为他性，即主体间的共在本质。首先，一切诉说仅当它向或为同样作为主体的他人诉说时，仅当有一个倾听者时，才有必要诉说（即便独白和沉默的诉说也不例外）；其次，任何诉说实质上均是人类的诉说，只因为如此，诉说本身才可能发生，尽管"个体"总是诉说的承担者。作为语言，每一个词都诉说着人类的故事，每一个词的深处都回荡着人类的声音。语言直接使个体成为"人类"：个体只要"有"语言，这语言－诉说就注定会成为人类的声音，个体就注定会卷入主体之间的诉说。语言乃裸露着的主体间性。就因为语言是主体间性的直接现实，所以它不仅在传统众多的能指系统中卓然特立，更为本质的在于：一切作为传统能指系统的非语言的传统物，无一例外地都为语言所统摄，就是说，它们只有处在语言的光照以及荫蔽之下，并为语言之光所历史性地摄取时，才会活起来作为生存着的传统被通达。

因此，说语言是传统的蓄水库，这不意味着说它是一个外在的容器,而是昭示着语言是传统最基本的生存方式。我们已知道,传统之为传统,首先就在于它本质上不是对象性的传统物。传统之所以不是对象性的,就因为它首先是主体间性的。"传"和"统"本身便不容置疑地指向主体间性。同样不容置疑的是,传统只有居住在语言中才能成为主体间性的。所以语言的界线必定就是传统自身的界限。传统使人敞开,语言则使传统敞开。这种存在论境域中的敞开,使每一代人都能够在拥有整部人类史的基础上去重构一个自己的历史世界。然而,敞开就是遮蔽,敞开已经遮蔽。当语言摄取世界时,它仅仅能够允诺给居住在语言状态的传统中的人一个历史性的世界。从存在论的视界上理解语言-传统的这种敞开-遮蔽的二重一体性,也许是我们进入对传统的"创造性转换"的先决条件。

上面已指出,语言是传统的存在论维度的边界。边界不是一条外在的感性线条,毋宁说是一种"界面",即一种同时贯穿着、界定着边界两端的界面:作为边界,语言诚然建构并限定着传统的存在维度;但作为边界,语言也同样组建和形成着传统的认识论维度。因此,廓清了传统的存在论维度远不等于传统本身的澄明,而是从存在论的深处再一次把我们逼向认识论的维度。然而,这已超出本文触及的边界了。

海德格尔的死亡之思①

人类对死亡的思考,从古到今绵延不绝。在海德格尔之前关于死亡的种种思考中,不乏许多精辟的见解和深刻的论述。但这些不是以实用就是以教化为指归的思考,无法透入产生并支配这些思考的"存在"根处。无论死亡被理解为一种自然现象或一种生理现象,还是被阐释为一种社会现象或一种超验的彼岸现象,其理解和阐释的本质依据都在于:死亡不在场。更确切点说,一切理解和阐释都奠基于"将来会——可现在尚未"这种关于死亡不在场的基本领悟上。然而,理解和阐释不在场者意味着什么?意味着作为不在场者的死亡注定不可能向各种理解和阐释敞显自身。敞显便意味着在场,在场才能敞显。当然,缺席也构成一种在场,但这种不在场的在场却无疑意味着不在场者尚锁闭于自身,隐匿于自身。换句话说,死亡不在场这个依据本身就已从根本上阻塞了通达理解死亡及其意义的道路。

---

① 该论题曾以"论海德格尔的死亡本体论及其阐释学意义"为题发表在《哲学研究》1995年第11期上。成书时有些术语上的调整。

海德格尔的死亡之思令人震惊。这种震惊与其说源于其观点的批判性或方法的独特性或论证的穿透性，毋宁说源于不断从其思考中朝理解者和阐释者席卷而来的在场性。与所有传统的对于死亡的理解和阐释图式不同，海德格尔没有去构造某种关于死亡的具体概念、理论、态度等等，而是通过其深沉的死亡之思，让死亡是其所是地在场。死亡在场，这个显得异常怪诞的思想，乃海德格尔全部死亡之思最本真的言说。经过此言说，不但死亡由遮蔽走入敞开，同时那幽闭着的死亡的生存意义也挡不住地释放了出来。

笔者试图进入通过海德格尔死亡存在论诞生出来的阐释学境域，并进而去赢获它的阐释学意义。

一 死亡存在论的解构——死亡不是一个事件

一触及死亡，我们就不由自主地消失在各种生理学的、心理学的、社会学的、伦理学的以及政治的、法律的、道德的、艺术的、宗教的直至常识习俗的死亡概念、死亡意识、死亡心理和死亡理论之中。凭借着这些形形色色的可以统称为"死亡观"的概念、意识、心理以及理论等等，我们"观"到了些什么？观到了诸如关于死亡的生理学界线、心理学过程、社会学价值、法律学意义、伦理学态度和社会禁忌这些东西。无可否认，这些来自不同角度流行的死亡观，将被观的死亡现象带到理解和解释的光照之下，从而在不同的层面上彰显着死亡的种种本质和意义。

但是正如一切肯定都已否定一样，任何彰显都已经荫蔽。当死亡作为一种对象性的事件（无论是作为单纯的生命现象抑或作为复杂的社会现象）在认识论的各个层次被收摄为各种死亡观时，这些"观"出的一系列关于死亡的本质规定和意义同时也淹没了一切死亡观赖以构建自身的源始根据，淹没了死亡在人的生存中的本真意义。

海德格尔的死亡存在论正是从此荫蔽处入手的。

"死不是一个事件。"① 这个命题以否定的形式直截了当地切中了所有流行死亡观的根部。"流行的"之所以成其为"流行的"，就在于它们均统一地孕育于这个根部，为这个根部所庇护、滋养和统摄。张三死于车祸；李四死于癌症；王五死于绝望。在诸如此类的"死亡事件"中，更彻底地说在一切"死亡事件"中，我们的日常理性无可抗拒地为死亡的"事件性"所浸透：死亡，或属于外在的事件，如车祸、火灾、战争等导致的死亡之类；或属于内在的事件，如各种疾病引发的死亡以及寿终正寝之类；或属于精神和心理的事件，如为理想或信仰而献身，因绝望、恐惧而自杀之类。正因为死亡总以某种对象性事件的形式莅场，它才能从各个角度"被观"，继而才能建构起各种死亡观。完全可以说，死亡的"事件性"乃不证自明的。

然而，"哲学家的事业"就是追问和析解这些"不证自明的东西"。② 海德格尔对死亡的"事件性"的解构，可以浓缩为这样一个基本思想：死亡不可能作为一种对象性的事件被经验。"此在在死亡中达到整全同时就是丧失了此之在。向不再此在的过渡恰恰使此在不可能去经验这种过渡，不可能把它当作经验讨

---

① 海德格尔：《存在与时间》，陈嘉映、王庆节译，第289页，生活·读书·新知三联书店，1987年。下文凡引此书，只注书名和页码。
② 参见《存在与时间》，第6页。

的过渡来加以领会。"① 固然，我们似乎可以经验到他人的死亡：我们可能亲眼看到别人活生生地丧命于车轮之下；我们可能亲自在场目睹别人从弥留到陨灭的全过程；我们也可能在参加亲朋的丧礼、葬事、谒墓之类的活动时，深深地沉浸进去，从而将死亡彻头彻尾地想清、看穿、悟透。然而这一切的一切并不能证明我们已经验到他人之死，反倒只担保这个"我们"正在经验"生"。"我们并不在本然的意义上经历他人的死亡过程，我们最多也总不过'在傍'。"② 换言之，我们不可能在他人的"死亡事件"中真正经验到死亡。海德格尔认为，这是因为死亡"包括着一种对每一此在都全然不能代理的存在样式"③。"只要死亡'存在'，它按其本质无论如何都是我的死亡。"④ 每一个人都只有自己去承担自己的死，谁也帮不上忙。任你是伟人也好，至亲至爱的人也罢，均无法从他人那里将其死亡拿走分毫。死亡的这种不可代理性，这种"属我性"，是否转而意味着我们可以将死亡作为自己的"心理事件"来体验呢？的确，我们自己可能曾身临"九死一生"的境地，踏在生与死的交界处，从"心理上"将死亡由里到外地领教了一番；我们自己也可能有过"死里逃生"的非凡经历，备尝死亡贴身而过的具体滋味。但是凡此种种与其说是对死亡的经验，不如说只是作为"垂死者"或"生还者"的经验。当我们能经验时，不管怎样都只能经验"活着"；当我们"经验"

---

① 《存在与时间》，第 286 页。
② 《存在与时间》，第 287 页。
③ 《存在与时间》，第 291 页。
④ 海德格尔：《存在与时间》，麦奎利（John Macquarrie）译，第 284 页，1985 年英文版。下文凡引此书，只注"英文版"及其页码。

到死亡时,却已经彻底丧失了"能经验"的一切可能性。这就是说,我们既不能从他人的也不能从我自己的"死亡事件"中真正经验到死亡。之所以如此,其原因不在于我们的经验或认识能力的不完满性,障碍就在于"死亡事件"本身,即在于死亡实质上从来就无法作为对象性的事件来被经验、被观照和被通达。

海德格尔对流俗死亡观的裂解并未就此驻足,而是继续朝阐释学深处的意义领域走去。为什么所有流俗死亡观都会不自觉地把死亡当作一种"不断摆到眼前的'死亡事件'"呢?[①] 这并不是所谓"前提错误"所能解释的,因为流俗死亡观对于自己的"前提"本来就没有明确的意识,更谈不上理论的意识。问题不在于"前提"的认识论错误,而在于它的存在论或生存论的意义。这种意义,可以收缩为海德格尔的一个著名表述,即"朝向死亡的一种持续的逃遁"[②]。所谓"逃遁",其方式并非简单地避而不谈,更通常的逃遁方式倒恰恰表现在对死亡的"闲谈"之中。每时每刻都有或亲近或疏远的人死去。由于死"被敉平为一种摆到眼前的事件","被扭曲为摆到公众眼前的、对常人照面的事件"[③],被"改铸成日常摆到他人那里的死亡事件"[④],因而对死亡的闲谈总保持在一种像描述日常照面的东西那样的不触目的状态中:"某某人死了"。这话淡而无味极了:对说者和听者来说,这话的表达方式含蕴的直接意义全然消融在类似于"某某人出生了""某某人病了""某某人老了"这样的老生常谈之中了,

---

① 参见《存在与时间》,第303页。
② 《存在与时间》英文版,第298页。
③ 《存在与时间》,第303页。
④ 《存在与时间》,第305页。

正所谓生老病死，人之自然矣。然此话也深透极了，它于无声处泄漏着说者和听者无意识的声音。此声音分明是灵魂沉默的诉说。只要仔细倾听，便会听出近乎这样的潜台词：某某人死了——那幸好不是我；某某人死了——这恰好映射出我仍活着。环绕着死亡的所有言谈都仿佛在不断地说：人固有一死，但暂时尚未轮到我，或者现在为时还早。诸如此类异常巧妙的面对死亡的闪避顽强地统治着人们的日常生活。人们借助于这个"但是暂时尚未"中的"但是"，"把自己引向此在当下还可以通达、可以烦忙的事情"。① 甚至在"最亲近的人们"中，"还经常劝'临终者'相信他将逃脱死亡，不久将重返他所烦忙的世界的安定的日常生活"。② "常人就以这种方式为提供对死亡的持续的安定而烦忙。这种安定作用其实却不只对'临终者'有效，而且同样对'安慰者'有效。"③ 在此种"对死亡的持续的安定"中，进而也就合逻辑地规定了人们对待死亡的态度：自信的、有教养的、受人尊敬的人对死亡应采取"无畏的"、"乐观的"或"漠然视之"的"正确"态度；而那些"想死"、"畏死"和"悲观"的人，不是被贬为懦弱胆小之辈，便是被损为无能阴暗之流。这种死亡态度的本质，海德格尔戳穿为"不让畏死的勇气浮现"④。与上面的"言谈"和"安定"一样，这个"不让"也构成逃遁的通道，尽管此通道备受推崇和尊敬。

不难发现，通过上文的析解，海德格尔已将流俗死亡观之根

---

① 《存在与时间》，第309页。
② 《存在与时间》，第304页。
③ 《存在与时间》，第304页。
④ 《存在与时间》，第304页。

基及其存在论意义和盘托出。随着这种"根基"和"意义"的澄清，海德格尔拨开了流俗死亡观的遮掩，从而凿通了一条通往自己的死亡存在论的道路。

二 死亡存在论的建构——向死亡的存在

死亡不是一个事件。这是一个解构性的命题。有如否定毕竟不等于肯定一样，解构也毕竟不等于建构。本真的解构只有在建构中才能被赢获，因为只有创造性的建构才能真正使被解构者"过时"，才能真正将新的阐释学境域开启出来。

如果说，"死亡不是一个事件"系死亡存在论的解构性命题的话，那么死即"向死亡的存在"这个肯定命题就是死亡存在论的建构性命题。后者以典型的海德格尔话语方式将死亡的存在论境域直接裸呈了出来。可以这么说，海德格尔死亡存在论的全部建构皆统摄于或涵盖在这个非常触目的命题之中。所以，理解和阐扬这个命题不仅是把握死亡存在论之建构的契机，而且也是对死亡存在论境域的直接赢获。

死即向死亡的存在。作为一个命题，听起来便给人一种"严重犯规"的感觉。"向死亡的存在"（Being-towards-death）按理说根本就不能界定主词"死"，这个复合名词中的每个词虽然均可一眼洞穿，然而一旦把它们作为一个界定死亡的整体概念来理解和阐释时，却始终使人有一种搔不到痒处之感。难怪有人说，海德格尔的"向死亡的存在"，"在现代思想中，是一个引用最经常，但却最少理解的口头禅之一"。[①] 但是搔不到痒处的地方，

---

① 斯坦纳：《存在主义祖师爷——海德格尔》，阳仁生译，第140页，湖南人民出版社，1988年。

恰恰正是通往堂奥的地方。

人作为一种有生命的存在者，同任何有生命的存在者一样，有其生物学或生理学意义上的死亡。为区别起见，海德格尔称此种生理上的死亡为"亡故"，"而死则作为此在借以向其死亡存在的存在方式的名称"①。海德格尔认为，死比亡故更基本，更源始，因为"此在只有死着，才能够亡故"②。这简直就是对我们的常识理性的悍然侵犯：死即亡故，亡故即死；即令死与亡故作为概念存在着某种区别（如死可指一个过程，亡故则可指此过程的结果），此种差别也不至于大到死竟然成了亡故的"条件"。然而，这个区别正是海德格尔死亡存在论的入口处。人只要还没有亡故，就总已经以向死存在的方式死着，就是说一直以"有死"抑或"能死"的方式活着。这种穿透一切"活着"的死亡－存在，先于任何形式的亡故。人并非亡故时才"有死"，亡故恰好是"有死"的彻底丧失。死亡当然意味着一种终结或结束，但却是一种与众不同的结束。结束（ending）这个词在日常语义场中有完成、就绪、停止等意思。如一条修建的公路完成了；随着最后一笔一幅画就绪了；雨停了；等等。海德格尔认为："结束的这些样式中没有一种可以恰当地标画作为此在之终结的死亡。"③因为"死亡所意指的结束意指的不是此在的在终极的存在（Being-at-an-end），而是这个存在者的朝向终结的存在（Being-towards-the-end）"④。就区别而言，亡故相当于"在终极的存

---

① 《存在与时间》，第296页。
② 《存在与时间》英文版，第291页。
③ 《存在与时间》，第294页。
④ 《存在与时间》英文版，第289页。

在"，死亡相当于"朝向终结的存在"；就区别的关联而言，死亡比亡故更本真、更实在：亡故作为在终极的存在，其实已没有"人的存在"，虽然人们总幻想"阴间"或"天国"的存在，但那只能确证"阳间"或"人间"的存在，"在终极"之成其为"在终极"，就因为在终极人的存在本身已全面瓦解；因此死亡绝非虚渺的"天国"或"阴间"存在，毋宁说是亡故自身现实地存在出来，而这种"存在出来"也就是所谓的"朝向死亡的存在"。

显然，海德格尔已把我们拖入了一个理解的循环：向死亡存在也好，向终结存在也罢，理解这两个复合词的关键在于理解"死亡"和"终结"这两个词；要理解后两个词又必须先理解"向死存在"或"向终结存在"——死亡即向死亡存在，终结即向终结存在，反之亦然。这是一个典型的阐释学循环。像一切阐释学循环一样，这个循环并非把我们送回原处，而是在循环的交融面上向我们发出吁请，吁请我们去进行阐释学意义上的视界转换。具体地说，死亡不是在终极点上的现成存在，故向死存在也不是"向"一个等待在生之彼岸现存地摆在那里的东西的存在。"向"或"朝向"（towards）这个介词在日常话语中一般意指两个已经规定好了的东西发生的外在关系，如足球队员和球门通常均被理解为两个早已在那里的存在者，"向"使这两个独立自在的存在者发生了一种外在联系。"向"的此种理解图式阻碍着我们的"视界转换"。向死存在意指的不是生着的人与伫候在生命尽头的死亡事件之间的一种外在关系；我们不是一步步走向还在远处尚未到场的死亡，在我们的"走向"本身中死亡已经在场；或者说，向死存在的"向"实质上就是死亡－存在本身的绽出，人存在着。人怎样存在着？以而且始终以向死存在或"有死"或

"有限"的方式存在着。这种方式绝非仅仅为一种外在于作为"内容"的生的纯粹否定性的"形式",而是从深处撑托起生并使生绽放出根本生存意义的存在维度。(详见下文第三部分)

经过由亡故到死亡的视界转换之后,海德格尔从正面完整地端出了生存论-存在论的死亡概念:"死亡作为此在的终结,乃此在最本己的可能性,亦即此在无所关联的、确知的而这种确知本身却又是不确定的、超越不了的可能性。作为此在的终结,死亡存在于这一存在者向其终结的存在之中。"①

倘若先撇开此界说的所有限定词,则其核心规定便跃然而出:死亡是…可能性。这个命题与命题"死亡是…事件"相互呼应:"事件"是外显的,"可能性"则是内含的。然而单单理解此区别是远远不够的。死亡是可能性。理解此命题的关键落在"可能性"这个范畴上。作为一个哲学范畴,我们熟知的是认识论层面上的与"现实性"相对立的"可能性"。可能性意指那些尚未成为现实性的东西,它只是潜在的现实性,故而低于现实性。但在海德格尔的存在论中,可能性却大大优先于现实性。海德格尔将人厘定为"此在",其基本意向便是要解构把人理解为负荷着诸种现成属性的既定存在者这种流俗视界,进而达及从人的存在即人作为"可能之在"去领会和展开人之存在。对海德格尔来说,可能性乃是在存在论境域内作为人最基本的生存方式的可能性。人最根本的"本体"或最本真的"现实性"便在于他就"是"他的可能性。人始终受到来自他自身的袭击:人作为能在,注定总已经实现着此种能在,即总已经将自身建构为某种现实

---

① 《存在与时间》英文版,第303页。

性；可当他由能在转变为某种现实性时，总已经同时招致了他能作为其他种种可能性而生存的"存在的亏损"，就是说他已经放走了其他存在的可能性。人正是受到这个"亏损"的不断袭击：每当人由能在走向实在，此"亏损"便由暗处挤上前来将人从其实在逼回到其能在；能在不断放出自身并同时也已不断收回了自身。只要是人，只要人生存，就已经陷入了能在，人把自己完全让渡给了可能性。一切认识上、逻辑上的可能与不可能、选择与不选择均根植于此种存在论维度的源始可能性。这种被海德格尔称之为"彻头彻尾被抛的可能性"[1]在死亡现象中显得尤其触目。"死亡是一种此在刚一存在就承担起来的去存在的方式。'人一出世，就立刻老得足以去死。'"[2]显然，这里的"老"绝对不是量的规定，而是质的规定：人一出世，便立刻拥有了去死的资格即去死的可能性；此种去死的可能性不是作为一种空洞的逻辑上的可能性悬挂在远处，而是作为一种每时每刻都如影随形般地界定着人生存的存在的可能性。这种生存的可能性"必须不被减弱地作为可能性被领会，作为可能性被培养，而且在对这种可能性的行为中作为可能性被坚持到底"[3]。基于此种视域，海德格尔分别从三个方面对死亡作了进一步的界说。

首先，死亡乃最本己的和无所关联的可能性。"最本己的"（ownmost）和"无所关联的"（nonrelational）实际上亦即前文所谓死亡的"不可代理性"和"属我性"。然两者之间存在着不容忽视的质的差别。不可代理性和属我性是从对流俗死亡观的解

---

[1] 参见《存在与时间》，第176页。
[2] 《存在与时间》英文版，第289页。
[3] 《存在与时间》，第313页。

构层面上说的，指向的结论是"死亡不是一个事件"；这个结论固然裂解了被解构者，但其本身尚未进入死亡的存在论之维。最本己的和无所关联的则是从死亡存在论的建构层面上讲的，其依傍的前提乃"向死存在"；理解此前提的前提必须真正穿越死亡的认识论视野而达及其存在论的境域。"在向其死亡的存在中，此在实际上死着，并且只要还没到达其亡故，此在事实上就一直死着。"①"一直死着"当然是指存在论上的向死存在，而向死存在实即向最本己的和无所关联的可能性存在。人注定只能只身去死，独自去承担这种与其在世的烦忙及烦神所及的人和事全然无涉的"去死"。"去死"不是现在尚未死只不过将会走向死亡，"去死"就是死，就是作为向死存在的"死亡－存在"本身。"只身""独自"并非在表达某种对待死亡的"悲观主义"态度——悲观抑或乐观抑或漠然的诸死亡态度本身仍羁留于"在终极的存在"的藩篱内——而是力图彰显死亡的本己性和无所关联性。在流俗死亡观之中，死亡要么被观之为一个向来只发生在他人那里的"事件"，要么被观之为一种纯粹自然的"亡故"。一旦死亡将自身的本质披露为向死存在时，更精确点说披露为向最本己和无所关联的可能性存在时，死亡的这种本己性和无所关联性便将人从其隐蔽和混迹的日常世界中逐出，让其赤裸裸地去死，让其"怎样来怎样去"。死亡作为向最本己和无所关联的可能性的存在，实质上就是"把此在作为个别的东西来要求此在"②。这种个别化的要求将"本真存在"的可能性抛到了人的面前，从而将

---

① 《存在与时间》英文版，第303页。
② 《存在与时间》，第315页。

人逼入这样一种能在:"由它自己出发,从它自己那里,把它最本己的存在承担起来。"①

其次,死亡是确知的同时其本身又是不确定的可能性。每个人都确知:人必有一死。然这话究竟在说什么?就其直接所指而言,这话道出了一个标准的理性之声:凡人皆会死。此乃一个不折不扣放之四海而皆准的真理。不过,正因为谁都确知此真理,故它又是一个完全离群索居的真理,一句典型的海德格尔称之为"闲话"类的真理:它伫立在"活着"的远方,无关乎人们当下在世生存的痛痒。那么人们为什么均有声无声地有此闲话呢?因为此闲话有"意义"。这种意义显然不在其直接的所指,这个所指已被掏空为"闲"。意在言外。只要认真聆听,就不难听见这闲话深处回响的声音:人固有一死,但现在尚未。一切意义尽蛰伏在这个"但"字之中。人固有一死,然此话真正道出的却是"但现在尚未",前者的全部意义便在于首肯或担保后者。为什么要对"活着"进行不必要的担保?"这个'暂时尚未'并不单纯是个否定命题,而是常人的一种自我解释,它借这种自我解释把自己指引向此在当下还可以通达、可以烦忙的事情。"② 既然"暂时尚未",那就应该好好活在当下或乘机做点事情。于是,人们纷纷将那个冷冰冰的"理性之事"放逐到始终在"现在"前面的"将来",以便重返自己一直倍感安定的烦忙世界。令人惊奇的是,从"人固有一死"的闲话出发,经过"但现在尚未"的转折,最终返回熟悉的日常世界——在不知不觉中已完成了一个巧

---

① 《存在与时间》,第316页。
② 《存在与时间》,第309页。

妙的循环。这个循环巧就巧在那个不惹眼的"转折":谁都确知人总会死,"但现在尚未"却意味着谁也无法确定死亡何时降临。"何时死亡的不确定性与死亡的确定可知是同行的。"① 这就是说,确知的死亡实际上又是不能确定的。这个"不确定"拖出了"转折"的内在逻辑:如果何时死亡无法确定,那自然就用不着去确定,因而就应该"摆脱掉消极地'无所作为地去思考死'的束缚"②。很明显,人们这里在闪避着什么。闪避什么呢?何时死亡的不确定性在拖出上述逻辑的同时也泄露了死亡的特殊性质:"确知的而同时又是不确定的,也就是说随时随刻可能的。"③ 人们闪避的就是这种任何时候都可能的可能性本身,人们讳莫如深的就是这种存在论上的死亡。严格地讲,人固有一死中的"死",实质上指的是"亡故",否则便构不成"但现在尚未"的转折。换句话说,在上述循环一开始,死亡存在便已被"亡故事件"掩盖起来了。可是有如在逃遁中求自由反倒将不自由的存在凸现出来一样,对死亡存在的掩盖和闪避反而使被掩盖者脱颖而出,反而使被闪避者从这种闪避本身中挺身站出:死亡就是向确知的同时其自身又不确定的可能性的存在,向这种可能性存在意味着死亡展开自身为一种最本己和无所关联的并且任何时候都可能的可能性。这样一种可能性绝非尚等待着转变为现实,死亡作为随时随刻都可能的可能性存在,毋宁说就是这个现实的"等待着"本身。海德格尔称此"等待着"为一种"持续的威胁存在",而将这种持续的威胁"保持在敞开状态中的现身情

---

① 《存在与时间》,第309页。
② 《存在与时间》英文版,第302页。
③ 《存在与时间》,第309页。

态就是畏。""向死亡存在本质上就是畏。"① "畏"不是一般所谓的"怕",不是对任何对象的畏;任何对象之所以能让人畏,仅仅因为人自身就是能死的向死存在。"在畏中,此在就现身在它的生存之可能的不可能状态的无之前。"② 因此,畏是在人的全部生存本身中绽现出来的一种基本的现身状态;畏之所畏者不是别的,就是人的那种最本己的和无所关联的、确知的同时在任何时候都可能的可能性存在本身。

最后,死亡是超越不了的可能性。这个规定是朝死亡存在论的核心规定(死亡是…可能性)的回复。前面两个规定均只是其核心规定的展开和深化,而"超越不了的"则是对其核心规定本身的界说。"作为能在,此在不可能超越死亡这种可能性。死亡乃此在之绝对不可能的可能性。"③ 一般说来,可能性之为可能性,首先就在于它必在其存在中直接确证自己为可能性,而非不可能性;其次,通过此种确证它必实现自身为现实性,而这种作为实现了的可能性的现实性本身又组建着新的可能性。然而死亡这种可能性却"大谬大然"。"死亡是对任何事情都不可能有所作为的可能性,是每一种生存都不可能的可能性。"④ 作为可能性,死亡并不直接成为它所应当是的可能性,反倒直接建构自身为不可能性,而且它只有彻底消灭自己作为可能性之规定,使自己脱胎换骨为绝对的不可能性,才能够兑现自身作为可能性之规定。问题还远不止于此。更矛盾也更深刻的在于,死亡这种可能性根

---

① 《存在与时间》,第318页。
② 《存在与时间》,第318页。
③ 《存在与时间》英文版,第294页。
④ 《存在与时间》,第314页。

本不去兑现自己。"死亡,作为可能,不给此在任何'可实现'的东西,不给此在任何此在本身作为现实的东西能够是的东西。"① 与通常可能性的本质相悖,死亡作为可能性非但不会转化为现实性,而且它离此种"实现"即使是最近的近处,也仍然"要多远就有多远"②,"这种可能性完全没有任何限度,既不更多也不更少,而是意指着那种深不可测的生存之不可能性的可能性。按其本质,这种可能性不提供任何依傍,借以企求某种东西,借以'想象'那种可能的现实性,从而忘掉其可能性。"③ 由于死亡始终如一地看守着自己作为"人之生存根本不可能的可能性"这个规定,所以才构成了人这种超越性能在超越不了的"大限"。作为界限,这种大限不是以亡故的形式总悬置在生之远处的最后边界,不是只在人们可以理解的终点才出现,毋宁说,此种超越不了的大限总已经进入并浸透了全部的生,而且只要人还未到达亡故,它作为向死存在的可能性就必然以要多近就有多近的在场方式将人这种特殊的超越性能在整体锁定,从而将之完全敞开。(详见下文)由此可见,"超越不了的"作为界说,实质上是对整个死亡存在论的死亡概念、对作为整体存在的人的界说:死亡即向死亡存在,向死亡存在即向最本己的、无所关联的、确知的和不确定的可能性存在,而向这种可能性存在,本质上即向一种作为整体能在的人无论如何都超越不了的可能性存在。这种作为整体的可能性存在,支配着我们人的全部生存活动,规定、塑造和成就着我们的认知、决断和激情。

---

① 《存在与时间》,第 314 页。
② 《存在与时间》,第 314 页。
③ 《存在与时间》英文版,第 307 页。

一旦我们的思突入了上述存在论境域的死亡之思，我们便已经在死亡的在场中占取着死亡的在场性。然而占取死亡的在场性意味着什么？意味着在场性的死亡向我们的思发出邀请，邀请我们在死亡的在场氛围中去作出在场性的领会。

三 死亡本体论的意义——生之澄明

毋庸置疑，海德格尔的死亡存在论极具挑战性。这种挑战性与其说来自其理论视野的咄咄逼人，不如说来自由此视界所带出来的"死亡意义"。如果死不是与生了无关联的亡故，如果死在全部生的过程中一直伺候在场，那么死亡存在论含蕴着的对死亡意义的挑战就无法回避。死亡存在论直接将"生－死攸关"抛到了我们面前，迫使我们不得不跃入由它所敞开的深阔的阐释学领域，重新去赢获死亡的意义。这种意义可以从"理论"和"文化"两个基本向度通过对死亡存在论的意义之显发去通达。

就理论而言，死亡存在论的根本理论意义在于扬弃了死亡的自然性维度，使之升华到了人性的维度，从而让死亡对于人生在世现实的生存意义奔涌而出。

在狭义的实用范围内，死亡纯系一件"自然之事"，尽管人们通常都会对此自然之事进行社会性的包装（如丧事、葬礼、谒墓之类对死亡的社会性加工）。有如诞生一样，死亡既非选择也非不选择的结果，正所谓"身不由己"。死亡的此种自然性表明它确系一个对象性的事件，一种经验之对象，这便为一切直接以实用为指归的学科提供了一块立足的基石。这块基石也养育了一切可能形成的"死亡观"。既然如此，为什么不向这块基石妥协？这是因为此基石作为基石虽使立于其上的东西获得了牢固的支撑,但它自身的界限及其意义却尚处于晦暗之中。

死亡诚然为一件自然之事,可"自然"本身却无所谓死亡。我们不说"河死了""房子死了",我们只说"人死了"。是的,我们也说人之外其他有生命的东西死了,如"树死了""狗死了"等等,然这只能是一种"拟人手法",一种人类自我中心的投射手法。正如海德格尔所说:"只有人能死。动物只是消亡。动物的前面以及后面都没有死。"① 人之外的,本质上都是自然,能与人比肩并足地拥有死之特权的存在者至今还没有。唯人才是有死者,唯人才能有死。

"人有死"这话说的什么?当然不是说人把死亡作为某种对象性的东西来"占有"。如果我们本真地倾听,便会听出这话说的确实是人之生存维度上的"向死存在"。有死或向死存在乃人区别于自然的最根本的存在方式。以此种方式生存的存在者其实也就是所谓"有限"的存在者。有限者、有死者、必死者、向死存在者,这些词把我们带向何方?带向那世世代代的芸芸众生不绝如缕的呼唤中去:逝者如斯夫,不舍昼夜;对酒当歌,人生几何;西风残照,汉家陵阙;念天地之悠悠,独怆然而涕下;大江东去,浪淘尽,千古风流人物……这些如泣如诉的话语在呼唤什么?呼唤呼唤者所阙如者。人在此岸向彼岸呼唤,人作为必死者、有限者向永恒、向无限呼唤。这种裹挟着或浓或淡的悲剧性意味的呼唤,以现身的方式拘禁着有死、有限这些词的阐释学空间。人们对这些词的理解和阐释,本质上封闭在"纯粹否定性"

---

① Heidegger. *Poetry*, *Language*, *Thought*, p. 178. Reprinted from the English Edition by Harper & Row Publisher, Inc. 1975. 下文凡引此书,只注书名和页码。

的视域内,纵然是那些"理智者""达观者"也不例外,只不过他们以理性和达观等方式间接地进入此种否定性而已。作为亡故的死,确乎构成了对人生在世最尖锐最透彻的否定,尽管人们都知道生与死互相过渡的道理(即有生必有死,有死就有生等),但这丝毫也不能减弱"我之死亡"的那种穿透一切且"被抛的"否定性。于是有死、有限这些词的意义便为此种实质上不容过渡的否定性所耗尽和淹没。

我们说过,死亡作为人超越不了的可能性使人这种超越性能在被整体锁定,唯其如此,人才能被彻底敞开。人是什么?人即能限定自己的存在者。"能限定"说的什么?当然不是说人贮备着一种待激发的内部能力,凭此能力人仿佛可以限定也可以不限定自己似的。人始终已被整体锁定在向死存在的生存道上。人有死,故人有限,故人无论如何都已经限定了自身,人"被抛地"限定了自身。限定自身意味着什么?意味着人有了生存维度上的"观－点",在此种由生存本身的有限而来的观－点中,万物才作为历史性的万物发生,世界才作为历史性的世界绽出,而人在以此"作为"结构现出万物与世界的同时,也造就、组建并从而敞开了作为"此在"的人自身。然而,限定自身会不会构成一种自我中心式的画地为牢?人绝非因画地为牢才限定自身,正相反,人只因为已源始地走在限定自身的生存道上,才会有画地为牢这回事,而且作为一种"能限定"的派生样态,画地为牢恰恰是这种"能限定"的萎缩和颓败。人有死,所以人有限,所以人无论如何都已经敞开了自身。有限,才有敞开;无限,便无敞开。有限带出敞开,使敞开到场。但既为有限的敞开,这岂非已为一种遮蔽?确乎如此。遮蔽不可能遮蔽遮蔽自身。敞开了,才谈得上遮蔽，才有遮蔽。遮蔽怎样到场？就在有限的敞开中莅临。因此，敞开本身即遮蔽，敞开本身已占取了遮蔽。然这种敞开性的遮蔽并不损耗有限者及其敞开性，反而使有限者充沛，因为正是遮蔽才将敞开的条件连同敞开性本身一起释放出来：正由于遮蔽，才能敞开，才有敞开。在此种有死从而有限、有限从而敞开、敞开从而收回到遮蔽、遮蔽从而又产生出敞开的存在中，那无限的存在维度便敞亮而出。无限绝非"无限者"，将无限作为某种对象软禁在有限的彼岸，实质上等于彻底瓦解了无限；即令我们让有限向无限作无穷逼近，那设定为被逼近者的无限由于已为作为逼进者的有限所限定，故仍不过是作为"在彼岸的此岸"的另一种有限罢了。应该说，黑格尔已从概念上澄清了无限的本真内涵："真无限"即为"在别物中即在自己中"或"在别物中返回到自己。"① 然而无限不仅是一个辩证的概念，无限乃有限者的一种生存之维度，而且一切阐释学上的无限都奠基于这一维度。这意味着有限者源始地占有了超越性。有限，故已给出了超越的可能，其所以能给出此种可能，只因为有限本身源始地就已经是超越，正是在有限者的有限中，无限才到场。无限到场说的什么？当然不是说有限者借助其超越性把无限"产生"出来，更不是说有限者变成了无限者。相反，无限到场呼唤有限者去"作为"有限者生存。有限者作为有限者，同时承担着有限与无限的区别和统一。有限者之为有限者，就因为它正好是有限与无限之间的界面：有有限，才有无限；有限与无限之统一并不消灭两者的差别，反倒以此差别为前提；有限者就是使此种差别成其为差

---

① 黑格尔：《小逻辑》，贺麟译，第207页，商务印书馆，1980年。

别同时又使此种差别归于统一的存在者,也就是说,只有通过这个作为界面的有限者,有限与无限才能是其所是地到场。

因此,从最源始的存在论意义上讲,有限、有死之于人首先是肯定的;人之所以成为"万物之灵",就因为只有人才是以有限的方式生存的存在者。质言之,有死、有限、向死存在乃人之成其为人最根本的存在论条件。

一旦我们的思洞见了这个存在论的"条件",死亡存在论所内含着的"文化意义"便会不可遏止地朝我们涌来。当我们被死亡存在论带入死亡的存在之维时,作为人之生存方式的诸文化样态便突破日常的遮蔽状态而进入敞亮之境。

海德格尔说:"死,就其存在论的可能性着眼,奠基在烦中。"[①] 人只要没有亡故,就在整个生存领域内以向死存在的方式死着。但是这种存在论维度的"死着"却总为"生着"的种种烦忙所湮没。换句话说,存在论维度的死亡总以死亡不在场这种遮蔽的方式在场。这种遮蔽性的在场方式凝结为各种物质的和精神的文化存在样态,并在人文-化的过程中又这样那样地得到强化。让我们以一种最激进的死亡观为例来作为思考的切入点。

孔子说:"未知生,焉知死。"这句名言言简意赅,极富阐释学张力。它单刀直入地裸呈出一切死亡观之"能观"的根本依据。公正地讲,孔子这话并非一个逻辑判断,而是一个将死亡悬置起来存而不论的中国式的理性态度。这里无意去评述此种理性态度的功过是非,我们只关注这句名言的阐释学境域。

---

① 《存在与时间》,第302页。

未知生，焉知死。倘若"知"指认识论意义上的"认知"，则未知生便成了焉知死的原因，就是说，先要"知生"，后才谈得上"知死"。有两点必须清理。第一，先－后不等于因果：未知生，未必就不知死；同理，知了生，未必就会知死。第二，关键不在于第一点。未知生，焉知死。这话在向我们"说话"。说着什么？绝非"因为不知生，所以不知死"的逻辑断言。倘若仔细倾听，便会听见此话在说：生前而死后，生实而死虚。前－后乃时间，实－虚乃空间。这个流俗的时空坐标主宰着孔子死亡观乃至一切死亡观的阐释学视域：对于后－虚的死亡，乐而观之谓之乐观主义，悲而观之谓之悲观主义；或者干脆像孔子那样以不观为观，谓之理智的实用主义。然而，不得不追问的是，人何以能有这样那样的"死亡观"？人并非因为有"观"才有死，而是因为有死才有"观"，才"能"观。任何死亡观都必然把存在论的死亡概念设为前提。因此，生与死的关系本质上不是流俗时空坐标中的先－后、实－虚的那种外在的陪衬关系，而是一种源始得多的"存在"关系。生与死的"存在关系"说的什么？让我们再次追随孔子的名言：未知生，焉知死。我们愈是追逼这话的逻辑言说，就愈是困惑不解：当孔子说"未知生"时，他无疑清清楚楚地知道自己正在经历着"生"，那为何仍要说"未知生"呢？明明"知着生"，却说"未知生"，这只能意味着这话已透穿生死关系的认识论领域而侵入其意义的王国：未知生中的"生"，不是作为认知对象的"生"，"知"也不是认知上的"知"；换言之，"未知生"真正言说的绝非"未知我生着"，而只应是"未知生之意义"。我们要接着追问：为什么就生之意义而言会"未知生"呢？恰恰就因为"未知生，焉知死"的图式悬置了死亡，阻断了死亡之思的存在论道路，从而疏离了生与死的"存在关系"。有生必有死，无死就无生。对生与死的辩证理解已从认识论上照亮了生死之间的那种相互属于的内在关系。然生与死并非仅仅在概念的理解上相互属于，更为本质也更为源始的是它们在"存在上"的"相互进入"。从存在上的相互进入着眼，孔子的话就应该颠倒过来说：未知死，焉知生？这当然不是要说，死先而生后，死实而生虚，毋宁是要说，作为后－虚的死乃是使先得以成其为先，实得以成其为实，从而使生得以成其为生的规定本身。死，存在性地占取着生。所谓死乃"生的规定本身"或对于生的"存在性占取"说的什么？这个追问事实上业已追入了生与死的意义境域。

生之意义从何而来？似乎不言而喻地来自种种人生观的界说。诚然如此。不过，所有人生观在各自"主观地"厘定生之意义时，必定早已"客观地"占取着一种更源始的生之意义，生存于此种生的意义状态之中，否则它们便不可能给出任何界说；况且关于生之意义界说的任何给出或不给出本身就已是有意义的存在性证明。生之意义决然不是生存的附加，仿佛人除了生存之外，尚应该对人之生存增加额外的意义补贴似的。人是有意义的存在者。"有意义"不是指有某种或某几种关于生的"意义观念"，而是指人根本上就只能以"有意义"的方式去存在，即使我们对生之意义懵然无知，即使我们体认到生的意义已"失落"甚或深感生的"无意义"，也毫无例外地生存在"有意义"的状态之中。意义之于人本质上是"存在性的"，是人之为人最源始的生存状态。这种源始的生存意义状态就是死亡。狄尔泰说："那由死亡构成的生存之界限，对于我们关于生的理解和评价，总是决定性的。"① 其实，对于人的生存来说，死亡不仅仅是一种空间性的"界限"，也不仅仅关涉关于生的"理解和评价"；死亡作为有死、有限的存在，作为去死、向死的存在，始终"直接"构成为生之意义的最基本源泉。

海德格尔在《物》一文中写道："死是无的圣所……作为无的圣所，死是存在的庇护所。"② 死亡庇护着人作为人的生存。这话不但是说，只有当死亡已经在场，生存才能映现自身，照亮自身；而且是说，只有当死亡已经在场，生存才能"有意义地"是其所是地占取自身，进入自身。摊出死亡的在场性也就摊出了人类全部文化乃至文明的根本秘密。在人生存所及的世界中，无论在精神生活的王国还是在物质生活的领域，无论在难以捕捉的缥渺的思辨或想象的王国，还是在触之凿凿平凡实在的日常生活领域，死亡都以向死存在的在场方式为这些王国和领域提供着永不枯竭的意义泉源。倘若人没有死，更精确点说，倘若人不是以向死存在的方式活着，那么，人作为人而生存的整个意义世界就势必遭受覆巢之劫；与此同时，以"人"的名字命名的全部生存活动也必然随之土崩瓦解：如果人没有死，物质生产的本真意义便会从人的生存之根处脱落，这种实质上为"求生"的生存活动本身也必将荡然无存，因为只有有死者才会、才能有此"求生"的生产活动，无死者是从来"不食人间烟火"的；如果人没有死，奠基于物质文化上的精神文化王国中的各种辉煌的意义系统注定会轰然坍塌，像自由与不自由、正义与非正义、道德与不道

---

① 转引自《存在与时间》英文版，第494页。
② *Poetry，Language，Thought*，pp.178—179.

德、法与不法、真理与谬误、美与丑等等这样一些直接维系着人作为人生存的意义系统，在"人没有死"的那一顷刻间便已灰飞烟灭；如果人没有死，甚而人特有的时空感觉及观念也将断然会从人的日常生存中扭身而去，人不再有远近与先后，不再有伟大与渺小，不再有历史与现实，不再有恐惧与喜悦，一句话，不再有唯有死的"凡人"才可能有的"七情六欲"。千百年来，人们锲而不舍地构想着天堂与地狱，企望着在此俯仰间叩开"永生"的大门。然而人们似乎未认真思考过：人若当真不死，那将会是一幅什么样的图景?! 古往今来，"长生不老"始终散发着诱人的魅力：从遥远的"万岁，万岁，万万岁"到今天的"永葆青春"之类的世界性许诺，都在孜孜不倦地证明着这种魅力。追逐不死的荒谬不在于相信不死——因为有死者在其有死存在中已将"不死"作为有死的对方逼出场——而在于幻想着既要不死，又要攫取唯有死者才可能享有的那些生存方式，如秦始皇既想不死，又要盘踞那个只对必死者才有意义的宝座。人常怀有"得道成仙"的企望。然人若当真"成仙"了的话，他会得到什么不得而知，他将失去的却是不容争辩的：他将丧失人作为人的所有"存在"。死亡乃存在的庇护。现在我们终于听出了这话的言说。在对此言说的聆听中，我们被携入生的澄明境域。

　　人是有死的存在者。称人为有死者不是由于他们尘世的生存有一个终点，而是因为他们且只有他们才是以向死亡存在的方式生存。正是这种统摄着人的一切生存领域、透穿人的一切生存活动的去死、向死、有限、有死的存在性在场，构成了人类文化以及人类生存永不衰竭的内驱力。诚如施太格谬勒所说："即使在生命过程中死亡就已经是一种创造性的力量。"① 在人类不息的生命洪流中,死亡存在的根本意义就在于,它是否定的圣所,是创造的圣所,是历史和文明的圣所,简言之,是人之为人的圣所。

---

① 施太格谬勒:《当代哲学主流》上卷,王炳文等译,第185页,商务印书馆,1986年。

科学与科学精神之思[①]

科学是什么?

这听起来像是从遥远的鸦片战争年代发出的声音。在科学已硕果累累、科学知识已全面渗透的今天,进行这样的追问,显得多余而且无知,因为这种追问势必立刻会撞碎在无数精确抑或不精确的现成答案之中。

然而,所有来自认识论层面的现成答案实质上并不能真正解构上述追问,这倒不是由于这些知识性的答案正确或不正确,而是因为在现成答案四面环绕之下依然顽强地冒出这样的追问,这本身即已表明这种追问的指归业已越出了单纯的认识论视域。

科学是什么?追问"科学是什么?"本身不属于科学。跟随着此追问,追问者不是被带入分门别类的具体知识体系,而是被携入一种历史-现实的意义境域。"历史-现实的意义境域"意味着什么?意味着犹如一切提问均已在言说一样,"科学是什

[①] 该论题以此标题发表在《哲学研究》1996年第10期上。

么?"的提问实际上自身就在向我们说话,从而意味着我们必须穿越此追问的知识性层面去听取和应答其意义的言说。

科学是什么?这个追问的内容以及追问的方式,对于文艺复兴以降的西方人和鸦片战争以降的中国人来说,其意义境域是完全不同的。

对于前者,追问之内容蕴含着继漫长的中世纪之后近代资本主义制度之崛起,蕴含着继经院哲学一统天下之后近代理性之诞生,简言之,蕴含着一个延续至今在一切方面都急剧扩张(生产、消费、人口、信息、文化等等均呈前所未有的扩张态势)之时代的莅临。这是追问的"形而下"的维度。

作为追问,"科学是什么?"还蕴含着一种"形而上"的提问方式。当西方人追问"科学是什么?"的时候,远不止是在向一个形而下的作为"什么"的科学发问,他们同时也为一个形而上的希腊源头所攫住了。"科学是什么?"源出于"这是什么?"这种更基本的提问方式,而后者乃是一种典型的、为苏格拉底等哲学家所建构起来的希腊式的提问方式。提问方式实质上就是一种思考方式。"这是什么?"的思考方式并非只是等待着这种抑或那种形而下的关于"什么"的界定;相反,思考以及界定这个"什么"的首要前提在于这个"什么"已经成为思考和界定的"对象"。进一步说,无论我们在形而下层面上为这个"什么"找到了看起来多么完整的界定,这种界定自身最终也注定会作为又一个对象性的"什么"而受到追问。正如一句古希腊警言说的那样:听吧,来抬你出去的人的脚步声已经到了门口。通过"这是什么?"这种极普通的追问方式,西方人不仅仅赢得了关于这个"什么"的种种形而下的认识(如:"自然是…";"植物是…";

"道德是…";"哲学是…";等等),更为重要也更为关键的在于,他们也在此种追问中占取着和发挥着一种"不断对象化自身"这种非常根本的形而上的思考方式。只要"这是什么?"的追问方式始终合理,那么一切的一切,自然、社会、历史、经济、政治、家庭、信仰、意志、爱情,以及更抽象的思维、意识、无意识、理解、逻辑、语言、符号和更神圣的自由、权威、传统,乃至上帝及诸神甚至思维的思维、意识的意识、反思的反思、逻辑的逻辑、追问的追问等等等等,终究都势必被作为对象性的"什么"来追问。没有任何东西能挡住这个滚滚而来的追问洪流,没有任何东西能逃脱沦为"对象"的历史命运。

"这是什么?"乃一个发自西方文明根基处的声音。这个绵绵不绝的声音,已摄西方文明中的启蒙精神、怀疑精神、理性精神、批判精神和超越精神的形而上之魂。正是这种不断使一切都对象化的追问或思考方式,敞开了一个形而上的可能境域。在此境域的庇护和滋养下,科学才成其为科学,而且才从根本上拥有了"无限发展"的可能性。这个对象化的思考方式,更精确地说,这个开敞的形而上的可能境域,也就是通常所谓"科学精神"最源始和最直接的意义。

现在让我们掉过头来。对于鸦片战争尤其是五四运动以来的中国人来说,"科学是什么?"可以说是中国近现代史上最铭心刻骨的追问。说"铭心刻骨",是因为此追问承载着近现代中国厚重的历史,汇聚着好几代中国人的迷惘与失落、自大与自卑、屈辱与苦难、寻求与觉醒、封闭与开放、保守与革新,等等。因此,当我们中国人发出"科学是什么?"的追问时,绝非只是在向一个纯粹认识性的对象发问,毋宁说,这是一个从我们中华民族数千年文明的存在深处发出的追问。就是说，我们自身历史－现实的生存性危机把我们逼入追问科学的认识领域。所以，"科学是什么？"的追问之于我们中国人，本质上乃是我们的历史－现实本身发出的生存性的追问。

科学是什么？科学说西方话。"说西方话"的意思不是指科学说的是一种区别于"东方"的"西方"的"声音能指"，也不是指科学由西方的词汇、语法等构成，而是指科学奠基在一种从古希腊延绵至今的形而上之根基上。如前所述，"科学是什么？"源出于"这是什么？"，而后者作为一种思考方式，则植根于、孕育于无止境地"对象化自身"这种形而上的可能境域。也就是说，只要我们始终以"这是什么？"的方式追问和应答，我们便已进入西方的言说或思考方式，并因此有可能通达那个作为此种思考方式之根基的形而上境域。这意味着，只要我们始终以"科学的"方式言说和思考，我们所提出以及所能提出的问题，就已经是"西方化"了的。"科学－西方化"实乃近现代中国人注定要遭遇的历史命运。

但是，尽管科学说西方话，在"科学是什么？"这个西方化的问题下面涌动着的却是地地道道的"中国问题"。"中国问题"说的什么？当然不是说科学作为一个知识性的问题尚具有"中国特色"，正相反，作为一个认识问题，科学的"所指"恰恰是十足的普遍性的知识问题。说"科学是什么？"为一个中国问题，是说追问者一旦进入此追问，追问者自己的历史－现实也同时在这个追问中被带出；换而言之，撑托着此追问的是"中国的"历史－现实，是中国这块大地的历史背景、文化特性、现实动因、目的指归、意义氛围等等围浸着、润泽着此西方化的追问及其应答。我们固然因科学说西方话而以西方化的方式追问和应答，然所有的追问和应答都发自中国厚重的历史和紧迫的现实，前者已经言说的、正在言说的和将要言说的都是后者。质言之，中国的历史－现实以西方化的方式言说着和决断着自身的历史命运。正是在此历史命运的言说以及决断中，"科学是什么？"作为一个典型的"西方化的中国问题"，才将它深处的意义境域向我们敞开。于是，我们再次为那个刻骨铭心的追问攫住：科学是什么？

在切入此追问的认识论维度之前，我们已经占取着此追问的生存性意义。无论我们是否知道科学是什么，只要进入此追问，便已突入此追问的意义维度。这种意义维度并不是认识的对象，而是我们的历史命运得以敞亮、显现的生存性场域。对这种生存性场域的意义维度进行对象性的分析是无济于事的，因为这样的分析本身也不过是其生存性场域的一种在场方式而已。只有聆听着的"思"才能凿通此场域，从而使此意义维度向我们呈现出来。那么，如何思入此意义维度？跟随"科学"这个词的引导。

科学是什么？科学是"赛因斯"（science）。纯粹的音译什么都没有说。但既然科学这个词由西方话"science"变成了中国话"赛因斯"，那它就必须要说点什么。于是，"赛因斯"进而就转化为更流俗因而也更深刻的"赛先生"。从"science"到"赛因斯"再到"赛先生"的转换，绝不单单是一个翻译上的纯"能指"的转换，毋宁说是一种"意义"的转换。称"science"为"赛先生"，实质上乃一种"命名"，即将"science"命名为"先生"。一切命名都意味着被命名者已被纳入命名者的生存性视域，而命名者已在其命名活动中将某种源始意义带入了被命名者。具体地说，把"science"命名为"先生"，意味着将环绕中文"先生"这个词的意义氛围（如它的语境、价值倾向、理解方向等）赋予"science"，意味着"science"总以"先生"的身份"现身"。我们知道，中文"先生"这个词最基本的含义是"老师"、"有知识的人"或对成年男性的尊称。在中国文化里，这种含义天然便具有"权威""尊严""神圣""真理"等等的阐释学意向。对此，胡适曾有过一段堪称经典的描述："这三十年来，有一个名词在国内几乎做到了无上尊严的地位，无论懂与不懂，无论守旧和维新的人，都不敢公然对它表示轻视或戏侮的态度。那个名词就是'科学'。……自从中国讲变法维新以来，没有一个自命为新人物的人敢公然毁谤'科学'的。"[①] "无论懂与不懂"，就是说无论科学在知识层面上是什么，它都已经被携入"先生"的意义氛围，并在此氛围中被接纳、被建立、被巩固和被发挥。

科学是"先生"，而且是挟着中国所没有的"船坚炮利""工业文明""高新技术"的"大赛先生"。由于这位先生所挟之物实质上正是使自己能够在中国成为"先生"的根本原因，故科学在中国注定了是"长技"，是"西用"，并在此"技"或"用"之道上一步步扩张成为制度、理想、进步之标准，世界观、人生观、价值观之裁判，权威、尊严、信仰之源泉；成为摧毁和建立之武器，"振兴"、"赶超"和"现代化"之工具。简言之，科学以集权威、尊严、真理等等于一身的"先生"的资格，看守着一切，担保着一切。科学是"先生"，对于近现代中国来说，此乃挡不住的历史命运。

---

① 转引自郭颖颐：《中国现代思想中的唯科学主义（1900—1950）》，雷颐译，第9页，江苏人民出版社，1990年。

然而，正因为科学以而且仅仅以"先生"方式莅临，所以此历史命运的另一面同样是挡不住的：作为看守者和担保者，"大赛先生"固然守住了所有形而下的通道，但唯其如此，它也始终滞留在被看守者和被担保者形而下的领域内；在前者势如破竹般地征服后者的同时，后者也悄悄地攫夺了前者形而上的灵魂，磨去了它特有的"科学精神"。换言之，当科学挟不可抗拒之现实力量以"先生"的身份统摄中国形而下的世界时，它也为之付出了必然的历史性代价：形而上境域的形而下荫蔽，科学精神的缺席。

如果说这种历史性代价在科学东渐过程中表现为一种"进入的损耗"的话，那么在中国科学－西方化的过程中它就展现为一种"接纳的残缺"：科学的形而上场景的隐匿，科学精神的阙如。照理讲，接纳科学便势必连同其科学精神以及形而上之根基也一并接纳。但至少有三层原因抑制着此种接纳。第一，科学通过具体实在的工业、技术、制度、观念等一系列形而下的方式敞开自身，显扬自身，而其科学精神及其形而上根基则相应地为此种敞开所遮掩，在此种显扬中隐匿。第二，近一个半世纪以来，中国落后的具体现实强化了上述科学的显－隐结构。如何借助科学在形而下各领域内赶上西方各国，一直是令一代又一代中国人魂牵梦绕的主旋律，当这个主旋律与科学的显－隐结构相遭遇，两者非但一拍即合，而且这种融合注定了使显者更显，隐者更隐。第三，造成上述所谓"接纳的残缺"的更深层也更重要的原因还在于中国深厚无比的历史传统。这个传统与西方传统最根本的区别是什么？对东西文化传统所作的"比较研究"，获得了中国文化传统的各种特点，如中国人擅注释，重伦理，缺乏主客严格区分的认识论基础，崇奉"天人合一"等等。但所有这些特点作为区别于西方传统的中国传统，其实都不过是形而下的表象。真正值得深究的与其说是东西方文化中的这些形而下的差异，不如说是统摄、支配并使这些差异成其为差异的形而上境域之间的本质差异。对于这种本质差异，本文无意在此作专题阐释。不过，笔者这里要指出的是，有一个词事实上已经沉默地将此本质差异本真地说了出来。这个词就是"禁区"。这个词说出了什么？首先，它说的不是这时或那时、这个或那个时空对象本身，相反，它说的恰恰是这种时空对象被禁止成为"对象"，即被禁止成为观察、思考、理解和阐释的对象。其次，禁止成为对象意味着禁止以"这是什么？"的方式去追问、去怀疑、去评判和去超越。最后，禁区之为禁区，其本质不在于某个特定的范围或领域是否被禁止成为对象，这只不过是表层的形而下的禁区，而在于"禁止对象化"作为一种思考方式，一种形而上的精神，抑制甚至封杀另一种精神，即以"这是什么？"的方式无止境地对象化自身的形而上精神。对象化与禁止对象化，这就是"禁区"这个词真正说出的"本质差异"。这种本质差异在前面两个逻辑的和现实的因素的呼应下，便导致了上述"进入的损耗"或"接纳的残缺"，亦即构成了本文所谓科学进入中国或中国科学－西方化的历史命运。

何谓"历史命运"？这个命名并非要构造一个认识论层面上的特殊"角度"，也非要对"形而上境域的形而下遮蔽"或"科学精神的缺席"进行某种简单的价值贬扬。命名乃存在自身唤醒自身，放出自身和进入自身，乃存在向倾听者的真正开放。与科学、科学精神乃至整个西方文明相遭遇的历史命运，既不意味着延绵了数千年的华夏文明被纳入了一条宿命的"西化"道路,也不意味着这个古老文明仍旧可能"以不变应万变"地在原有的轨道上照常运行。东西方两大文明相撞的历史命运,实际上已将某种原创性的生存可能性开放给了近几代中国人。迎向此生存可能性的召唤,接受此生存可能性的邀请,从而以真正的创造性占取这种生存可能性,也许就是我们近几代中国人真正的历史使命。

"哥白尼式的革命"与哲学言说的困境[①]

按当下流行的见解,迄今为止的西方哲学被划分为三大基本形态:存在论形态、认识论形态和语言论形态。从古希腊到笛卡尔、康德以前的哲学属于存在论形态:哲学家们的基本研究都是在诸如"世界的本源或基本要素是什么?""变中不变的实体是什么?"这样的基本语境下展开的。从笛卡尔和康德开始,西方哲学发生了所谓第一次"哥白尼式的革命",哲学研究由存在论领域全面转入了认识论领域:"我们真正确实无误地知道什么?""认识怎么可能或怎样发生?"之类的认识论问题取代了以往的存在论问题。自20世纪开始,西方哲学号称进入了"第二次哥白尼式的革命",亦即所谓"语言学的转向",哲学探究的触角伸向了语言的王国:各种传统的认识论问题(当然也包括一些"认识论化"了的存在论问题)全部撞碎为关于词汇、句法、语义、语用、能指、所指、结构、意义等等的条分缕析,并且在这种条分

[①] 该论题以此标题发表在《四川大学学报》(哲学社会科学版)2001年第2期上,成书时有些术语上的改动。

缕析中不同的流派或思潮相互间又打得人仰马翻。随着逻辑实证主义、科学哲学、语言哲学、结构主义、解构主义等哲学流派或哲学思潮的起落，西方哲学逐渐完成了由认识论形态到语言论形态的"第二次哥白尼式"的革命性转向。

毫无疑问，三大基本形态只是关于西方哲学历史的一种极为粗糙的分类，西方哲学精神的演历要比任何分类图式都复杂得多。① 不过，事情的本质不在于分类形态本身合不合理或能否涵盖整个西方哲学史，而在于我们能否倾听和应答蕴含在这种粗糙的分类本身深处的意义之召唤。

显而易见，从西方哲学所大致经历的存在论—认识论—语言论三大历时形态中直接浮现出来的现象，是哲学思考之对象的流变：由对"世界"的思考转向对"认识"的思考，再由对"认识"的思考转向对"语言"的思考。两次"转向"都被誉为哲学思考上的"哥白尼式的革命"。从逻辑上讲，思考对象的流变并不必然对应于思考自身的质变。"世界""认识""语言"作为思考的对象，其本身是并列平等的。在这些对象之间转来转去，只不过是思考内容的改变，而这并不必然导致思考本身即思考本质的革命。因此，"转向"这个词虽然企图命名哲学思维的某种革命，但它真正说出来的东西却恰恰对这种革命形成了一种根本性的遮蔽。正像哥白尼革命的实质不在于由"地球中心"转向"太阳中心"一样，倘若两次"转向"确系哲学思考上的"哥白尼式的革命"，那么，革命之成其为革命，其实质也必然不在于思考

---

① 实际上，每一哲学发展阶段均有此三大形态"共时"的共存状态；"历时"意义上的三大形态，只不过是对"哲学主流"的不甚精确的表达而已。

对象的外在转向上。
　　从存在论转向认识论，即从对世界的认识转向关于世界的认识的认识，这其中真正发生了革命的不是"认识的对象"，而是"关于对象的认识"。换言之，由存在论到认识论的革命，其实质不在于哲学认识的对象之嬗变，而在于关于对象的哲学认识之嬗变。"认识"这个词不像"桌子""杯子""水壶"那样的名词，通常命名一种摆在那里的既定的、现存的、完成了和封闭的存在者。认识之成其为认识，首先就在于它根本不能还原为任何一种"存在者"。"认识"就是认识的发生，认识的展开，认识的过程本身，认识的"认识－存在"。如果我们总是不可避免地要将认识作为一种"存在者"来言说、审视和研究，那么我们就必须时刻警诫自己：被作为存在者来命名的"认识"，不仅事实上是未完成的、"能在的"和开放的，更为重要也更为本质的是，"认识"就是认识自身的"到场"，虽然认识只能在对于认识之对象即对对象世界的认识中到场，但作为对象的"认识"与作为外在对象的"世界"，却不是比肩并列的两个现存的对象领域。因此，所谓由存在论转向认识论，由关于对象世界的认识转向对这种认识的认识，这决然不是在两个平列的对象之间的"转向"（比如由对"经济"的认识转向对"管理"的认识）。如果说存在论认识着对象世界，那么认识论便认识着存在论，认识着关于对象世界的认识。后一种认识论层面上的认识不但包含或吸收了前一种存在论层面上的认识，而且使所谓"存在论"真正"过时"，并在与存在论的视界融合中开辟出人类认识的一条崭新的可能路向。
　　有如从存在论到认识论的革命一样，从认识论到语言论的革命,其本质也不在于哲学认识对象的嬗变。把探究的目光从作为对象的认识转向作为对象的语言,这种在对象间的平行转移并不必然是一场革命。事实上,转移本身只是革命的结果,而不是原因;革命带出转移,而非相反。在认识论中,哲学言说着认识。这意味着,落在哲学的追问、探寻、思考、理解、分析和阐释的视野之内的是作为被言说者的认识,而言说本身,即作为言说者的语言却尚处在哲学的视野之外。一旦作为言说者的语言从言说本身中被剥离出去成为被言说者,所谓"哥白尼式的革命"便发生了。假如说认识论言说着存在论,语言论就言说着认识论。正如第一次"哥白尼式的革命"一样,第二次"哥白尼式的革命"也经过与认识论的视界交融从而开辟出了一个前未有的新境域。

然而,随着哲学上第二次"哥白尼式革命"的深入(这个革命至今仍在继续扩张着),哲学在其形而上的深度根基上(正是此"根基"必然地酝酿、引发和实施了两次"哥白尼式的革命"),愈来愈陷入了由这个革命本身所带来的一种言说的困境之中。

从存在论到认识论再到语言论,哲学不断地从它所以为是的东西中被挤出。古代哲学以为自己是关于世界或宇宙的基本构成要素的知识,但近代自然科学的崛起迫使存在论哲学让渡出这一知识的领域。于是,哲学从世界或宇宙退出,掉头挥师认识的王国,构建起庞大的认识论大厦。可现代心理学、脑科学、逻辑学、控制论、信息科学、生命科学等社会科学以及边缘科学的突起,无情地吞食着哲学思辨辛苦构筑起的认识论大厦,一步一步地剥夺了哲学言说"认识"的基本资格。于是乎哲学又不得不从"认识"再一次退却,转而闯入了语言的领域。显然,此乃一个哲学对象化自身继而回返自身进而又对象化自身的循环过程：哲学对象化自身或肯定自身为存在论，继而否定此种肯定，而这否定作为对存在论样态的有限境域的超越，乃哲学在其本真意义上向自身的回返（"超越"乃哲学的本真存在，或者说，哲学只有在"超越"中才真正"在场"）；然而此种"回返"作为有内容的回返，总表现为内容上的"转向"（由"世界"转向"认识"），或哲学样态上的"革命"（由"存在论"样态到"认识论"样态）；认识论样态的哲学作为"哲学革命"的结果，实际上不过为另一次"哲学革命"提供了开端，所以哲学或早或迟又不得不在更深层次上再一次对象化自身，从而在另一级别上开始同样的循环。然而，这一次由认识论形态转向语言论形态的循环显得有些异乎寻常，因为在这一次循环中，哲学似乎遭遇或撞入了一种前所未有的带根本性的困境：哲学就仅仅是这样一种不断对象化自身从而不断扩张或演进自身的循环往复的永恒模式吗？以"对象化"为本质的哲学循环，正面临着或经历着自己的极限。

如果认识论可以朝存在论发问：当哲学认识世界时，这个"认识"本身怎么可能？如果语言论可以向认识论盘问："认识"这个词究竟在说什么？作为一个缺乏严格逻辑界定的含混不清的术语，它究竟说了什么还是实际上什么都没有说？如果语言论可以在"清理语言的误用"的基础上进而将认识论及存在论贬之为"既不正确也不错误而是没有意义的言说"，那么语言论便不得不接受必然接踵而至的更尖锐的追问：语言论凭什么去言说语言？哲学凭借认识而言说世界，凭借语言而言说认识，它凭借什么去言说实际上就是言说的语言？凭借语言？凭借语言去言说语言，这在外在形式上是不是已经犯规？退一步讲，我们可以说哲学是凭借一种特殊的即哲学－逻辑的语言去言说或"清理"语言的。然而这种特殊的语言是一种什么样的语言?它的特殊性究竟"特殊"在哪里?它从何处赢获了"清理"和判定"语言误用"的特殊资格或权威?实际上,当20世纪的语言论哲学向语言发起进攻时,它自身的"语言境域"却尚处在一片晦暗之中。

细致思之,上述困境还有另一面。哲学退出认识领域而侵入语言王国,这本身便意味着,语言曾经不是(起码不主要是)哲学的对象。此乃一个不得不接纳的事实。在这个事实的默默注视下,谁能合逻辑地断定语言领域就是哲学的最后栖居之地?若"认识怎么可能?"构不成哲学的终极追问,"澄清语言的误用"又怎么可能膨胀为关于哲学的终审判决?若将认识对象化阻挡不了对认识论的超越,把语言对象化又怎么可能将哲学钉死在语言的十字架上?

其实,当第一次"哥白尼式的革命"即当哲学由言说世界退回到言说认识时,哲学作为一种言说便已经跌入了言说的困境之中:认识既是对象同时也是"非－对象",既是认识者同时又是被认识者。因此,在哲学企图将认识彻底对象化为被言说的存在者来把握时,实际上意味着认识作为认识者或言说者,作为言说本身,已经在根本上从此种被言说之中抽身隐退,意味着言说认识恰好已经错失了在场着的认识,只不过这种言说的困境因为还有更基本的"语言"可依尚不显得触目罢了。当哲学由言说"认识"进一步退入言说"言说"(语言)时,哲学言说的言说困境就再也遮不住地凸显了出来。

哲学无论如何首先是一种言说,一种独特的言说,一条与众不同的"道";而道之为道,用老子的话说,就在于道源始地就是"可道"（道说）本身；语言之为语言，用海德格尔的话说，就在于语言源始地就是言说本身。① 因此，语言－言说的全面对象化，不仅仅意味着作为一种言说的哲学在逻辑上已丧失了一切可依可靠的东西，丧失了可以据以去"澄清语言"的基地，并进而逻辑地意味着哲学作为在内容上被抽空了的言说，已无法将自身作为一种独特的言说来界说，即无法在语言－言说的层面上将哲学言说方式与其他非哲学的言说方式区别开来。假如哲学的语言论形态以前的哲学言说都是"无意义的言说"或"语言的误用"的话，那么语言论样态的哲学在"证实"了自己的判定后，非但未能真正解构哲学的传统言说方式从而拯救哲学，而且它自身在消费光身上的"革命"激情和灵气后，照样成为哲学传统的言说方式（即"对象化"的言说方式）的又一个干瘪的形态。通过把语言作为对象来分析、审视和拷问，语言论哲学以为它由此便抓住或占取了语言－言说的本质，而实际上它连自身的语言－言说的本质也赔出去了。对于人类智慧样态的演历来说，哲学的语言论形态的根本意义也许只在于：它把哲学言说的独特本质作为一个性命攸关的问题向整个哲学摊了出来。

不难看出，20世纪的语言论哲学实际上并未能通过其对语言的条分缕析，将哲学带出传统认识论哲学已陷入的言说困境，反而使哲学在此困境中陷得更绝，更深，更彻底。"对于不能言说的，就应该保持沉默。"维特根斯坦这句深渊式的名言，为语言论哲学的困境作了最具激发性的注释。

---

① 参见孙周兴选编：《海德格尔选集》下卷，第981~985页，上海三联书店，1996年。下文凡引此书，只注书名和页码。

然而，尽管哲学言说的上述困境源出于语言－言说的全面对象化，但产生此困境的真正深刻的原因却并非这个"全面对象化"的事实本身。语言－言说的对象化是挡不住的，只不过是早与迟的问题，因为无止境地对象化自身乃是整个西方文明或者西方智慧样态的根基。① 哲学之所以陷入"言说的困境"，并不是由于哲学没有去挡住语言－言说的挡不住的对象化，而是因为哲学在将语言－言说对象化的同时，严重地遮蔽了语言－言说的本真向度。

无论怎样界说语言之为语言，有一点对于所有的界说来说都是刺目的：作为言说，语言最本真的性质是它始终在场；或者说，如果语言在本真意义上就"是"言说，那它就始终不能不在场。面对着这个如"芒刺"般的事实，20世纪的语言论哲学实质上已经把哲学拖入了一种理论上的绝境：当语言被作为一种对象来认识、打量、分析和阐释时，它已经被假定为一种在言说中完全不在场的、摆在言说之外的、被主体任意上下左右前后打量及征服的对象性现实；而这种"对象性现实"恰恰是对象性的"非－现实"，因为对象化的语言作为脱落了的或消费过的语言－言说，恰恰已被判决为丧失了通达语言之本真向度的根本能力，因为语言的对象化恰恰不知不觉地荫蔽了语言之为语言最本真的"在场性"这个"硬现实"。所以，当我们不可一世地以为，只要析透了语言的词汇、句法、语义、语用、结构、意义等等，便可以挟这些前所未有的学术成果而洞穿语言的本质的时候，语言之为语言的本质却已悄然抽身隐去，就是说，语言的本质仍然顽固

---

① 参见拙文：《科学与科学精神之思》，《哲学研究》1996年第10期。

地居于语言论哲学的视野之外。这里绝不是要否认语言论哲学的杰出贡献和重大价值。20世纪形形色色的语言论哲学除了它们已经作出、正在作出和还将作出的关于语言的各种具有重要意义的技术性贡献之外,它们还存在性地确证了一点:哲学作为一种言说,已经从存在论退到了认识论,再由认识论退到了语言论,而到此为止,一退再退的哲学实在已经退无所退:作为一种独特的言说方式,哲学必须迎向自己的言说困境,迎向自己的对象化循环模式的极限。

语言的困境说到底就是思的困境。语言的对象化就是思的对象化,因为本真意义上的语言－言说的缺席,也就是本真意义上的思的缺席。海德格尔说:"在我们这个激发思的时代的最激发思的东西显明于:我们尚不会思。尽管世界的状况已变得愈来愈激发思,我们仍然不会思。"[①] 我们尚不会思。对于号称经历了两次"哥白尼式的革命"的哲学来说,这是一个极具杀伤力的致命判决。自有哲学以来人们便以为,虽然不能说思天然就属于哲学,但至少可以说哲学天然就在思。正因为如此,海德格尔的判决就显得更加咄咄逼人。我们仍然不会思。遭遇这样一个隐含着粉碎性威力的判决,已"思"到了今天这个份上的哲学不能不面对如下至少两个基本问题:第一,为什么"我们尚不会思"?第二,何为"思"?深入展开这两个问题乃是另一篇论文的任务。这里只力求在与本文主题相勾连的范围内进入问题。

为什么我们尚不会思?难道哲学在几千年一系列的建构及其解构的过程中不是一直在"思"吗?确乎如此。哲学在正题—反

---

① 《海德格尔选集》下卷,第1206页。

题—合题的演历中①,或者说在罗兰·巴尔特所说的"元语言的一个历时面"的演历中,②踩出了一条思之路,即本文所说的"以对象化为本质的循环"之路。作为人类思维的一种可能的向度,这条思之路硕果累累,熠熠生辉,令人叹为观止。然而,当古往今来的人都涌入这条似乎可以无限延长的路时,这条路就在不知不觉中被提升为人类思维的唯一可能的思之路。一条思路或者毋宁说任何思路一旦演化为唯一的、完成了的和全封闭的思路,那就不仅外在地堵死了其他可能的思路,而且内在地掏空、磨灭和耗尽了使一条思路成其为思路的那种原创性的"思性"。一条思路如果"思性"缺席,尽管它仍是一条有用的故而也自然是拥挤的路,然在这条以对象化为本质的循环之路上前仆后继地行走的行人,事实上已被全面地解除了思的可能:他们已无"思路"可言,也无需任何"思路",因为对象化的循环早已经在可能性上预定了一切,在基本程序上安排了一切,在具体流程上精打细算了一切。是的,人们还在不断开辟和侵入看起来崭新的领域,但正像一切未开辟的风景区早已为旅游产业预定了一样,"反题"早已为"正题"预定,"合题"早已为"反题"及其"正题"预定,"对象语言"早已为"元语言"预定;质而言之,看

---

① 黑格尔对"思之路"的刻画(尤其是在《精神现象学》和《逻辑学》中的刻画),至今仍纪念碑般地伫立在那里,默默地伺候着不断演进的哲学:存在—非存在,神圣—非神圣,物质—意识,可知—不可知,社会存在—社会意识,主体—客体,证实—证伪,能指—所指,意识—无意识,建构—解构,等等。这些界碑一样的正题、反题的演历"思路",显然落在黑格尔所刻画的思之演历模式的笼罩之下。

② 参见罗兰·巴尔特:《符号学原理》,李幼蒸译,第172页,生活·读书·新知三联书店,1986年。

起来五花八门的学术观点、理论、学说、体系等等，都不过是从这条循环思路中鱼贯而出的批发品而已。通过不断批量生产和再生产这些复制品，我们以为我们天然在思；但正是在我们以为天然在思的那时那里，"无思"袭击了我们。"我们所有的人，包括那些似乎由于职业而思想的人，我们大家往往是够思想贫乏了；我们所有的人都是太容易无思的了。无思状态是一位不速之客，它在当今世界上到处进进出出。"① 确实，我们尽可以在各种各样乃至不断翻新的领域中进进出出，穿梭往来，但这决然不能担保我们在思。倘若在进入思之前，我们思的可能性便已被那条已完成了的思路的绵绵延伸所吸收，我们就不能不说，我们尚不会思，尚处于"无思状态"。

但是，如果预定了的、程序化了的"流水作业"不是思，那么，何为思？当在眼前延伸着的思路渐渐淡出后，这无疑是一个最切近"思性"的追问，故绝非三言两语所能打发。这里仅能力求去穿过此询问，从而对此询问作一极简单的刻画。

何为思？必须警惕，这种盘问的方式很容易将我们导入老途，因为只要将"思"作为一个"对象"来言说，我们便已经重蹈覆辙。思之为思，直截了当地说，就在于思什么都不是，或者说，思不是任何"什么"；思仅仅是"去思"，也就是说，思仅仅"到场"抑或"缺席"。思怎么到场？以"去蔽"的方式到场。思就意味着去蔽，意味着去蔽进场。去蔽说的什么？当然既不是说把一个现成摆在那里的遮盖物从另一个同样现存摆在那里的被遮盖物的外面揭开，也不是说用"反题"去消解"正题"的片面性

---

① 《海德格尔选集》下卷，第1232页。

或用"合题"去消解"正题"和"反题"的片面性。这里实际上既没有真正发生"遮",也没有真正发生"蔽",因为无论是遮盖物还是被遮盖物,无论是"正题"、"反题"还是"合题",其实都是已知的对象性在者,至少是在定购框架内的潜在的已知物,所以也就无所谓去蔽不去蔽。去蔽只能由遮蔽发生处进场。源始的遮蔽发生于何处?发生于"对象化"之始。所以去蔽无对象。这意味着,去蔽实乃一种非对象化的原创性洞见。怎样才能通达这种非对象化的原创性洞见?倾听。倾听语言沉默的言说,倾听大地和天空的寂静之音,倾听每一代有死者在其"世-界"中的形上吐露。正是在这种倾听中,以及对这种倾听的守护中,思才会涌现,才会莅临。

如此这般刻画的就是思?到场—去蔽—洞见—倾听,就凭这几个非概念性的支点就能赢获思?不能。事实上,思没有任何"支点",正如海德格尔说的那样,从无思状态或者概念性的无思之思到思,"没有桥梁,只有跳跃。这一跳把我们带向的地方并不只是对岸,而且是一个全然不同的境地"。[1]

---

[1] 《海德格尔选集》下卷,第1210页。

海德格尔的良知之思[1]

海德格尔的良知之思充盈着原创性的思想震撼力。本文跟随海德格尔的良知之思,力求在此跟随中真正突入良知这种生存现象。

一 良知现象的生存论视野

一说到良知,各种人类学的、心理学的、生理学的、伦理学的以及神学的理论、观点和学说便纷纷涌向我们。把这些关于良知的理论、观点和学说粗略归结一下,大致可分为"内在"和"外在"两大基本的解释方向。一种方向是将良知解释为某种闯入人心灵或制约着人心灵的异己力量。沿此解释方向,人们往往最后又为这种外在力量确定下一个拥有者,如"公共良知"或"上帝"之类。与此相反,另一种解释则沿着内在的方向,将良知解释为人所固有的某种生理-心理的先天要素或本能,如性

---

[1] 该论题以此标题发表在《四川大学学报》(哲学社会科学版)2002年第2期上。成书时对一些术语、注释等作了增改。

善、性恶、普遍律令等等。不管沿这两大解释方向还可衍生出看起来多么丰富具体甚至相互对立的良知论形态，但它们都共同分享着一个相同的本质：良知是一种现成在手或现成上手的东西，或作为现成在手的生理－心理潜能，如性善、性恶、清白的良心抑或罪恶的良心等等；或作为现成上手的威慑力量，如公共良知、天地良心、上帝等等。一个人若干了见不得人的事，你不要以为可以做得滴水不漏，天衣无缝，做得天不知，地不觉，不要忘了，在天地之上始终还有一双眼睛在时时刻刻地注视着你的一言一行。这双无情的眼睛会没日没夜、一生一世影子般地跟定你，让你永世不得安宁。假如你根本不相信有这样一双外在的眼睛，你不信神不信鬼，不信天堂地狱，不信天打雷劈，可你仍然不要以为就可以为所欲为，因为虽然天不知地不觉，可你自己却不能不知。换句话说，你自己人性深处的某种良知本能终究会被引发出来：每到夜阑人静之时，你的良知本能就会促逼你自我谴责，自我鄙视，乃至让你终生饱受"良心不安"的肆无忌惮的摧残。

诸如此类的良知论，在海德格尔看来，不是对了，也不是错了，而是简直就"意味着把良知这种现象抹灭"。① 这类流俗的良知论"都太过匆忙地跳过了良知现象"。② 确实如此。无论是沿"外在的"方向还是沿"内在的"方向去解释良知，都已经将良知作为某种现成的或已完成了的东西，而良知一旦被当作这类现成的东西，"良知本身"便已经冰消瓦解，就是说，这类对良

---

① 海德格尔：《存在与时间》，陈嘉映、王庆节译，第309页，生活·读书·新知三联书店，1999年。下文凡引此书，只注书名和页码。
② 《存在与时间》，第316页。

知的解释已经错失了良知现象本身。更具体点说，如果良知是现成在手或现成上手的东西，那就必然意味着：第一，不管作为良知的眼睛是如何的锐利，那都是一双"异己"的眼睛，这等于说，我们自己压根儿就没有良知；既然如此，那就完全不存在什么"良知的声音"，因为对于没有良知的存在者来说，那"声音"根本就传不出来，传出来了也是"对牛弹琴"。第二，"内在的"解释方向虽然将良知归结到人本身，但此种解释仍然"抹灭"或"跳过"了良知现象本身。一个人突然间"良心发现"或相反竟然"丧尽天良"，这被发现抑或被遗弃的"良心"是同一个良心，即同一个虽埋藏至深但却是早已摆在那里等待着被"发现"或被"遗弃"的现成在手的良心。然而，发现也好，委弃也罢，我们无法回避的逻辑是，这个被发现抑或被委弃的良心对于发现者或委弃者来说，乃是一个可以发现从而也可以遗弃的实质上的"它物"，一如我身上的器官虽说是"我的"，然由于它们是可替换的或可缺失的（如因病变而替换或缺失），故而实质上是"我的它物"那样。所以，尽管"内在的"解释将良知内收到人自身的生理－心理本能，但良知仍被从根本上领会为现成的东西。这意味着，一个人若发现或泯灭了良知，那只不过是他碰巧发现或泯灭了，而我却没有同样的遭遇而已；或者意味着他的发现抑或泯灭的心理－生理本能比我更强而已。很明显，这等于说，在发现之前和泯灭之后，人是没有良知的；而这在逻辑上又等于说，在发现之后和泯灭之前，人也是没有良知的；一句话，反正人其实"前－后"都是没有良知的。于是，这种将良知内收的解释同将良知外放的解释最终殊途同归：它们均急躁地跳过了良知现象本身，都以人自身是没有良知的为其必然的逻辑前提或归宿。

毫无疑问，人作为人肯定是"有"良知的。但良知之成其为良知，却绝"不是摆在那里的、偶尔现成在手的事实"，① 无论这种现成的东西被规定为上帝、绝对、理念、生理－心理要素、普遍律令、人之本性还是什么别的东西。良知乃一种彻头彻尾的生存论现象，一种与所有世内的现成事物根本不同的生存现象。作为一种生存现象，犹如海德格尔指出的那样，良知"只'存在'于此在的存在方式中，它只同实际生存一道并即在实际生存之中才作为实情宣泄出来"②。这意味着，一切在与世内现成在者打交道过程中构建起来的对象性的入思方式，均无法真切地通达良知这种源始的生存现象。海德格尔认为，要想通达良知这种生存现象，"首先应得把良知追溯到其生存论基础和结构，使它作为此在的现象而明显可见"③。然而，"生存"（Existenz）这个词究竟在说着什么？或更具体地问，作为一种生存论现象的良知究竟在如何向我们说话？

　　人有良知。这话几乎是透明的，因为它就是我们每个人都有的日常经验。但是，只要我们稍加思考便会发现，这种日常经验现象乃是一个既透明浅显又隐蔽至深的现象。让我们的思跟随这话中的每一个词的引导。首先是"人"。当我们说"人有良知"时，这里的"人"已经被悄然看成了一种现成的存在者，比如"理性的动物""说话的动物""劳动的动物"等等。诸如此类对人的领悟并没有错，只不过它们不真正切己，即没有真正切入人之为人存在的深度。人之为人就因为他现成地具有理性、会说

---

① 《存在与时间》，第309页。
② 《存在与时间》，第309页。
③ 《存在与时间》，第308页。

话、会劳动吗？就像其他动物之为其他动物就因为它们也现成地不具有理性、不会说话和不会劳动那样吗？一个因痴迷某事而"丧失理性"或因突发事故而丢失"说话能力"或"劳动能力"者就不是人了吗？何况既然这些规定能被"丧失"，这本身不正是凭借它们无法将人打捞干净的存在性确证吗？在我们将这些关于人的解释伸展开去企图将人锁定在某一个或某几个乃至所有规定的总和之上时，我们实际上明显踏空了。踏空了并不是漏掉了什么，恰恰是始终漏不掉"什么"。人的确能成为各种什么，如能成为一个物理学家、一个宗教徒、一个艺术家等等，但这个"能成为"本身已经摆明了这样一回事：人不是他能成为的任何什么，人之为人始终"超出"或"先行"于他已成为的什么。这种"能成为""超出""先行"其实就是海德格尔所谓的"生存"。人只有首先生存着，才能生存为什么。但是由于人总是"被抛"地已经成为什么，如一个人不是工人就是农民，不是农民就是学生，不是在岗上的日常角色，就是在岗下的无业游民等等，所以这些相互间似乎没有缝隙的板结化和链条化了的"什么"极顽固地遮蔽着生存现象本身。正是这种遮蔽使得"生存"转呈为生存的"什么"，从而使得人从人的"能生存"中跌落了出来，仿佛人止步于他已成为的那个什么。人能是什么，但他不是什么，而且只有在震碎他已成为的一切现成的什么之际，人之生存现象本身才会源始而又真正切己地显现出来，就是说，"人本身"或人之为人的"本体"，才会真正腾空而起。海德格尔以"此在"（Dasein）命名人，其根本意向便是力图撑开已凝固化了的总是作为什么来呈报自己的人自身，进而让人这种非现成存在者的生存现象在括去了一切什么之后自身显示自身，即逼出它，让它在场并维持住这种在场。

如果人即此在,而此在又总是作为什么都不是的生存本身,那么良知显然属于此在的生存现象。此在有良知,从而此在也可能没有良知。于是,我们通常会问:那么什么是良知?只要以这样的方式发问或思考,我们便已经错失了良知现象本身,因为良知之为良知,正如上文所述,就在于它根本就不是任何现成的什么,无论这种什么是外在的还是内在的。这意味着,必须首先括去一切以"什么"为范式的入思方式。然而,作为现成的"人"及其"良知"被括去而还原为生存现象之后,在"人有良知"这话中最终落入我们眼帘的便剩这个"有"了。这个似乎最透明实则最隐蔽的"有",确系事情的秘密之所在。如果说此在及其良知是生存现象的话,那么这正是由"有"这个词道说出来的,就是说,此在及其良知现象正是在有之"有"中展现出来的。为了让这个"有"作为生存现象显现出来,我们不妨从流俗的入思方式入手。

此在有良知。按对象化的入思方式,这话听起来就像是说"我有别墅"一样,二者不仅在其语法、逻辑和范畴的形式上一样,关键在其"有"上是一样的。别墅作为客体摆在那里,"我"则作为主体立于作为客体的别墅之旁。于是,我有别墅这话说的便是:一个作为主体的在者对一个作为客体的在者的占有或拥有,前者可以根据自己的意志安排、使用、改造、出租后者,即随意处分后者。由于我和别墅均被领会为现成的存在者,故而"有"在这里所标画的便只能是这两个现成在者之间的现成"关系"。然而,此种领会虽然不错而且实用,但却是以错失源始的"有"之现象本身为代价的。在我有别墅的有中,真正一直在场的或者说真正自身显现着的现-象,绝非由一个独立自存的现成主体与一幢由死的砖瓦钢筋水泥之类的东西垒积而成的建筑物所形成的"关系",毋宁说是生存着的我存在于世的种种生存现象的展显、打开和收拢,就是说,我作为此在的"此"在我有别墅的有中呈现了出来。我有别墅,所以我栖居于此,在此遮风避雨,在此仰天俯地,在此生儿育女,在此接待亲朋,在此思前顾后,在此喜怒哀乐;我有别墅,这"有"显现出我作为一个特殊阶层的工作和生活样态:事业成功,收入颇丰,生活富有,身份上流,等等,等等。显而易见,在我有别墅中,这个有之所有的并不是两个现成的主客体之间的某种"客观的"抑或"主观的"占有和被占有的关系,而是一种作为能在的活生生在场的生存现象;换言之,上述种种作为可能性的生存现象组建着我有别墅中的"有"本身。

只要此在生存着,就总已经有着什么;但不管此在是已经有别墅、汽车还是头衔、名誉,就是说,无论此在已经有什么,此在都不皈依任何什么。在此在有别墅之际,此在之有并不穷尽于别墅,有别墅只是有之为有的现象显示,而且此种显现着的有还不过是此在之有的"一种"可能方式,此在之有并不会因任何一种有而增加抑或消耗分毫。这意味着,尽管此在之有总是被抛地已经有着某种什么,但一切被有的什么都挡不住这样一个更深刻的现象学实情:此在之有的有本身始终已经"多于""超出""先行"于一切现成之有的有什么,否则此在就根本不可能有什么。或者换一个说法,此在之有倘若能有什么的话,这个有便不能撞碎在任何什么上,不能为任何什么所吸尽,从而能作为什么也不是的、能震碎与一切什么的关联的"有本身"才可能。但是，也许我们顽固的入思方式仍会不妥协地追问：那么这个"有本身"又是什么呢？它不是什么，不是"理念"，不是"绝对"，也不是"纯形式"，而是现象学意义上的区别于一切现成的什么的"空无"状态。有本身作为空无不是什么，可它存在着，用生存论的语言说，有作为无，无化着，生存着。

一旦我们的思突入了这种现象学的通道，我们就可以让作为生存现象的良知在拆除了"遮蔽物"之后，真正作为生存现象自身"显摆出来"。

二 良知之显现：操心的召唤

良知不是什么，可此在有良知。那么此在是如何有良知的？换一个更明确的问法：作为此在生存现象的良知是如何作为生存现象显现自身的？海德格尔写道："一声呼唤，不期而来，甚至违乎意愿。"[①] 一声呼唤，良知就"是"这声呼唤。说良知是呼唤，这绝非对良知的"诗化"描述，绝非"一种'形容'，像康德用法庭来形容良知那样"[②]，毋宁是说，呼唤"组建"着良知现象，或者说，良知展显自身为"呼唤"这种生存现象。然而，呼唤何以成其为呼唤？呼唤只有在被听见的时候才成其为呼唤，呼唤才到场。因此，说此在有良知，这等于说此在以倾听呼唤的方式置身于良知之中。现在需要深入的是：此在究竟如何倾听呼唤而处身于良知之中？

此在首先和通常以常人的方式沉沦在世，这使得"此在迷失在常人的公论与闲言之中，它在去听常人本身之际对本己的自我

---

① 《存在与时间》，第315页。
② 《存在与时间》，第311页。

充耳不闻"。① 但是,沉沦在世挡不住作为能在的此在自身。良知作为呼唤首先便显现为"打断去听常人","这样一种打断的可能性在于直接被呼唤"。② 此种打断常人的直接呼唤令此在徒然惊惶,从而将作为能在的此在从沉沦在世的既成状态中唤回。这里必须高度专注的是,所谓"从…唤回",说的并不是把此在从一种既成状态唤到另一种被规定为"回"之处的既成状态,如某种被公认为"善"或"道德"的既成状态,即不是从一种"什么"转换到另一种"什么"上去,而恰恰是将总以"什么"为其存在方式的常人唤回于此在自身,即那个不是什么但却总被什么遮蔽着的此在自身。这就是说,所谓"唤回"实质上乃是震碎了一切什么之后的此在自身的现象显现。正是这个此在自身作为良知的直接呼唤,才会令总是迷失于既成状态的常人此在徒然惊惶,击中它,并摧毁它。

雨果《悲惨世界》中的冉阿让为我们展现了良知的这种"打断去听常人"的直接呼唤的经典案例。偷了卞福汝主教银器的冉阿让垂头丧气地被警察带回到主教家。这时主教以最快的速度迎了上去,对冉阿让说:"呀,您来了!我真高兴看到您。怎么!还有那一对烛台,我也一齐送给您了,那和其余的东西一样,都是银的,您可以变卖二百法郎。您为什么没有把那对烛台和餐具一同带去呢?"主教的这一席话简直让冉阿让目瞪口呆:"冉阿让睁圆了眼睛,瞧着那位年高可敬的主教,绝对没有哪种人类的文字可以表达出他的面色。"当主教把两个银烛台送给冉阿让并让警察放冉阿让走时,冉阿让被彻底命中了:"他仿佛在梦中,连

---

① 《存在与时间》,第311页。
② 《存在与时间》,第311页。

字也吐不清楚","他全身发抖","简直要昏倒了"。这里有几个明显展开的环节。

冉阿让在被警察带回到主教家之前和之时,他向来存在于常人的既成状态之中,就是说,冉阿让作为此在是以常人的方式现身着、领悟着、言说着在此:既然偷了别人的东西,触犯了"不准偷盗"的普遍律令,并且被警察现场抓个正着,那么接下来的事情作为可能性似乎已经完全变成必然性了:在作为受害者的主教或愤怒或冷漠的证词中重新入狱。然而,主教的行为彻底震撼了冉阿让。这是一种从根本上超过了让冉阿让再坐十九年牢甚至判死刑的真正脱胎换骨般的震撼,因为在这种震撼的威力掠过之处,作为常人在此的冉阿让被就地处决了。需要追问的是,这个一直以常人方式在世的冉阿让是怎样被消灭的?首先呈现出来的现象环节显然是"直接呼唤"。冉阿让作为常人在场的一切,即他置身于其中的常人世界,如他的"曾在",他的"现在",他的"将在",一句话,他所操劳和操心的一切,陡然间被良知的"直接呼唤"打断了。必须特别指出的是,这里的"直接呼唤"并非主教的言行(在雨果那里,主教是良知的化身,其言行代表着"良知的声音",这个问题论及"谁是呼唤者"时再展开)。对于作为打断常人的直接呼唤的良知来说,主教说了什么和干了什么并不重要,因为冉阿让作为能在可能对主教的言行完全无动于衷;重要的是作为常人的冉阿让既定的日常生存世界被打断了,即被主教的言行所蕴含着的那种无声的、却又"不嘈不杂、明白单义、无容好奇立足"[1] 的"意指"展显撞得粉碎。撞碎日常既

---

[1] 《存在与时间》,第311页。

成的生存可能,这本身就已构成一种直接呼唤。冉阿让的日常世界之所以崩溃,并不是因为作为良知化身的主教的善行从"外面"摧毁了它,而是由于主教的言行为冉阿让打开了一个完全没有意想到的生存方式,这种方式作为生存的可能性,突然间照亮了冉阿让作为此在的此在性,就是说,直接呼唤这种此在性。当冉阿让的日常生存方式被撞碎,当作为此在的冉阿让"听见"即领会到直接呼唤时,良知发生了,良知到场了,或者说,良知以打断常人的直接呼唤的方式作为现象自身显摆出来了。"以这种方式呼唤着而令人有所领会的东西即是良知。"①

良知是呼唤,在打断常人的直接呼唤中良知脱颖而出。要强调指出的是,所谓"直接呼唤"绝非任何音声言词表达之类的东西。"呼声不付诸任何音声。它根本不付诸言词。"② 主教确实对冉阿让说了很多话,但这些话本身却不是呼唤,不是良知。换句话说,命中作为此在的冉阿让的不是诸如"我真高兴看见您","还有那一对烛台,我也一齐送给您了"这些作为音声、作为言词、作为表达的话语本身,而是这些话语沉默地宣示出来的另一种生存的可能性,这种生存可能性作为可能性本身无言而又振聋发聩地呼啸而来,将冉阿让的日常此在席卷而去,带离日常生存的既成状态,带回到"悬空"的作为能在的生存本身之中去。因此海德格尔说,良知作为言谈"只在而且总在沉默的样态中言谈",而言谈作为召唤"就是唤起这个自身到它的能自身存在上去,因而也就是把此在唤上前来,唤到它的诸种可能性上去"。③

---

① 《存在与时间》,第311页。
② 《存在与时间》,第311页。
③ 《存在与时间》,第314页。

既然良知由呼唤现象所组建，那么现在需要进一步探入的是：这个展现为打断常人的、以沉默方式言谈着的呼唤现象本身的现象结构。良知作为呼唤，显然有两个基本的构成环节：被召唤者和召唤者。被召唤者是谁？"在良知的呼声中，什么是话语之所及，亦即召唤之所及？显然是此在自身"①。如上所述，良知作为呼唤首先就展现为"打断常人"，这等于说，为呼唤所及的被召唤者正是常人的存在，即那个已被委弃给了日常在世之可能性的此在自身。被召唤者就是那一直以常人的可能方式在场的冉阿让。作为被召唤者，冉阿让并非一个现成的主体，就是说，被呼唤唤起的并不是作为现成主体的冉阿让，而是冉阿让作为此在的那个"此在自身"。作为现成主体的冉阿让就是那个处在常人生存的既成状态中的冉阿让，即那个因偷了一个面包被判了十九年苦役并因这种不公正的处罚又反过来判了社会甚至上帝的罪的冉阿让。这样一个在常人既定的生存轨道上以强大的惯性生存着的此在突然间就崩溃了，因为良知作为呼唤，将"常人驱入无意义之境，但那在召唤中被剥去了栖所和遮蔽的自身却通过呼声被带回其本身"②。冉阿让作为常人在场的一切都在良知的呼唤中被跨越了，被打碎了，而这种跨越或打碎以展现出生存的另一种可能性之方式，将一直被常人在世的方式遮蔽着的"能自身存在"或"此在本质上就是而且一直已经是能在"的这个此在自身带回其自身。我们之所以说冉阿让被"命中"了，就是因为召唤所及的不单单是这种

---

① 《存在与时间》，第312页。
② 《存在与时间》，第313页。

抑或那种生存可能性,而是那个使冉阿让能作为此在生存的"此在本身"。

如果被召唤者是此在自身,那么召唤者又是谁呢?同样是此在自身。海德格尔说:"呼声无疑并不来自某个共我一道在世的他人。呼声出于我而又逾越我。"① 然而,在我们的例子中,召唤者不正是那个与冉阿让一道在世的作为他人的主教大人吗?主教确乎是一个他人,可呼唤者却绝不是这个作为他人的主教。同冉阿让一样,主教也是生存着的此在,作为生存着的此在,主教以别具一格的方式展示出另一种生存的可能性。但是,这种以此在方式显现着的能在并不是一种异己的力量,仿佛主教就是作为这种异己的呼唤者将良知从外面硬塞给冉阿让似的。"良知向来是我的良知,这不仅意味被召唤的向来是最本己的能在,而且也因为呼声来自我向来自身所是的那一存在者。"② 被召唤的是已托付给某种既成状态的冉阿让的日常此在,而之所以这种日常此在受到召唤,就在于作为此在的冉阿让本质上"能"被召唤,他能退出、能委弃他一直置身于其中的那种已具有强烈板结化倾向的生存方式。冉阿让被震撼了,然这种震撼绝不是发生在作为现成在者的两个不同主体之间。震撼是"存在"的震撼,也只有"存在"才会将一切日常既定状态悬空从而产生真正的震撼。冉阿让猛然间不仅看清了自己处身其中的日常生存状态,听见了随之而来的由存在的震撼发出的呼唤,而且他之所以能有这种"看清"和"听见",就是

---

① 《存在与时间》,第315页。
② 《存在与时间》,第319页。

说，作为此在的冉阿让之所以能被唤醒，那仅仅是因为冉阿让绝非一个已完成了的现成在者，而是一个本质上始终以能在方式生存着的"能在自身"。所以，召唤者并不是作为他人的主教，而是冉阿让的此在自身：在召唤发生之际，被召唤的此在听见了此召唤，这种"听见"本身就已经是"此在自身"的现象显现，就是说，当冉阿让听见召唤时，他的"此在自身"已经到场。在这种此在自身对自身的召唤中，亦即在海德格尔所说的"出于我而又逾越我"的召唤中，作为活生生生存现象的良知将自身作为现象显摆了出来。

此在总以此在的方式此在着，它总不断地已经把自身托付给并且不能不托付给生存。但是正如前文所说，生存是震碎了一切什么之后的存在本身。这意味着，此在作为生存着的能在，就是"它存在并作为它所是的存在者而不得不以能在方式存在"[①]。海德格尔称这种此在向来置身于其中的生存状态为"被抛状态"。所谓被抛状态说的不是某种现成的主体被外部客观世界所决定的那种"被决定性"，而是说的此在根本的生存方式。此在之为此在，就在于它始终被抛入这样的生存状态：作为能在，它虽然总已经是什么，但作为能在，它又始终能退出能超出一切既成的什么，而且只因为它能退出能超出什么，才会有它的"是什么"；这意味着，此在作为此在，是而且不得不就是它的这个"能本身"，就是说它被抛入"无家可归"的生存状态：作为此在，它无依无靠，既无现成的"由来"，也无现成的"所去"，它只是不得不"去存在"，不得不"存在在此"。"无家可归是在世的基本

[①] 《存在与时间》，第316~317页。

方式。"① 唐朝诗人陈子昂诗云：前不见古人，后不见来者。念天地之悠悠，独怆然而涕下。这简直就是一首无与伦比的"此在之歌"：它将此在的那种"在世界之无中的赤身裸体的'它存在'"②，那种被抛的无家可归的生存状态，那种深渊一样的"此在自身"，以真正纯洁的诗-思的语言道说了出来。

然而，由于此在通常以非本真的常人方式在世，此在被抛的无家可归的生存状态向来被这种那种作为什么的日常关联或日常角色锁闭着。"此在躲避被抛境况，逃到臆想的常人本身的自由中去求轻松。"③ 假如主教"依据事实"指证冉阿让，那么冉阿让会万分沮丧地重回监狱。但这样一来，冉阿让便不会产生命中式的震撼，因为受到攻击的只是其日常此在（即偷窃、坐牢、再偷窃、再坐牢的日常循环），而不是他的作为此在的"此在自身"。冉阿让会虽泄气却"轻松、自由"地重返他早已熟知的日常世界。但是冉阿让被命中了。他被命中并非因为他怕主教的善行，更不是因为他怕主教的指证而重返监狱，而是因为他"作为被抛此在的最基本的展开状态把此在在世摆到世界之无面前，而此在就在这无面前，在为其最本己的能在的畏中生畏"④。这就是说，作为此在的冉阿让之所以被命中，之所以"发抖""昏倒""逃跑""心碎"等等，无疑是因为他（一个力大无比而又因社会的不公正对待决心报复社会的"他"）真正地"生畏"。但冉阿让畏之所畏者既非主教、警察，也非监狱，即不是以日常方式展开

---

① 《存在与时间》，第318页。
② 参见《存在与时间》，第317页。
③ 《存在与时间》，第317页。
④ 《存在与时间》，第317页。

的任何什么。当冉阿让以为主教会指证他,以为警察会抓走他,以为自己会重返监狱时,他却一脚踏空了:他的种种惯性的"以为"落空了,他的可依可靠以日常方式在场的"世-界"被抽空了,他作为此在被推回到他的"此在自身",被"摆到世界之无面前"。这种空无化着自身、深渊一样的此在自身,就是冉阿让的畏之所畏。"除了在畏中暴露出来的此在本身的能在,还给此在剩下什么?除了向着只关此在的这一能在唤起,还该怎样呼唤?"①作为此在的冉阿让一直以常人的方式在世,但任何既定的在世方式实质上均无法锁定冉阿让的能在。当冉阿让在畏之所畏中被命中时,他作为此在就已经"超出"自身,"先行"于自身。海德格尔把此在存在的这种现象整体,即"先行于自身已经在世的存在"②称之为"操心"(Sorge)。操心乃此在作为整体生命存在的现象学标画。以呼唤方式显摆自身的良知,实际上正是此在作为整体生命存在的鲜活见证。良知的呼唤既不证明上帝的存在,也不证明善的生理-心理要素的存在,而只证明了此在能作为本真的整体生命存在而存在。因此,良知的呼唤说到底就是操心的召唤:"良知公开自身为操心的呼声:呼唤者是此在,是在被抛境况(已经在…之中)为其能在而畏的此在。被召唤者是同一个此在,是向其最本己的能在(领先于自己)被唤起的此在。而由于从沉沦于常人(已经寓于所操劳的世界)的状态被召唤出来,此在被唤起了。良知的呼声,即良知本身,在存在论上之所以可能,就在于此在在其存在的根基处是操心。"③

---

① 《存在与时间》,第317页。
② 《存在与时间》,第222页。
③ 《存在与时间》,第318页。

三　召唤之领会：有罪责存在

良知是呼唤，它将自身显摆为呼唤。然而，只有当呼唤的"声音"被听见即被领会时，呼唤才成其为呼唤。那么，这个"呼声"究竟在说着什么呢？海德格尔一语破的："良知的'声音'这样那样，无非在说'罪责'。"①

在一切对良知呼唤之领会的经验中，首先挤上前来照面的是日常知性的罪责概念。海德格尔将这种罪责概念归结为两种基本形式。一种是在负债、拖欠、剽窃、拒付、巧取豪夺等等操劳活动样式上的有罪责存在，亦即以这样那样的方式不满足他人的财产要求从而导致"缺欠"意义上的有罪责存在。另一种是在"有责于某事"意义上的有罪责存在，亦即因违反法则而成为某事的"原因"或"事由"从而有责于某事。无论上面哪一种日常罪责形式，其本质都在于：有罪责或罪责存在触及的总是某种现成的东西。其所以有罪责，不是欠了他人某物引起的，就是触犯了普遍必然的"应当"或"不应当"导致的。所欠之物是操劳活动中的现成东西，所违之普遍法则也是日常在世的既定法则。杀人偿命，欠债还钱。这种奠基在对权益进行"结算找补"基础上的罪责存在，显然正是沉沦在世的常人所领会的罪责存在。常人就是根据这类"公共良知""普遍伦理""基本道德"等等来裁判和定夺别人以及自己的过错与罪责的。

一切日常的罪责存在总是相对于或者比照于某种现成性而来的"缺欠"，如既定的可找补的"责、权、利"之缺欠，或现成

---

① 《存在与时间》，第320页。

的可结算的"应当"之缺欠。但是,正如海德格尔指出的那样:"生存按其本质而言不可能在这种意义上缺欠任何东西,这并非因为生存是完满的,而是因为其存在性质始终有别于一切现成性。"① 冉阿让之所以在良知呼唤中受到"罪责"的致命袭击,并非因为他侵犯了现成公认的"不应当偷盗"的普遍律令,从而产生了对被侵犯律令的亏欠。事情刚好相反。当冉阿让偷了主教的银器而再一次触犯现成法则时,对于社会来说,冉阿让无疑是有罪责的;可是对于已经判了社会的罪的冉阿让来说,恐怕最多是碰上了一件类似"偷鸡不成倒蚀米"的倒霉之事而已。换句话说,对于刚开始实施报复社会的冉阿让来说,作为良知呼声之领会的罪责存在压根儿便可以不发生,因为他可以认为他不欠社会的,而是社会欠他的,必须找补的不是他,而是有欠于他的社会。更何况,冉阿让还可以发出最致命的一击:凭什么触犯了那些他认为有欠于他的社会的所谓普遍法则就必然是有罪责的呢?显而易见,建立在这种结算找补基础上的日常罪责存在,并非真正切己的罪责存在。海德格尔说:"有罪责并非作为某种欠债的后果出现,相反,欠债只有'根据于'一种源始的有罪责才可能。"② 这就是说,只有当此在的生存本身源始地就是有罪责的,此在才会有日常的罪责存在。

冉阿让是有罪责的。这与其说源于他触犯了"不应当偷盗"的公认法则,毋宁说源于冉阿让作为此在能够不触犯这个法则。"能够不"乃"应当"抑或"不应当"的前提及根据。这意味着,

---

① 《存在与时间》,第 324 页。
② 《存在与时间》,第 325 页。

在"有罪责"的概念中有着"不"的性质,并进而有着"作为…的根据"这层含义。所以海德格尔将生存论上的罪责概念界说为:"作为一种由'不'规定的存在之根据性的存在,这就是说,是一种不之状态的根据。"① 要领悟源始的罪责存在,我们就得从生存论上厘清这一"不"之现象。

作为被抛的沉沦在世的存在,此在一直以能在的方式置身于这种抑或那种可能性之中,它始终在"存在论上"被抛地"不"是或放弃了另一种可能性。换言之,作为能在,此在总已经被抛地是某种可能性,但这种已是的可能性本身就已经是一种对其他可能性的否定,就是说,处身在一种不之生存状态中。此种不之生存状态不是逻辑学与范畴论上的"不"或否定,而是此在之为此在源始的、在场的生存现象。因此这种"不之状态绝不意味着不现成存在、不实存;它所意指的'不'组建着此在的被抛境况这一存在"②。只要此在生存着,它就始终已经在沉沦在世中被抛地以"不"的方式"存在"着。作为不着的存在,此在自身是空无,而且是这种空无的"空无化";作为无之无化,此在自身因而是一个真正无底的深渊。这里的无或深渊,绝非流俗意义上的在诸"实有"之间作为其缝隙的"虚空",绝不是实有之阙失,而恰恰正是实有的"存在"本身,是实有之为实有的显摆出的现象本身。这意味着,作为无之无化,此在自身乃真正源始的自由存在。刚出狱的冉阿让为自己找到了报复社会的强有力的根据,如法律处罚的极不公正,刑罚的极不人道,社会的无情冷酷等

---

① 《存在与时间》,第324页。
② 《存在与时间》,第326页。

等。凭借着这些根据，冉阿让似乎跳出了此在生存的不之状态，因为将自身锁定在"报复者"上，这似乎已使冉阿让的生存从那种不之状态，那种无化着自身的自由状态跌落了出来，转化为一种以因果关系为根据的现成上手的生存状态。可是，良知的呼唤毫不留情地拆除了一切因果根据的遮蔽，将冉阿让直截了当地逼回到那个无化着自身的自由状态：作为此在，冉阿让始终能退出包括复仇在内的任何日常因果关联，也就是说，作为生存着的此在，冉阿让实际上始终置身于不之生存状态之中；其所以如此，那是源于或根据于冉阿让的始终非现成的"此在自身"，即那个始终以不之方式无化着自身的自由的此在自身。因此，这个自由的此在自身，就是不之状态的"根据"；这等于说，此在之存在，就是此在将自身作为自身之根据来生存。

然而，这种自身以自身为根据的自由存在，并非康德式的"纯形式"自由，也绝非由黑格尔式的思辨"主观"编织出来的概念自由。只有此在的生存才谈得上自由，或者说，作为无化着自身的此在之生存源始地就"是"自由。但正像海德格尔所说，此在生存的"自由仅在于选择一种可能性，这就是说，在于把不曾也不能选择其他可能性这回事承担起来"①。自由就是承担起此在被抛在世的不之状态。所谓"承担"，说的不是日常意义上对某种已经摆出来了的现成责任的担当，而是说，此在之存在是自由的存在，自由的存在乃不之状态的根据，而"承担"就是将这个根据无遮蔽地作为自身之根据来持守，作为自身之根据来生存。唯有此在才能作为自身承担起自身，这不仅因为非现成的此

---

① 《存在与时间》，第326页。

在参与了此在自身的构成,更是因为此在自身实乃无化着的自由的自身。换言之,只有自由的存在才谈得上承担起自身,非自由的存在就不可能承担起自身,也无需承担自身,因为一切都是因果作用的必然结果,只能如此,别无选择。但是,将自身作为不之状态的根据来承担实际上已经摆明这样一回事:"此在之为此在就是有罪责的","它在其存在的根据处就是有罪责的"。① 让我们再次返回到我们的例子。

冉阿让源始地就是有罪责的。这是如何可能的?冉阿让偷了主教的银器,所以他有罪责,这没有问题。问题在于,这种日常的罪责概念有两个致命点。第一,假如冉阿让无自由选择而不能不偷,他就无罪责可言。冉阿让偷的行为之所以构成罪责,不是因为这个行为冲撞了普遍的规范律令,反倒是,对这些规范律令的冲撞其所以构成为罪责,那只能奠基于生存着的此在能不冲撞这些规范律令的"能不"上。这就是说,冉阿让之有罪责,并不是因为他的偷,而是因为他的"能不"偷。这种不之状态绝非"事后"才强加给冉阿让的,仿佛冉阿让"事前"必然偷似的。实际上,只要作为此在生存,不管冉阿让已经偷抑或没偷主教的银器,他都已经被抛地置身于一种不之状态:偷,意味着已经"不着"不偷;不偷,意味着已经"不着"偷;偷或不偷均为"不着"的现象显示。然而,冉阿让其所以能以不之方式生存,那仅仅是因为他作为此在的生存,实质上是以无化着自身之方式的生存。正是这种空无化着自身的"自由因",才使得冉阿让能够偷抑或不偷什么,能够肯定抑或否定什么,亦即置身于不之状

---

① 《存在与时间》,第327页,第325页。

态之中。这里所谓自由因,并不是作为与"结果因"相对峙着的另一方,而是作为不之生存状态之根据的"根据性存在",也就是海德格尔所说的"源始的罪责存在"。这就是说,在括去了一切日常关联之后,此在作为无化着自身的自由存在,自由存在作为不之状态的根据性存在,其本身就是罪责存在。所以,在冉阿让以"能不偷"的生存方式进入"偷"的现成状态之际,罪责已经在场,他已经以"有罪责"的方式生存。深而言之,无论偷还是没偷,只要冉阿让作为被抛的、沉沦在世的自由此在生存着,他就总已经以有罪责的方式生存着,而且正因为如此,冉阿让的偷才有可能成为有罪责的。海德格尔写道:"唯有这种'是有罪责的',才提供了使此在实际生存着能够成为有罪责的存在论上的条件。这种本质性的有罪责存在也同样源始地是'道德上的'善恶之所以可能的生存论条件。这就是说,是一般道德及其实际上可能形成的诸形式之所以可能的生存论条件。"① 此种现象学境域中的罪责概念,极具阐释学活力,恐怕是奠基于日常罪责概念基础上的各种道德思考最终都不能不面对的。

  日常的罪责概念不仅跳过了罪责之为罪责的生存论前提,而且它还有第二个更致命的弱点:它其实根本就尚未触及作为良知现象的有罪责存在。对于日常知性来说,源始的罪责存在是不可思议的,它完全听不见良知的"声音"。这是因为"罪责存在对常人自身则保持其封闭。常人的知性只识得是否满足手头规矩与公众规范。常人结算这些规矩规范受到了几许冲撞并企求得到找

---

① 《存在与时间》,第328页。

补。常人溜过最本己的罪责存在，以便嘈嘈嚷嚷议论'犯错误'"①。冉阿让重犯了"不准偷盗"的法令和道德律令，所以"我们"判定他犯了严重错误或有罪责。稍加思考便会发现，这里的罪责与作为此在的冉阿让的"良知"无关，因为它是由"我"的复数"我们"来判定或者裁决的。"我"与"我们"之间绝非单单是一种单数与复数之间的数量关系。"我们"说的什么？说的是"常人"；"常人"说的什么？说的是"无此人"；而无此人也就意味着无良知，无良知之召唤，无对此召唤之领会的罪责存在。其实，非但"我们"关于规矩规范的结算找补不是良知现象，而且冉阿让关于他与社会之间因果上的结算找补也同样如此。作为一个标准的常人，冉阿让以常人的标准同社会结算找补：偷一个面包就判十九年苦役，如此显失公正的处罚必须向社会找补回来。这就是说，对于被抛沉沦在世的、作为常人的冉阿让来说，源始的罪责存在通常总是保持在一种封闭状态，维持在一种遮蔽状态。但是正因为这样，正因为一方面冉阿让作为自由的此在在其存在的根据处就是有罪责的，而另一方面这种源始的罪责存在又总是为被抛的沉沦在世所遮蔽，所以良知才是可能的：良知的呼唤将冉阿让自由的此在自身唤醒，即将冉阿让从迷失于常人沉沦在世的遮蔽状态唤回到他自己自由的此在自身上来，就是说，唤回到他源始的罪责存在上来。所谓良知，所谓良知之召唤，所谓召唤之领会，说到底就是：突破结算找补的日常罪责存在之遮蔽而领会作为自由此在之生存方式的源始罪责存在。

---

① 《存在与时间》，第329页。

冉阿让是有良知的。冉阿让有良知，这并不是指他终于变成了"善良的马德兰市长"，而是指作为苦役犯的冉阿让终于听见了良知的声音，领会了他作为自由的此在自身最本己的罪责存在。海德格尔写道："领会呼声即是选择；不是说选择良知，良知之为良知是不能选择的。被选择的是有良知，即对最本己的罪责存在的自由存在。领会召唤就等于说：愿有良知。"①

因此，良知就是愿有良知。所谓愿有良知，说的并不是愿有"清白的良知"之类，也不是日常状态中的那种因"有愧于良心"而努力去偿还"良心债"之类。良知之为良知，既无所谓清白与不清白，也无所谓偿还与不偿还。作为对最本己的罪责存在的领会，良知始终是"不安的"，清白与否，偿还与否均不可能消解良知之不安。作为被抛的沉沦在世的存在，此在的一切行为实际上必然是"没有良知的"，因为一切行为作为不之状态的根据性存在，在与他人的共在中就总已经成为对他人的罪责存在了。"于是愿有良知就要把本质性的'没良知'承担过来。"② 只有这样，此在作为此在才可能是真正负责的，才不会把一切都推给他人，推给因果关联，推给必然性了事。所以，愿有良知就是"准备被召唤"，③ 准备承担"没良知"，亦即拆除日常存在之遮蔽而领会和持守自身作为自由此在的源始罪责存在。正是在作为"愿有良知"的存在论深度上，良知才真正成为人类所有的"知"中最好的、最源始的和最具优先地位的"良知"，因为只有这种良－知，才能承担起自己的本真存在，亦即承担起自己那"始终

---

① 《存在与时间》，第329～330页。
② 《存在与时间》，第330页。
③ 《存在与时间》，第330页。

未完成的存在"。①

　　对于一切良知理论以及善恶学说来说，海德格尔的良知之思归根到底是绕不开的。这倒不是说，海德格尔的良知之思带给我们如何引人注目的新理论或新观点，毋宁说，它只是真正"让出"了良知现象乃至道德现象本身的构成境域；这个括去了一切良知假设或道德教条后的构成境域，在撑破了良知作为表象、研究和言说的坚硬的"对象性"外壳的同时，使作为人的一种最切己的生存现象的良知现象得以真正在"存在"的深度上向我们开放，朝我们涌显。很明显，海德格尔的良知之思开启了一个崭新的局面，这个新局面隐含着各种良知理论和道德理论最终都不得不应答的某种咄咄逼人的意义态势。

---

① 电影《辛德勒名单》中的主人翁，在第二次世界大战期间利用自己的军火商角色，绞尽脑汁地用钱从纳粹军官手里买下了很多犹太人。战争结束后，被他救下的一千多犹太人，全体带着感恩和崇敬的心情来给他送行。一个犹太老人代表所有人，送给他一枚自己打造的金戒指，上面刻着希伯来文："你救了一个人，就救了全世界。"但他却跪下来，痛哭流涕地喃喃自语："啊，不，不！我做得不好，很不好……你看我的这辆车，我完全可以用它换十多条人命，十多条人命啊！我为什么没有这么做！"犹太老人说："不，你做得够好了，你已经尽力了！""哦不！你看，还有我的这个纯金的别针，也可用它换两条人命啊，我留着它干什么啊……"此情此景，我们的灵魂战栗不已，在深处震颤不已……按日常结算找补的罪责概念，主人翁即使不是了不起的"施恩者"，至少也是卓越的"立功者"或"行善者"；他即使不去要求"找补"受恩人的回报，若去"结算"一下自己道德上的优越感，完全是合情合理的。再退一步说，根据日常的罪责概念，主人翁至少不应该存在任何道德上的"亏欠"，更不可能存在任何"罪责"。然而事实上，主人翁不仅没有任何道德上的充实感，恰恰相反，他悔恨交加，罪感深重。面对自己已做的"善事"，他毅然返回到自己自由的本真存在，亦即承担起自身那"始终尚未的存在"。这，就是良—知，活生生的良知—现象！

海德格尔的栖居之思①

至少从1946年的《关于人道主义的书信》开始,"人之栖居"便成了海德格尔的思想天空中颤抖不已的主旋律。② 这个在"前期"尚含而不吐的主旋律,穿透"诗人何为""从思的经验而来""技术的追问""语言""物""筑－居－思""……人诗意地栖居……""什么召唤思""泰然任之"等等"后期"专题论域的界限,直截了当地宣泄而出,持久地触动着我们,并在存在的深度上开显着一个人之栖居的自由境域。

一 栖居的困境与栖居的本质

尽人皆知,这是一个技术四面环绕的时代。我们的生活已按技术的方式被对象性地分割为生产领域、消费领域、流通领域、

---

① 该论题以此标题发表在《四川大学学报》(哲学社会科学版)2004年第4期上,成书时有些文字上的改动。
② 其实,这个主旋律在《艺术作品的本源》《荷尔德林和诗的本质》《当如节日的时候……》等30年代的文章中就已经不可遏止地袭向我们,只不过似乎尚在"专题"的起伏和跳跃中时隐时现。

工业领域、农业领域、军事领域、教育领域、新闻领域、娱乐领域等等,而每一领域又有更进一步的切割。于是,人之栖居便顺理成章地被划归于某一个具体领域,比如消费领域或者娱乐领域。由于现代技术的日益推进,人的活动范围从"宏观"伸张到"微观"乃至"宇观"和"渺观",生存样态似乎愈来愈丰富多彩,生存空间也似乎愈来愈广阔。技术主宰着一切:普天之下,莫非技术之疆域;率土之滨,莫非技术之臣民。然而,与现代技术的这种摧枯拉朽般的扩张态势相呼应的是,作为能在之人的生存在质的深度上急剧而又全面的萎缩。专业化、资本化、规范化、功利化和一体化使人之生存益发为技术世界所占用,益发归属于技术世界格局中的一个有机部分。技术性的"摆置"充斥着世界:"耕作农业成了机械化的食物工业。空气为着氮料而被摆置,铀为着原子能而被摆置,而原子能则可以为毁灭或和平利用的目的而被释放出来。"[①] 到处都是海德格尔称之为现代技术之本质的"座架"的索逼着的订造,[②] 自然界被挟持着拖入开发、改变、储藏、分配、再开发、再分配的仿佛永不回头无限发展的订造过程。完全可以说,自然界作为一个整体已从广度和深度上被现代技术一网打尽。

  与此同时,作为索逼着之订造的座架绝不会止步于作为"客体"的自然界。事实上,它已经向"主体"世界全面渗透。我们知道,自文艺复兴以降的时代通常被看成是一个高扬主体的时代,而且正是这种高扬才使得主体创造了一个前无古人的现代技

[①] 孙周兴选编:《海德格尔选集》下卷,第933页,上海三联书店,1996年。下文凡引此书,只注书名和页码。
[②] 关于"座架"以及海德格尔的"技术之思",需另文思之。

术世界。可是,"高扬主体"的辩证法就在于:在主体不断创造、发明、运用、改造和完善技术世界从而俨然成为支配自然界的"主人"之前,主体之为主体的"主体性"就已经拂袖而去了,而被剥去了主体性的主体实际上已然沦为技术世界维系自身以及再生产自身的"螺丝钉"或"润滑剂"。海德格尔极深刻地指出:"作为如此这般受促逼的东西,人处于座架的本质领域之中,人根本上并不能事后才接受一种与座架的关系。"[1] 在技术座架的先行控制下,作为主体的人是作为"人才"被摆置、被订造的:人被摆置为"人力资源",被订造为"人才库"或有灵魂的"生产力",并以"就业"和"失业"的方式在"人才交流市场"的吞吐中内地归属于技术世界的一个有机构成部分。人从出生到死亡,都活在技术座架无孔不入的统摄下;人一生的基本生活方式均是按各技术领域的发展态势和需求而被规定、筹划、调整和算计的;即使像诞生和死亡这样的"自然事件",也以诸如"出生率"和"死亡率"之类的方式而被吸收于技术世界深不可测的自我再生的黑洞中去。

技术座架在提尽了客体的"自在性"和绞干了主体的"主体性"之后,人之栖居的沉沦状态或者说技术性栖居的本质便裸呈出来了。随着现代技术的不断升级换代,对象性的分工越来越"专业",专业性的切割越来越精细;四处是"人才",遍地是"专家",跨出自己的领域便是白痴。在技术座架的纵横挤压下,人之栖居也最终蜕变成了一个"专业性"的领域。栖居是什么?按技术性栖居的算计本质,栖居不外乎就是对一个空间位置的占

---

[1] 《海德格尔选集》下卷,第942页。

用问题，是一套可诉诸"人均占有面积"来精确衡量的住房问题，最多是一个诸如"住房的周边软硬环境"之类的问题。

的确，居住面积的窘迫和居住环境的恶化，一直是一个让现代社会深感棘手的难题。但是就人之栖居来说，即令解决了居住面积和居住环境这样的专题性难题，也远不等于便消除了栖居的困境，甚至根本上就还未触及人之栖居的真正困境。海德格尔写道："不管住房短缺多么艰难恶劣，多么棘手逼人，栖居的真正困境都并不在于住房匮乏。真正的栖居困境比世界战争和毁灭事件更古老，也比地球上的人口增长和工人状况更古老。真正的栖居困境乃在于：终有一死者总是重新去寻求栖居的本质，他们首先必须学习栖居。"[①] 对深陷于技术性栖居方式之中的现代人来说，这是一个致命的判决。在这个判决中，至少有两点引人沉思。

第一，何以栖居的困境比世界战争、毁灭事件、人口快速增长、现实工人状况等等更古老？按照海德格尔这话的逻辑，"更古老"意味着，即使居住的面积和环境已完全不成其为一个问题了，也就是说，即使我们彻底摆脱了"人均收入""增长速度""人口压力""教育普及"这些问题的困扰，不再面对战争、毁灭、贫富悬殊、宗教冲突这类问题的威逼，一言以蔽之，即使我们已然可以"随心所欲"或"各取所需"了，我们，作为曾在、现在和将在着的必死者的人类，仍然深深地置身于栖居的困境之中。这个幽灵般的栖居困境实在是太古老、太古老了，古老得来以至于它根本就不再是一个"时间性"的问题。

---

① 《海德格尔选集》下卷，第1204页。

在此困境的烛照下，近现代以及"后现代"技术性栖居的本质便一览无遗：它使人之栖居在本质上沦落为一个像居住的面积或环境这样的专题性问题，即沦落为从某种现成的生存状态跳向另一种"理想的"但同样是现成的生存状态的问题，从而使栖居困境的"古老性"转化为一个似乎只是"临时性"的问题，就是说，它遮蔽了人之栖居困境的古老性或源发性。因此，当代技术性栖居的真正困境，与其说是诸如环境的恶化、生态的危机、核战争的悬临、文明的冲突等等这样的问题，不如说在于它始终只"表现"为这样的专题性问题，即始终以派生的、不真正切己的专题性困境顽固而又至深地荫蔽着人之栖居的那种古老的、源始的、真正切己的困境。

人之栖居究竟置身于怎样的困境中呢？于是，我们踏入了第二个思考点：何以"重新寻求栖居的本质""学会栖居"乃人之栖居的"真正困境"？这里显得异乎寻常的是：栖居之本质尚需要去"重新寻求"吗？根据海德格尔的说法，"栖居"这个词的本源意义是"持留、逗留"①，"栖居始终已经是一种在物那里的逗留"。② 但如此一来就更奇怪了：难道我们不是一直"逗留"着，又何须乎去"学会"呢？难道"栖居的本质"不是早已明摆在那里，又何须乎去"重新寻求"呢？更重要的是，所谓栖居的"困境"从何而来？而且还是"真正的"？

不言而喻，栖居作为一个日常的"概念"，刻画着一种"普遍的"逗留现象，就是说，栖居作为无论怎样都已经逗留着的

---

① 参见《海德格尔选集》下卷，第1190页。
② 《海德格尔选集》下卷，第1194页。

"逗留",的确是不用去"学会"的,不用去"重新寻求"其本质的。但是对人的栖居之本质的遮蔽恰恰就发生在这里。栖居作为逗留,说的根本就不是一种"普遍的"逗留现象,而毋宁说是人作为人的"存在"本身。海德格尔将逗留经验为"置身在平静中,被带入平静中,持守在平静中。平静(Friede)一词意为自由,即Frye,而fry一词又意味着:不受伤害和防止危险,防止…也就是保护;使…自由实质上就是使…受保护。保护本身不仅在于,我们不伤害所保护的东西,真正的保护是某种积极的事情,它发生在我们事先任某物存在于其本质的时候,发生在我们特别地让某物返归其本质存在的时候,就'自由'这个词的真正意义而言,发生在我们让某物自由地进入一种平静的持存中的时候"①。海德格尔将逗留思为"平静",说的显然不是与"张皇"或"不安"等相对称的一种"心理状态",而是说的人之为人源始的开放状态,人作为人切己的"自由"生存状态。作为人之生存状态的自由,既不是那种派生的"主观的""随心所欲",因为不仅这时的"心"是现成的主体之心,而且此心指向的对象即"所欲"直接构成了此心的内在界限,因而从根本上堵死了"随心"的自由的通道;也不是那种同样是派生的"客观的""掌握客体",因为当我们将诸如本质、规律、实体等等玩弄于股掌间,以为由此便主宰、征服和支配了物之际,物之为物即物之"存在"已因被刚性化而弃我们而去了。"掌握客体"与"随心所欲"一样,均是对物之存在本身的侵袭和搅扰,这种侵袭和搅扰在取

---

① Heidegger. *Poetry*, *Language*, *Thought*, p. 149. Reprinted from the English Edition by Harper & Row Publisher, Inc. 1975. 下文凡引此书,只注书名和页码。

消了物之自由存在的同时，也已封死了逗留者自身存在的自由之路。

所以，真正的自由乃是积极的保护，即让…自由：让物自由，从而也让栖居者或逗留者自由。栖居者只有让出物之自由的空间，才能为栖居者自己也让出栖居之自由的空间。但是，犹如"存在"总是呈现为"存在者"一样，自由总是展显为主体的"随心所欲"的自由或者"掌握客体"的自由，因而栖居作为逗留也总是沉沦为某种专题化、现成化的在主体－客体那里的日常逗留。这意味着，人之栖居始终置身于从其本己的自由逗留不断跌落成现成的日常逗留之中。这就是海德格尔所谓的"真正的栖居困境"。事实上，只要人作为始终非现成的人而生存，人就陷身在栖居的这种困境之中；历史的人在构建起某种栖居方式之际（如技术性栖居的方式），这种"构建"也同时就冷却、填满了栖居之本质，从而遮蔽了栖居之本质，即从人之栖居的那种不断涌出的自由境域跌落了出来。这是一个真正的困境，因为此困境乃存在本身的困境，乃作为存在的栖居本身的困境。

海德格尔写道："栖居，即置身在平静中，意味着在自由和保护中持守在平静里，这种自由让一切守身在其本性之中。栖居的根本特征就是这种让…自由和保护…。它贯透整个栖居领域。一旦我们考虑到，人存在于栖居中，确切点说，人是作为终有一死者逗留在大地上，那么整个栖居领域便向我们开显出来。"[①]若要按海德格尔这段话给人之栖居下一个定义，那就是：栖居，真正的栖居，乃置身于平静中、持守在保护中的终有一死者在这

---

① *Poetry, Language, Thought*, p. 149.

个大地上自由的逗留。这绝非通常所谓的"诗意"描述,毋宁说,这是由存在本身而来的对人之栖居的切己经验,由将人之栖居"思为人之存在的基本特征",① 并力图让这种栖居之思真正成为存在本身自由境域的质朴应答和源始归属。

但是,由存在本身而开显栖居,入思栖居,这意味着终有一死者始终不得不去"重新寻求栖居的本质",不得不永远去"学会栖居"。为什么呢?栖居作为存在在放出自身时已经撤回了自身,在敞显自身时已经荫蔽了自身。这种放出同时又收回、敞开同时又遮蔽实际上就是栖居的"栖居-存在"的源始现象,栖居真正切己的"本质",亦即栖居-存在本身的"自由"。人之栖居就奠基在此源始的放出又收回、敞开又遮蔽的自由存在之中。这意味着,栖居之为栖居始终只能兑现在栖居者对栖居之自由的重新找回、重新学习和重新见证的道上,而始终不会穷尽、硬化在任何一种历史性的栖居方式上。所以,栖居的本质就是栖居本身的"真正困境",而此困境作为存在本身的困境,用海德格尔的话说,就是那种深度切己的"无家可归"。"无家可归是在世的基本方式,虽然这种方式日常被掩蔽着。"②"一旦人思到了他的无家可归,它就不再是一种痛苦了。只要正确思之并且牢牢持守之,这种无家可归便是那把终有一死者唤入其栖居之中唯一的召唤。"③ 作为自由的存在,人之栖居注定是无家可归的,这并非什么"悲观主义"。倘若人之栖居塌缩为某种仿佛提尽了生存之

---

① *Poetry*, *Language*, *Thought*, p. 148.
② 海德格尔:《存在与时间》,陈嘉映、王庆节译,第318页,生活·读书·新知三联书店,2000年。
③ *Poetry*, *Language*, *Thought*, p. 161.

可能性的固定质态，那才真正是"可悲的"，因为无论有多大发展张力的生存质态都已经遮蔽了栖居本身的困境，褫夺了栖居本身的存在性自由，从而把人之栖居推入了真正的危险之中。

如果说，栖居的本质就是栖居的困境，就是说，栖居之为栖居始终发生为、绽出为"重新寻求栖居的本质"或"重新学会栖居"这种由存在本身而来的困境的话，那么对栖居着的人来说，真正的事情就不是如何去一劳永逸地"摆脱"这种困境，而是如何本然地去进入这个困境，也就是纯然地去倾听那把自己唤入栖居的"唯一的"呼唤，并进而平静地将自己遣送入那无家可归深不可测的自由生存境域。

无家可归……这声音飘忽却又顽强地应和着中国两千多年前那个伟大的声音：道，可道矣，非恒道矣；名，可名矣，非恒名矣。人之为人就始终兑现在"道"与"可道"、"名"与"可名"之间，栖居在"家"与"无家"之间；或者干脆说，人之生存就是这个"之间"，就是对这个作为人之天命的"之间"的应答和归属。"终有一死者除了努力尽自身力量由自己把栖居带入其本质的丰富性之中，此外又能如何响应这种呼唤呢？"[①] 无家可归……此乃栖居之为栖居的真正本质，因为说到底，这就是那沉默而又永无止息的深沉呼唤，即人作为人而生存的自由本身的呼唤。

二 筑造与人之栖居

栖居乃人的存在本身。但人究竟是怎样栖居的呢？筑造，人

[①] 《海德格尔选集》下卷，第1204页。

筑造着栖居在这个大地上。

筑造与栖居。一眼看去就能直感到这两个词之间的某种内在勾连。筑造指涉着人类活动的一个非常广阔的领域。各式各样传统、现代和后现代的私人居所和公共建筑,四通八达的公路、铁道和桥梁,星罗棋布的工厂、学校和商场,还有那雄伟的电站、庄严的庙堂以及那数不清的汽车、飞机、卫星、坚船利炮,等等。所有这些都是人类筑造的产物,从而都是为人之栖居服务的。筑造是手段,栖居是目的,两者间的这种关系完全是不证自明的。

但正如海德格尔说的那样:"只要我们仅仅持这种看法,我们就把栖居和筑造看作两种分离的活动,从中表象出某种正确的东西。但同时,我们通过目的-手段的模式把本质性的关联伪装起来了。"[①] 手段-目的的认识论图式虽然正确,但却既以"手段"的概念放逐了筑造之本质,又以"目的"的概念软禁了栖居之本质,因而也就阻塞了我们通往并且归属于本真的筑造和栖居的"思路"。根据海德格尔,"筑造不只是为了栖居的手段和途径,筑造本身就已经是栖居"[②]。筑造本身已然是栖居,而且是"真正的栖居",[③] 这无疑是海德格尔栖居之思中奠基性的道说。下面我们力图深入此道说中去。

通常所说的"筑造",按海德格尔的分类,可分为两种基本方式。一种是"关照、守护"意义上的筑造,如农夫耕种土地,看护农作物之类的筑造。"这样的筑造仅仅是关照,它守护着那

---

① 《海德格尔选集》下卷,第1189页。
② *Poetry, Language, Thought*, p. 146.
③ *Poetry, Language, Thought*, p. 148.

种源于自身的成熟结果的成长。"① 另一种基本方式是"建造或制造"意义上的筑造，如上文提到的建造公路、桥梁，制造飞机、汽车等等。这样的筑造不同于看护和照料，"这样的筑造乃是一种建构"②。在海德格尔看来，这两种类型的筑造都不是源始的筑造。"筑造的这两种方式，即作为守护的筑造（拉丁字是 colere，cultura）和作为建构起建筑物的筑造（拉丁字是 aedificare），均被包含在真正的筑造亦即栖居之中。"③ 根据海德格尔的考证，动词"筑造"最源始的意义本来就是"栖居"。"buan 这个古词不仅告诉我们筑造说到底就是栖居，而且同时也暗示我们必须如何来思考由此词所指示的栖居……筑造源始地意味着栖居。"④ 但是，由于筑造的源始意义即栖居总是显现为我们日常的栖居经验，故而这种作为栖居的筑造便退隐到栖居的多种形式的背后，隐身到"关照、守护"和"建造、制造"等筑造形式的背后去了。"这些活动随后取得了筑造这个名称，并借此独占了筑造的事情。筑造的真正意义，即栖居，陷于被遗忘状态中了。"⑤

不管海德格尔的考证在学术上是否无懈可击，将筑造思为栖居本身确实开显了筑造和栖居的源始意义域。筑造与栖居的专题化，使得筑造冷却为纯粹的"手段"，栖居冷却为抽象的"目的"。实际上，作为手段的筑造和作为目的的栖居，不过是人的

---

① *Poetry，Language，Thought*，p. 147.
② *Poetry，Language，Thought*，p. 147.
③ *Poetry，Language，Thought*，p. 147.
④ 《海德格尔选集》下卷，第 1190 页。
⑤ 《海德格尔选集》下卷，第 1191 页。

源始筑造或栖居的蜕变形式，是从真正的筑造即人之自由的栖居中跌落出来的沉沦样态。所谓蜕变、沉沦，说的并不是筑造-栖居的手段-目的图式"错了"，或属于某种"低级"的形式，而是说这种图式不是真正源发的，因为它从"筑造即是栖居"这个"事情本身"中脱落了出去，沉沦或消散到手段-目的的现成"世界"中去了，从而既遮蔽了筑造之本质，也遗忘了栖居之本质，并且始终为此种遮蔽和遗忘所攫获。

海德格尔说道："并不是因为我们已经筑造，我们才栖居，而是因为我们栖居，就是说，因为我们是栖居者，我们才筑造并且已经筑造。"[①] 要切己地通达筑造-栖居的现象本身，就必须突破手段-目的图式的压制。海德格尔这段充满学究气的话就是要力图解除这种图式的遮蔽，从而将筑造着的栖居或栖居着的筑造突显出来。但是，所谓"因为我们栖居，我们才筑造并且已经筑造"，绝不是要用一种因-果图式来顶替手段-目的图式。原因与结果的图式和手段与目的的图式一样，都是典型的专题化的概念思路；更重要的是，因为-所以的图式说穿了只是手段-目的的图式（即为了…所以…）的一个变式而已。海德格尔这段话无非是想道出"事情本身"：筑造就是栖居，筑造本身"直接就是""已经就是"栖居，而且是真正源始切己的栖居。若用海德格尔的更准确也更切己的说法，作为栖居的筑造，"乃是终有一死者在大地上的生存方式"。[②]

"在大地上生存"说出了什么？这话究竟道出了什么？一种

---

① *Poetry, Language, Thought*, p. 148.
② *Poetry, Language, Thought*, p. 148.

不正规的"诗化哲学"?一种多余的、干扰性的"诗意"抒情?是的,当我们现身在"思意"缺席的状态时,当我们听不见语言"宁静的排钟"之召唤时就尤其如此。"在大地上生存",这话向我们非专题性地道说,朝我们充满"思意"宁静地吐露自身:"但'在大地上'已经意味着'在天空下'。这两者也意味着'在诸神面前的逗留',而且含蓄着'归属于人之相互共在'。渊于一种源始的同一,大地与天空、诸神与凡人这四相共属一体。"①天、地、人、神四相的聚集,在海德格尔后期的思途中,被海德格尔来回吟咏,沿途弹唱,当真是"舒之幎于六合,卷之不盈于一握"(《淮南子·原道训》)。现在的问题是:这种天、地、人、神的聚集到底是一种"文学性"的抒情呢,抑或是一种势域沛然的"存在"或"思"本身的强烈召唤呢?毫无疑问是后者,尽管我们完全可以只滞留在前一个浅表的层面上。

"在大地上"就意味着"在天空下"。海德格尔思及的"大地"与"天空"显然与我们日常关于大地和天空的表象以及科学上有关的概念无关。大地不是一个沉淀在那里硬邦邦的土块的"表象",也不是一个诸如行星、天体之类的"概念"。"大地是说:由此涌现也由此收回,并隐匿自行涌现的一切。在此自行涌现中,大地作为隐蔽之道而到场。"② 这就是说,大地不是通过我们感性和理性的经验过滤后成形出来的那个焦点式或对象性的"存在者",大地是活生生涌出着又缩回着的大地-现象本身;这种现象不是被"反映"或"规定"定格出来的,而是不断聚集着

---

① *Poetry, Language, Thought*, p.149.
② *Poetry, Language, Thought*, p.42.

"存在"出来的,不断境域弥漫地"发生"出来的。因此,大地作为命名,绝非一个关于某个对应的刚性对象域或"所指"的"能指";命名着的"大地"始终是柔性的,召唤性的。不断绽出着又幽闭着的大地召唤着"思"。思大地不是去凝视一个冷却了的现成对象,而是去倾听从而跟随大地本身的不断放出着又收回着在-此的召唤。在这样的倾听和跟随中,思通达着大地本身筑造着的承纳和庇护:大地承纳着万物的绽放和归隐,滋养着那些开花结果者,庇护着水流、岩石、动物和植物等等。

然而,无论是开花结果者,还是水流、岩石、动植物者,在大地上万事万物的升起和降落中,已经栖居着天空,已经是天空的创生化育:开花结果者、动植物者,沐浴着天空的阳光雨露,分享着四季的轮回和昼夜的光明和黑暗;水流、岩石者、宏观微观者,领受着天空太阳的运行,月亮的途程和群星的闪烁。"大地之为大地,仅仅是作为天空的大地,而天空之为天空,只是由于天空高屋建瓴地对大地产生作用。"[1] 所以,"在大地上"这话总是已经道出了"在天空之下",尽管我们习惯的表象或概念方式通常总是听不见这一宁静的言说。

在大地与天空之间。谁存在在此"之间"? 当然是人,更准确点说,是终有一死者的人。"人被称为终有一死者,是因为他们能去死。去死意味着能够作为死而死。"[2] 在《物》一文中,海德格尔说得更透彻:"只有人去死。动物只是消亡。动物的前面和后面都没有死……我们现在将终有一死者称为终有一死者,

---

[1] 海德格尔:《荷尔德林诗的阐释》,孙周兴译,第197页,商务印书馆,2000年。下文凡引此书,只注书名和页码。
[2] *Poetry*, *Language*, *Thought*, p.150.

并不是他们尘世的生命会有一个终点,而是因为他们有能力作为死而死。"① 如果说,"在大地之上"已经道出了"在天空之下",那么,在"天地之间"便已然让人作为终有一死者到达。人生存于天地之间,这种生存乃"终有一死"的生存,而此终有一死之生存实质上就是这个"之间"。所谓"去死",所谓"能作为死而死"说的就是这个"之间"。人不是一个与现成的天空和大地并排而立的第三个存在者,人是此—在;此在不是任何现成的"什么",而是始终以已经去死、能死、终有一死的方式生存着。以有死的方式生存,就是以有限的方式响应存在本身的召唤,以有限的方式让存在现身到场;而当存在以这种方式开启之际,大地与天空于是便入住于终有一死者的近旁。这意味着,不仅那开花结果者,那岩石、水流、动植物者,而且那运行的日月,闪烁的群星,飘忽的云彩和深邃的天穹等等,都聚集着现身到场,拉出终有一死者栖居的"天地之间",即显现为围浸和撑托着有死者之栖居的"天空和大地之间"。

正如"在大地上"已经道出了"在天空下"一样,"终有一死者生存于天地之间"这话也已经意味着"在诸神面前的逗留"。人非但脚踏着大地,并且也仰望着天空。这种"举头望明月,低头思故乡"的生存方式,实乃人作为会死者最源始的生存方式。大地和天空或故乡和明月,这就是终有一死者的"生存世界"。此世界不是现成的万物之总和,而是在世之界限,是终有一死者有死、有限的生存现象本身。但是,当人被作为人而命名,即人被命名为生存于大地与天空之间的"终有一死者"之际,实际上

---

① *Poetry*,*Language*,*Thought*,p. 179.

就已经命名了"诸神",已经意味着人之生存乃是"在诸神面前的逗留"。不言而喻,海德格尔所思及的"诸神",绝非那种作为表象和概念之对象或某种宗教信仰之对象的存在者。"终有一死者栖居着,在此栖居中他们期待着作为诸神的诸神……他们并不为自己制造神祇,并不崇拜偶像。在不幸的深渊中,他们还期待着那已被收走了的福运。"① 在海德格尔看来,诸神只是"神性之召唤的使者",② 在对诸神隐而不显的支配中,神性遣出诸神而显现到场,而此遣出-显现同时也自行收回-隐入。因此,所谓"在诸神面前的逗留",说的绝非在自造的神祇或偶像面前的逗留。"诸神"闪现出人的信仰之维,这种信仰之维尚不是任何专题性的宗教对象,而是人作为终有一死者的"终有一死"的源始生存现象本身。作为源始的生存现象,"诸神"一方面命名着人的向死而在的栖居,一方面作为神性隐而不显的使者,守护着包括终有一死者在内的一切存在者之"存在"的隐秘。换言之,在诸神面前的逗留意味着,人不但栖居在涌现着的天地之间,并且作为有限者他也始终栖居在与无死者或无限者亲密的关系之间;人之为人始终逗留在将自身带向神性之近旁的"带近"之中。

这就是在海德格尔后期思途中被一路吟咏的天、地、人、神的"四相聚集",或者叫"四相一体"。假如"天""地""人""神"是四个音阶,那么当由它们构成的"乐音"或"旋律"在艺术之思的"农鞋"中,栖居之思的"桥"中,物之思的"壶"

---

① *Poetry*, *Language*, *Thought*, p. 150.
② *Poetry*, *Language*, *Thought*, p. 150.

中,语言之思的"排钟"之中不断弹唱、反复响起的时候,听起来难免让人生出"老调重弹"的印象。再"普遍"的概念,也经不起"重复"的敲打:一旦它们作为框架性的"基调"被反复回溯,四处套用,就势必丧失其普遍之为普遍而蜕化成某种机械演历的僵死套路。作为概念,天、地、人、神也不可能例外。可问题在于,海德格尔思路中的天、地、人、神压根儿便不是任何意义上的"概念"。它们是"命名",仅此而已。作为命名,它们只是力图不作切割地、不打折扣地响应、发送和归属于"事情本身",亦即存在本身。因此,海德格尔的四相一体绝不是指四个现成的在者或方面的"对立统一体",不是先有四个现成的东西,继而将它们硬拉到一起,让它们外在地聚为一体;毋宁说,在四相一体中,根本就没有概念性意义上的"指"与"被指",四相中任何一相的"存在",均已经就"是"其他三相的聚集到场;也就是说,只有在四相一体的"一体"中才有"四相",一体使四相成其为四相,而不是相反。这个作为聚集本身即存在本身的"一体","它既不是大地,也不是天空,既不是神,也不是人",而是"大地和天空、神和人的更为柔和的关系"。① 并非"四相"(概念性切割)然后"一体"(概念性推导),而是首先已经源始地给予着的、柔和涌现着的"一体",然后才流溢为切割或区分性的"四相"。质而言之,四相一体之为四相一体,并不是一个用来反复套用的公式,作为命名着的命名,"四相一体"不过是一质朴的邀请和守护:它邀请那不断绽出着又归隐着自身的"存在本身"质朴地到来,并在质朴的呼应、发送和归属中守护之。

---

① 《荷尔德林诗的阐释》,第200页。

海德格尔说:"终有一死者通过栖居而在此四相一体中'存在'。但栖居的基本特征是让…自由,是保护…。终有一死者栖居在这种方式中:他们将四相一体保护在其本质之存在中,保护在其在场之中。所以,作为栖居的保护也是四相一体的。"① 栖居之为栖居发生在四相一体中,故而真正的栖居就是让四相守身在其"自在"之中,即保护在其自由的存在之中。海德格尔将这种保护四相一体的自由栖居具体地思为"拯救大地"、"接纳天空"、"期待诸神"和"发送终有一死者"。需要指出的是,海德格尔这里说的不是诸如增加植被、降低污染、爱护动物、减少贫穷这类策略性的"环境保护"。按照海德格尔,人之栖居的真正困境向来就不是发生在"策略"的层面上。那种主宰大地,征服天空,利用诸神和控制终有一死者的技术性栖居方式,只不过是人之栖居困境的极端方式而已。将栖居的困境降格为总是可以"应付"的策略性困境,这才真正使人之栖居坠入了"困境",因为这种方式不但从根本上使物不自由,使栖居者不自由,更为重要的是遗忘了栖居的真正困境,而且连这种遗忘本身也遗忘了,从而彻底地从栖居的"存在"中跌落了出来。"在拯救大地、接纳天空、期待诸神和发送终有一死者之中,栖居发生为四相一体的四相保护。让…自由和保护…意味着:照料和看护在场着的四相一体"②。这就是说,所谓拯救大地和接纳天空,所谓期待诸神和发送必死者,就是让天、地、人、神自由地进出自身,亦即始终照料和看护着四相一体的"存在";而守护四相一体的在场

---

① *Poetry,Language,Thought*,p. 150.
② *Poetry,Language,Thought*,p. 151.

或存在，同时也就意味着拯救和接纳栖居的本质，以及期待和发送栖居之自由或自由之栖居。

倘若栖居之为栖居就是守护四相一体的存在，那么，终有一死者是如何在栖居中实现这种守护的呢？如果四相一体是在恍兮惚兮的"存在"中才成其为四相一体的，那么必死者又是怎样去守护这种存在之"深渊"的呢？依照海德格尔，对四相一体之自由的守护，实现在终有一死者所逗留的东西即"物"中，而且"在物那里的逗留是在四相一体中的四相逗留一向一体地实现自身的唯一方式。栖居通过将四相一体的在场带入物之中而保藏着四相一体"①。人之栖居不单单是在天、地、人、神处的逗留，栖居作为逗留，始终已经逗留在物那里。然在物那里的逗留不是在四相逗留之外的第五种逗留。在人之栖居中来照面的首先且始终是"物"，即使这种照面之物仅仅以"客体""对象""本质""规律"等等的形式来现身。这意味着，四相一体"存在"于物中，或者说在物之"物化"中，四相一体才聚集为四相一体，而作为看护的人之栖居，也只是因为向来已经逗留在物那里才实现着对四相一体的守护。所以，在物那里的逗留乃是守护四相一体之存在的"唯一方式"。

然而，正如海德格尔所说，"只有当物作为物本身被允许在自身的在场中存在，物本身才庇护四相一体"②。那么，究竟怎样通过物本身而守护四相一体呢？筑造，作为栖居的筑造。正是在筑造中（包括作为关照、守护和作为制造、建造这两者派生的

---

① *Poetry, Language, Thought*, p. 151.
② *Poetry, Language, Thought*, p. 151.

筑造方式),人逗留在物那里,栖居在物那里,从而将四相一体保藏在物之中。"就其将四相一体保留或保护在物之中而言,栖居就是作为这种看护的筑造。"① 所谓保藏四相一体,说穿了就是海德格尔终生殚精竭虑的"守护存在本身"。守护存在本身,说的不是守护一种叫"存在本身"的东西,对后期海德格尔来说,"存在本身"实质上被命名为边缘的、境域弥漫的天、地、神、人的四相聚集,而这种匿名的、非专题的四相之柔和聚集就是"物",即那种不断自行涌现又自行收回着的柔性之物。因此,如果筑造意味着在物本身那里的逗留,而这又意味着在天、地、神、人的四相聚集中逗留的话;如果栖居也意味着逗留在物本身那里,从而也意味着保藏着四相一体的话;那么,筑造作为在四相聚集的物中的逗留,就是栖居;栖居作为在物中对四相一体的保藏,就是筑造。在栖居着的筑造中,让物自身自由地涌出和收回;在筑造着的栖居中,让四相一体安居在物中,这便是海德格尔栖居之思在存在的深度上向我们送出的质朴劝告。

---

① *Poetry*, *Language*, *Thought*, p. 151.

栖居之桥的现象学沉思[①]
——海德格尔的栖居之思(续)

在"海德格尔的栖居之思"中我们说过,物乃是作为筑造之栖居而保藏四相一体的"唯一方式"。因此接下来,我们便不能不思及"物"。[②]

无论在人之栖居中物以怎样的方式来照面,物都是筑造之物。然何为一个被筑造的物?桥,任何一座独然兀立的桥。海德格尔让我们去思一座作为典型的筑造之物的"例子"的桥。

与前期相比,后期海德格尔的"例子"充满了更加浓烈的"海德格尔味"。你可能会忘掉海德格尔那些让人始终搔不到痒处的醉醺醺的道说,可你恐怕无法忘却诸如"农鞋""希腊神庙""桥""壶"那样的例子。严格地讲,这些例子根本就不是通常所谓的"例子",即不是用来"深入浅出"地解释某种抽象道理的例证,毋宁说,它们就是"事情本身",就是"思"本身,而且是真

[①] 该论题以此标题发表在《四川大学学报》(哲学社会科学版)2005年第1期上,成书时有些文字上的改动。
[②] "物"的问题乃另一个极重要的大专题,必须另文思之。本文仅在主题所及的范围内触及"物"。

正源始的事情本身，是最少"概念污染"的思本身。这些例子如羚羊挂角，不再有前期诸如"存在"与"存在者"、"本真"与"非本真"那样比较呆板的二元化言说方式；作为例子，它们不证明"什么"，而是在道说中让"存在自身"活泼泼涌流到场。所以，这些例子都饱含着强大的命名力量，其"思意"召唤力质朴而又沛然不竭，令人无可抗拒地掉进那敞开着又遮蔽着的存在之深渊。从某种意义上说，海德格尔运思方式的秘密就朴实地保藏在这些"例子"之中，而且是以非学术或非沉沦的"思之作品"的本然形态被保藏着。下面我们跟随海德格尔去思任何一座"桥"。

一座桥显摆于我们面前。于是，我们开始注目它，进而开始思量它。"显摆于我们面前"意味着：桥是一个"对象"。一个对象，这是我们通常的"注目"和"思考"的根本性前提。这个前提事实上已经先行决定了桥向我们敞开自身的基本方式：我们看到和思考的是而且仅仅是一个对-象，即一个以作为"主体"之对方的方式而显现出来的"象"。桥作为如此这般显现的对象，引导并主宰着我们对桥的看和思考，就是说，我们的思路在桥之象中展开，为桥之象的敞开或在场所攫住。因此，我们的发问接踵而至：这个作为对象的桥是什么？我们可以从"质料""形式""目的""功能"等方面来追问桥之为桥的"本质"或"所是"。比如，从"质料"上讲，桥是一种由石头或木材或钢筋混凝土建造起来的建筑物；从"形式"上讲，桥是一种以拱形的、立交的、斜拉的、悬挂的等方式架在水面或空中的建筑物；从"目的"或"功能"上讲，桥是一种供人们和车辆来往于两岸或两端的作为"通道"的建筑物；等等。不管我们怎样去追问，从怎样的"角度"去观看、去思考，桥作为对象，总是以某种"什么"

来提交自身,而且作为人造之物,桥总是以"现成的"什么来提交自身,诚如马克思所说,这正是工程师比蜜蜂高明的地方。

现在我们问:我们面对的这种被称之为"桥"的东西究竟是什么呢?回答是:由某种质料建造的、架在水面或空中以便人车往来于两岸(两端)的建筑物。看起来,桥之为桥或桥作为一个"什么",就是由类似这样的定义所界划出的东西(无疑,尚可以有更精确的定义,然这无关紧要)。这意味着,桥作为一个对象性的什么,其本质已然被其"定义"所提尽。但是,桥不仅仅是一个"对象性的什么"。桥之为桥还是一个"物",尽管是一个人造之物。可物又是什么?物难道不也是一个"对象性的什么"吗?海德格尔写道:"我们的思想自古以来就习惯于过于贫乏地估计物的本质。这在西方思想的进程中导致人们把物表象为一个未知的带有可感知特征的 X。"① 然思想为什么总是"过于贫乏地估计物的本质"?无论物作为未知的 X 潜在地是多么丰富,它本质上仍不过为一"对象性的什么";而一个已然封闭在"主体之对象"的显现范围内的物,显然是一个"过于贫乏"之物。

在我们注目、思考桥之际,桥成了作为主体的我们注目和思考的对象,用现象学的术语说,桥成了我们注目和思考的"焦点"或"存在者"。随着我们的看和思考在因缘联络整体中的不断聚焦,桥作为一个对象或者"什么"愈来愈清晰,最后定格在某种严格抑或不严格、科学抑或不科学的"定义"上(如上面关于桥的定义)。定义使桥作为特定之物显摆成形,桥就是这种由其不断的定义不断界划出来的"什么"。实际上,这便是我们赢

---

① 参见孙周兴选编:《海德格尔选集》下卷,第 1196 页,上海三联书店,1996 年。下文凡引此书,只注书名和页码。

获"桥是什么"的通常所谓的"认识论过程"。应该说,关于桥的这种认识论过程本身无可厚非,因为它就是这样发生的。但问题在于,真正值得追问和深思的,与其说是一个认识对象是怎样显摆成形的,不如说是这个"怎样显摆成形"本身是何以可能的?就是说,那个作为对象、作为存在者、作为焦点、作为被定义界划出来的桥本身是何以可能的?正像一切"现在"都不是一个现成的断裂的时间点,而是从"曾在"以及"将在"的"存在之晕圈"中涌显出来的一样,① 桥也不是一个摆在那里供人来回打量的塌缩了的贫乏对象。桥之为桥大大"多于"这种刚性的"死对象"。这个"多于"既非"质"更非"量"之意义上的"多于",而是始终围浸着或先行于作为"贫乏对象"之桥的、柔性丰满的桥之"桥-存在"本身。换句话说,桥之为桥乃桥之"存在的晕圈"的活生生涌动或不断的到时放出,而且桥之所以能够作为一个刚性的对象来被领会、观看、认识和理解,就是源于此种"存在之晕圈"的涌动。在海德格尔那里,思之为思或者真正的思,就是去追随和呼应此"存在的晕圈"。

然而,所谓"存在的晕圈"并不指称某种"专题性"的领域,甚至也不指称某种作为"专题"之对称的"非专题"的领域。② 晕圈之为晕圈就在于它不是一切意义上的专题对象,哪怕

---

① 按海德格尔的说法,"现在"乃是由"曾在着的将来从自身放出"来的。参见海德格尔:《存在与时间》,陈嘉映、王庆节译,第372页,生活·读书·新知三联书店,2000年。
② "专题"与"非专题"在这里并不是对立的"概念",如果那样的话,"非专题"实质上就只是一种"前专题的专题"。"存在的晕圈"说的是凭空缘起的"存在本身",它没有任何意义上的"对象域",而作为"概念"的专题与非专题说的则始终只是"存在者",它们总是有某种清楚抑或不清楚的对象域。

以"非专题"的名义,否则最终就势必会蜕变成某种现成的焦点式对象。这意味着,要去思此存在之晕圈,一切专题性的概念式思考均无济于事。因此,海德格尔的桥之思就不是在"桥是什么"这样的专题性视域内展开,而是以呼应着的质朴道说,让桥直接"活"在存在的晕圈之中,即让桥之为桥真正活生生地"存在"出来。

海德格尔将桥之为桥命名为:"桥以它自己的方式将大地和天空、诸神和终有一死者聚集于自身。"① 这显然不是一个关于桥的正确抑或不正确的"定义",因为它根本就没有界划出任何意义上的对象域;毋宁说,这只是一种境域弥漫的沉思着的邀请,邀请能倾听者去思桥之为桥,并在此倾听着的思中去归属于桥之聚集着的存在本身。

作为聚集着的物,"桥让大地聚集为河流四周的风景"。② 桥横亘于河流之上。由于桥的这一横亘,大地涌现为河流、两岸、山峦和峡谷。横亘着的桥不仅使两岸成其为两岸,更为深刻的是,"通过河岸,桥把这种那种广阔的河岸后方的风景带向河流,它将河流、河岸和陆地带入相互的近邻关系之中"。③ 这就是说,所谓"四周的风景"说的不是作为现成对象摆在那里的"山水";"四周"说的就是桥的"存在的晕圈",即桥之存在的深度的"四周";而"风景"说的则是在桥之"存在的实事"中不断相继涌

---

① Heidegger. *Poetry, Language, Thought*, p. 159. Reprinted from the English Edition by Harper & Row Publisher, Inc. 1975. 下文凡引此书,只注书名和页码。
② *Poetry, Language, Thought*, p. 152.
③ *Poetry, Language, Thought*, p. 152.

出从而不断相聚为邻的"广阔的河岸后方"。因此，桥之为桥显然不等于那个已经塌缩了的光秃秃的刚性存在者，毋宁说，桥之为桥就是使大地聚集为"四周的风景"，从而使一切刚性之桥成为可能的那种柔性的"聚集本身"。

如果说，桥以自己的方式将大地聚集于自身的话，那么这已经意味着桥也以自己的方式将"天空"聚集于自身。且不说建造桥的种种"质料"乃大地与天空联姻运作的结果，即便在桥的种种"形式"或"功能"之中，也栖居着天空之为天空，即天空的"存在"。"河水也许平静欢快地缓缓流淌，但在暴风雨和冰雪解冻期，滔天的洪水也许以骇人的巨浪撞击桥墩，然桥已为天空的气候及其无常的本性作好了准备。"① 虽然人在建造出"实在的"桥之前已经设计出"观念的"桥，但在人的"能动的"设计和建造之前，天空已然先行聚集于桥的一切"设计"之中，已然先行逗留于桥的所有"建造"之中。这也就是说，桥之"存在"非但领先于一切实在的和观念的对象性之桥，而且作为柔性的聚集本身，桥的每一种形式和功能都已经存在性地接纳了天空之为天空。

将大地和天空拢集于自身的桥，也以自己的方式将终有一死者和诸神拢集于自身。"桥让河流自行其道，同时也允诺给终有一死者以道路，他们因此而能够来往于两岸。桥以多种方式引领。"② 只要人还"在世"，他就始终活在各种各样的桥各式各样的引领之中，不管终有一死的人是清楚意识到抑或是全然遗忘了

---

① *Poetry*, *Language*, *Thought*, p. 152.
② *Poetry*, *Language*, *Thought*, p. 152.

(通常是遗忘了)这种引领。城里千姿百态的桥把我们引向机关、学堂、工厂和商场；乡村小镇河上的小桥把我们引向村寨、田野、草地和牧场；沟溪上简朴的木质吊桥把我们引向瀑布、水潭、竹林和农家；高速公路上庞大的立交桥则把我们引向在精密的交通网络中的四面八方。概言之，此在着的人始终依桥而"在"。"桥总是而且永远以不同的方式来往伴送着缓行或急走的人们的道路，以使他们能到达对岸，并最终作为终有一死者而抵达彼岸。"[1] 桥总是伴送着人们到达对岸，这种伴送是缄默无言的，然却是完全可靠的：无论任何时候、任何目的、任何情况下，无论终有一死者是款款而行还是风风火火，桥都永远慨然伴送。是的，桥的这种忠实伴送向来已经为人的种种当下的"为……而到达对岸"的功利性目的所淹没，但不管有什么样的在世目的，终有一死的自由之人总是行走在从此岸朝向彼岸的人生超越之道上。他们"总是在其走向最后的桥的途中，奋力超越自己身上的一切低俗和乖谬，从而把他们自己带到众神的荣耀面前"[2]。换言之，终有一死者作为自由的终有一死者，其存在的"天命"就是始终生存在此岸向彼岸的呼唤之中，此岸向彼岸的超越之中；而作为此超越之道的桥，故而便不仅是天空、大地和终有一死者不断聚集着到场之见证，而且也是诸神不断聚集着到场之见证，尽管我们总是遗忘这种作为在场的聚集本身。

桥以自己的方式聚集着天、地、人、神四相。需要更深入询问的是：所谓"自己的方式"究竟是一种怎样的方式？

---

[1] *Poetry，Language，Thought*，pp. 152—153.
[2] *Poetry，Language，Thought*，p. 153.

海德格尔写道："桥是一物，它聚集四相一体，但它是以那种为四相一体允诺一个场所的方式聚集四相一体的。"① 作为聚集着的物，桥为四相一体的发生提供一个"场所"。但能够允诺一个场所的，其本身首先就得是一个场所，至少必须是一个"位置"或"地点"。我们通常说，桥在某个位置上，甚至说，桥"占据"了某个地点。实际上，这只是一种抽象的说法，即一种抽去了位置的"在世"内容的"不精确"的说法。从来就没有任何现成的位置。桥不是先进到一个现成的位置，然后占据它；相反，只是凭借着桥的出现，位置才成其为位置，或者说，位置才"存在出来"。作为聚集着的物本身就是"位置"。只有那些自身就是位置的物才可能允诺一个场所，从而才为此场所设置出某种"空－间"。同位置一样，"空间"一词说的也不是现成的对象性层面上的空间表象或空间概念。海德格尔将空间思为"为定居和投宿而开拓或清扫出来的地方"②。"定居"和"投宿"说的是生活，即人生在世的实际生活；这意味着，作为"地方"的空间，乃是在人之实际生活中当场"生存"出来的。所以，空间不是焦点式的"死点"，不是指称某种现成的抽象对象的名词；源始的空间是"动词"，作为动词，空间实质上就是人之实际生活的"生存晕圈"。

物本身就是位置，位置为四相一体的纯一存在允诺一个发生的场所，而场所之为场所向来已经拓展出了空－间。这里蕴含着两种关联：一是位置与空间的关联，一是位置与在位置那里逗留

---

① *Poetry, Language, Thought*, p. 154.
② *Poetry, Language, Thought*, p. 154.

的人的关联。

关于位置与空间的关联,海德格尔在《存在与时间》第22~24节中作过详细的现象学分析。此在操劳于世内存在者,而世内存在者作为用具上到手头。"上手状态"意味着日常交往中的上手事物具有切近的性质。"切近"不是指流俗的距离上的近,而是说的在操劳活动中作为上手状态的源始的切近。所谓"远在天边,近在眼前",所谓"咫尺天涯"等等就是这个意思。同时,用具不仅切近着上到手头,而且从确定的方向上到手头。"操劳活动的巡视同时又是着眼于随时可通达用具的方向来确定这种在近处的东西的。"① 切近与方向界划出用具的位置,由位置的相互联络构成的因缘意向整体就是场所,"我们把这个使用具各属其所的'何所往'称为场所"②,而这个作为"何所往"的意向性场所就是上手事物的空-间。并非先有三维空间然后由现成的物去充满,倒是作为因缘意向整体的场所领先于三维空间,正如海德格尔所说:"空间的维性还掩藏在上手事物的空间性中。'上面'就是'房顶那里','下面'就是'地板那里','后面'就是'门那边'。"③ 总之,在前期海德格尔那里,位置、场所是比通常"表象的"或"物理的"空间更源始的生存现象。后期海德格尔基本上承继了前期的这种思想,只不过摆脱了"此在的空间性"这种带有"主观主义"之嫌的视域,直截了当地从位置-物思入空间的本质:"我们日常所穿越的空间是由位置所设置的;

---

① 海德格尔:《存在与时间》,陈嘉映、王庆节译,第119页,生活·读书·新知三联书店,1999年。下文凡引此书,只注书名和页码。
② 《存在与时间》,第120页。
③ 《存在与时间》,第120页。

其本质植根于建筑物这种物中。如果我们注意到位置和诸空间、诸空间和空间之间的这种联系,我们就获得了一个根据,借以思考人和空间的关系。"①

所谓"人与空间的关系",不是要说人与空间处于某种对立或对应关系,仿佛人在一边,空间在另一边似的,从而有人"与"空间的关系。从某种意义上说,哲学思考就是要突破这个"与"的遮蔽。"空间既不是一个外在的对象,也不是一种内在的体验。事情并非,这里有人,而人的那边和上头有空间。"② 当我们说"人"这个词时,我们并不是在"指称"一个孤零零的感性存在者,或者一个干瘪的概念性对象,毋宁说,"人"这个词说出的,在这个词中出场的,乃是柔和的、充盈的、域性十足的人的"存在",亦即人之栖居本身。也就是说,在我们说出"人"这个词之际,我们"已经命名了那种在寓于物的四相一体之中的逗留"③。我们知道,海德格尔将栖居思为"一种在物那里的逗留"④。倘若人之栖居是在作为保藏四相一体的物中的逗留,而逗留又已经意味着"空间"的话,我们便不得不更深切地去沉思逗留的本质。

日常说的"逗留",主要指作为存在者的人或物在某时某地的停留或驻留。这是一种典型的焦点式领会,因为这样领会的逗留,说的不过是某个现成逗留者在某个现成地方的"刚性"的逗留。我们不会说一个正在美国逗留的中国人同时又逗留在中国,

---

① 《海德格尔选集》下卷,第1199页。
② *Poetry, Language, Thought*, p. 156.
③ *Poetry, Language, Thought*, p. 156.
④ *Poetry, Language, Thought*, p. 151.

因为美国与中国之间相隔着万水千山的"空间";我们最多可以说类似"身在曹营心在汉"、故土让人"魂牵梦绕"这样的话,也就是让作为遥远故乡的替代品的"思乡之情"在我们的内心或脑袋里澎湃起伏。这种流俗的逗留概念固然正确,然却跳过了逗留现象本身。不是先有一个现成的逗留者,然后此逗留者在某时某刻走出去在某一个现成的地方作逗留;事情恰恰相反,逗留者之成其为逗留者,只有当他向来已经柔性地"在世界之中"逗留,他才有可能"走出去"占据某个刚性的地方,而这个地方也才可能作为"刚性的地方"被打开和被占据。正像海德格尔所说:"当我朝讲演厅的大门走去时,我已经在大门那里了;倘若我不是已在那里的话,我就根本不可能走向它。我不仅仅作为这个包裹起来的身体在这里,毋宁说,我也在那里,即我已经遍历着这整个讲演厅,而且只有这样我才能穿行于其间。"①

可是,难道我们当真有"分身术":身在北京,同时也逗留在纽约吗?海德格尔说:"即使当我们让自己与那些不在近处上手的物发生关系时,我们也一直逗留在这些物本身那里。"② 海德格尔继而又举海德堡的古桥的例子来更精细地深思逗留的源始现象:"如果我们所有的人就在此时此地来思念海德堡的那座古桥,那么,这种对那个位置的思念并非就是这里在场的诸君内心的一种单纯的体验,毋宁说,我们对那座古桥之思念的本质在于:这种思念在其自身中经历着、持续地经历着那个位置的遥远。我们由此出发在那里寓于桥而存在,而不是寓于我们意识中

---

① *Poetry, Language, Thought*, p. 157.
② *Poetry, Language, Thought*, p. 156.

的一个观念内容而存在。我们由此出发甚至能够更切近于那座桥以及它所设置的空间,能够比那个日常把桥当作无关紧要的河流上的通道来利用的人切近得多。"① 海德格尔这里的沉思既浅近又深透。

正如"在世"乃一种源始的生存现象一样,逗留也是一种盈而冲虚、柔而饱满的源始生存现象。作为逗留者,我们向来已经在物那里逗留了。这种晕圈式的柔和逗留,先行于一切焦点化的刚性逗留,后者非但只是前者的一种衰变样式,而且仅仅因为逗留总已是境域弥漫的柔性逗留,我们才可能有那种焦点化的逗留。我们的逗留从来就不止于五官的直接所及物,不如说,我们始终已经逗留在那聚集着生存所有的广度和深度的"实际生活"之物以及由它们所设置的匿名的"空间"之中。所以,站立在演讲厅讲台上讲演的海德格尔,就不只是逗留在他脚下那块巴掌大的焦点式的空间点上,他早已逗留在演讲厅的大门那里,灯光之中,屋顶之下,四壁之间,乃至走廊之旁,洗手间背后等等这些匿名的、晕圈式的柔性之物活生生开展出的空-间之中。一句话,海德格尔早已经逗留在这些柔性之物匿名的"存在"之中,否则就根本不可能有"站立或逗留在讲台上"这样一回事发生。

同样,在我们沉思海德堡的古桥之际,被思念者仿佛就在思念者睁眼可见的"眼前"或伸手可及的"手边"。但这绝不意味着,我们的思念由此便蜕化成了诸如"想象""内在体验"之类的纯粹"主观事件"。事实上,对古桥的思念在硬化为一个现成的"主客观事件"之前,它首先已经是一个"存在的事件":对

---

① 《海德格尔选集》下卷,第 1199~1200 页。

古桥的思念当场构成了我们的依寓于桥的"存在",即当场构成了我们在作为物的古桥那里的逗留,我们也因此而经历着我们与古桥之间"实在的"空-间。绝非只有当我们那"包裹起来的身体"站立或行走在古桥之上从而与古桥挨得很近时,我们才逗留在古桥那里。一张桌子紧靠着墙,哪怕它们之间的"空间"距离为零,桌子也不可能"逗留"在墙那里。现成的存在者无所谓逗留抑或不逗留,因为它们作为"什么",其存在的空间已经封死了。人乃终有一死者,即在"终有一死"这个境域空-间中生存的存在者。"说终有一死者存在,这即是说,他们在栖居中凭借他们在物和位置那里的逗留而持续地经历着诸空间……我们总是在这样的方式中穿越诸空间:我们通过不断地在远远近近的位置和物那里的逗留而已经经历着诸空间。"① 所以,人在物和位置那里的逗留不是由眼前与否、手边与否来决定的,而是由边缘的、匿名的"存在本身"来构成的。当我们思念古桥时,我们已然依桥而"在","我们"和"古桥"已然在存在中相互奔涌,否则我们根本就不可能有任何对古桥的"思念"。进而言之,即令我们不思念一切桥,即令我们处在对所有桥的纯粹"反思"的甚至全然的"遗忘"之中,我们也绝不可能"放弃在物那里的逗留";② 只要尚未"亡故",我们就一直逗留在所有的桥那里:桥一直沉默而又可靠地伴送着我们来来往往,一直匿名而又持续地组建着和馈赠给我们终有一死者栖居的空-间。

栖居的空间,这已经道出了人与空间关系的本质。空间从来

---

① *Poetry,Language,Thought*,p. 157.
② *Poetry,Language,Thought*,p. 157.

不在人之外或人之内，人之生存从来就是"有"空间的。换言之，只是因为人之栖居，因为终有一死者在物那里的逗留，空间才绽现出来，开放出来，拓展出来。所以海德格尔说："人与位置的关联，以及通过位置与诸空间的关联，源始地归属于人之栖居。人与空间的关系无非是从根本上得到思考的栖居。"① 经过了对位置与空间以及人与空间关系的沉思，那些作为位置而存在并被称为筑造之物的本质，便开始向我们显现出来。

桥是这样一种物：这种物本身就是位置，位置释放出场所，场所开放出天、地、人、神栖居其间的"诸空间"。因此，作为位置，桥便是一允诺四相一体进入其纯一性的场所或空间。按海德格尔，物作为位置，在双重而又相互归属的意义上为四相一体设置空间："位置允诺四相一体，并且安置四相一体。"② 既然物作为位置既允诺又安置四相一体，自然就是四相一体之为四相一体的庇护所，"这种物是住所，却未必是狭义上的居家住房"。③ 这就是说，作为位置的物，允诺并安置着人的生存空间，庇护着人作为终有一死之逗留的栖居。

海德格尔写道："这样的物之建造就是筑造。筑造的本质在于：它契合于这些物的特征。这些物乃是允诺诸空间的位置……筑造建造位置，位置为四相一体建造空间和场所。从大地与天空、诸神与终有一死者相互属于的纯一存在中，筑造收到其建造位置的指令……建筑物护持四相一体。"④ 不言而喻，海德格尔

---

① 《海德格尔选集》下卷，第1200页。
② *Poetry*, *Language*, *Thought*, p.158.
③ *Poetry*, *Language*, *Thought*, p.158.
④ *Poetry*, *Language*, *Thought*, p.158.

所说的"物",不是以任何"什么"的形式呈报出来的刚性之物,而是作为聚集本身即天、地、人、神四相之聚集本身的柔和之物。这种作为聚集本身的柔性之物就是源始的筑造现象,但这种源始的筑造尚不是那种作为人类诸多活动之一类的建造行为,如为了居住而建造住宅,为了致富而修建桥梁等活动。这类专题化的建造只是派生的筑造现象,就是说,人只有已经先行居留于作为场域之物本身的筑造这个柔性的"住所"中,他才能有建造住房、修建桥梁这类手段化的筑造行为。因此,筑造之为筑造就在于,它始终应合于作为聚集之物的特性,应合于物作为位置允诺和安置四相一体的特性,即为四相一体的纯一存在"开拓和清扫"出住所的特性。

然而,如果源始的筑造就是此种护持着四相一体的筑造,即那种已经在大地之上、天空之下、诸神面前以及终有一死者之共在之中的柔性逗留,那么,这实质上也就是人之栖居的源始现象。"保藏四相一体——拯救大地、接纳天空、期待诸神、伴送必死者——这种四相一体之保藏乃是栖居质朴的本质和在场。于是,真正的建造物以这种方式给予在场着的栖居以形式,并给予此在场以住所。"① 海德格尔将这种护持和响应四相一体的筑造命名为"让-栖居"。"筑造的本质是让-栖居。筑造在通过勾连诸空间而建立起来的诸位置中完成其本质。仅当我们能够栖居,我们才能筑造。"② 我们已经来到海德格尔栖居之思的真正"构成视域"。倘若要以一句话来对海德格尔的栖居之思"一言以蔽

---

① *Poetry*,*Language*,*Thought*,pp. 158—159.
② *Poetry*,*Language*,*Thought*,p. 160.

之"的话，那无疑就是：让-栖居。海德格尔对栖居的所有沉思，无论是栖居之困境、筑造之本质、桥之现象、物之聚集也好，还是逗留之本质、空间之开拓、栖居之允诺、四相一体之保藏也罢，其根本意向无非就是要思入这个让-栖居。

所谓"让-栖居"，说的不是仿佛我们还没有栖居，因而尚有待于某种"主体"将自己名下的栖居"让出来"；也不是类似无可奈何的"让它去吧"那种消极意义上的让-栖居。的确，让不让我们都栖居着，消极抑或积极与否我们都栖居着。但对"事情本身"的遮蔽恰好就发生在这里："然而实际上，其中隐藏着某种决定性的东西，即：栖居没有被经验为人之存在；栖居从来未被思为人之存在的基本特征。"① 换句话说，不是我们没有栖居的经验，而是我们经验栖居的方式总是将栖居之为栖居提现为某种现成的刚性栖居，从而顽固地遮蔽着栖居的自由之本质。因此，正是由于我们日常的栖居经验，人之栖居从来没有从人的"存在境域"被打开过，被经验过。

海德格尔的让-栖居，简单点说，就是要让出栖居之为栖居，亦即让出栖居之本质，让出栖居的深渊。这个深渊就是"存在"的深渊，即栖居存在的"自由"的深渊。人之栖居注定不会终结在任何哪怕是看起来"无限合理"的刚性方式上，因为即使我们人人腰缠万贯，人人广厦千万间，也并没有就填满了栖居存在的自由的深渊，我们离自由之栖居仍然一样的遥远。一旦将栖居的本质全部押在某种似乎可以无限发展的刚性栖居样态上，我们便已经从栖居之为栖居中跌落了出来，从而将"人之栖居"推

---

① *Poetry，Language，Thought*，p. 148.

入了真正的危险之中。按海德格尔的沉思，拯救这种危险的根本存在性可能就在于"让-栖居"：让"物"抖落自己的刚性外壳，从而让自身释放到天、地、人、神四相的柔性存在中去；让人之栖居从"遗忘存在"的对存在者的偏执追逐中解放出来，从而让人之栖居那深渊般的自由是其所是地绽露出来，开放出来。

在海德格尔"行话"的四面环绕中，他的栖居之思听起来总有点"玄之又玄"的感觉，但其实，海德格尔全部的栖居之思，"无非是把在现代已受到威胁，以至于行将消失的人生的秘密重新赋予人生而已"。[①] 也许，这便是海德格尔栖居之思的召唤虽然柔弱飘忽，然却始终余音袅袅，绵绵奔袭我们的根本原因吧。

---

① 吕迪格尔·萨弗兰斯基：《海德格尔传》，靳西平译，第3页，商务印书馆，1999年。

海德格尔存在之思的伦理境域[①]

海德格尔的思想以其持久的幽邃不断突入学术界,日益成为学术界的"显学"。这表明,学术界正在逐步消化着海德格尔的思想。然而,面对一个断然宣称"我们尚不会思"[②] 的虔诚思者的思想,我们不能不问:"学术"消化得了"思想"吗?毫无问题。但同样毫无问题的是,当海德格尔的存在之思或思之存在在左冲右突的学术过道里被逐一演变为"诗化哲学""人生哲学""存在主义""真理观""艺术观""自然观""技术观""死亡观""语言观"等等之际,思之为思已然从过道中撤回了自身。思想收回去了,因为"人们不再运思,而是去从事'哲学'了"[③]。人们不再运思,因为在这个技术尺度一切的时代,学术作为一种

[①] 该论题以此标题发表在《哲学研究》2003 年第 10 期上,成书时有文字上的改动。
[②] 参见孙周兴选编:《海德格尔选集》下卷,第 1206~1207 页,上海三联书店,1996 年。
[③] 海德格尔:《路标》,孙周兴译,第 371 页,商务印书馆,2000 年。下文凡引此书,只注书名和页码。

根据"最高原因"来阐释思想的技术，原本便是以牺牲思想为代价的，就是说，是以从思想中跌落出来为代价的。学术乃思想的"沉沦"。海德格尔的思想尚等待着，等待着从各种"学术观"的沉沦中将自身释放出来。

"释放思想"就是让思想成其为思想，让思想守身于自由之中，并且始终审慎地看护着这种自由；而守护思之自由便意味着倾听，倾听思想自由的诉说从而归属于思想自身的持续涌流到场。在海德格尔终生的思途中，其绵绵不断缠绕回荡的"音调"无疑是：存在之思或追思存在。海德格尔的一切洞见均源出于此。但入思存在，响应存在，归属存在，这绝不是什么"主义"什么"观"之类的东西，后者只是前者的蜕化形式。打开着的遮蔽，给予着的收回，这既是"存在"的命运，也是"存在之思"的命运。然而，最引发思的恰恰就是这个命运：存在之思怎么总会不断地脱落为这种"主义"那种"哲学"，这种"观"那种"论"？深而言之，存在之思怎么总会在放出自身的同时又收回自身呢？

在《筑·居·思》一文中，海德格尔在谈到"筑造"的源始意义何以会蜕变时对此作了明确的指引。他说："然而实际上，其中隐藏着某种决定性的东西，即：栖居没有被经验为人之存在；栖居从来未被思为人之存在的基本特征。"[①] 所谓"栖居没有被经验为人之存在"，这并不是说人没有对栖居的"日常经验"，而是说，由于对栖居的日常经验向来走在"对象化"的道

---

① Heidegger. *Poetry*, *Language*, *Thought*, p. 148. Reprinted from the English Edition by Harper & Row Publisher, Inc. 1975. 下文凡引此书，只注书名和页码。

上,走在将人之存在专题化的道上,因而人之栖居最终甚至会"沉沦"为一个空间性的"住处"问题;也就是说,正是由于日常的栖居经验,人之栖居从来没有从人的"存在境域"被打开过、被经验过。正因为作为人之存在源始的或本真的栖居经验总为日常的栖居经验所遮蔽,存在之思就总会在放出自身的同时蜕变为"存在者"之思。事实上,由存在而突入栖居,由人之栖居而照亮存在,海德格尔的全部存在之思非但由之而被奠基,更为重要的是,在此奠基中,隐匿在存在之思深处的"伦理境域"也随之冉冉显摆而出。下文我们将力图见证这一点。

首先有几点要特别指出。第一,"伦理"一词说的并不是"伦理学"。海德格尔写道:"'伦理学'与'逻辑学'、'物理学'一道,最早是在柏拉图的学院中出现的……而在此时代之前的思想家既不知'逻辑学',亦不知'伦理学',亦不知'物理学'。但他们的思想既不是非逻辑的,亦不是非道德的。"① 这就是说,作为哲学的一个部门学科的伦理学,只不过是"伦理境域"的冷却样态或蜕化形态。第二,倘若"伦理"说的不是"伦理学",那么伦理"境域"命名的就更不是一种表象性或概念性的诸如伦理(学)的"背景"之类的东西。背景这个词作为概念性的理论述语,总以作为"焦点"的非时机、非势域的硬性"对象"为前提,因而无论怎样指的都是某种对象被置于其中的现成的或专题化了的背景。而"境域"则全然不同,它说的是海德格尔现象学意义上的那种挟机蓄势、那种"包裹天地,禀受无形"(参见《淮南子·原道训》)、那种"其洸洸乎不淈尽"(参见《荀子·宥

---

① 《路标》,第417页。

坐》)的"事情本身"。境域不在对象之外,因为它已经在作为聚集的对象之内;作为始终非现成的、非专题的纯态势本身,境域就是既澄明着又隐匿着的"存在"本身。因此第三,所谓"伦理境域"并不是要采取一个伦理学的"学术角度"去重新诠释海德格尔,即不是将伦理学的学术范式(概念、范畴、框架等等)套入海德格尔的思想去重新"运作"一遍,毋宁说,是要力求贴己地"思入"海德格尔,也就是让作为一个虔诚思者的海德格尔的思想深渊,真正在构成性的"境域"的深度上向我们自由吐露。

在《关于人道主义的书信》中,海德格尔在就一个青年朋友的"何时写一部伦理学"的问题作答时说了一段尚未引起足够注意但却极富"思意"的话:"如果说按照 ηθos 一词的基本含义来看,伦理学这个名词说的是它深思人的居留,那么,那种把存在之真理思为一个绽出地生存着的人的原初要素的思想,本身就已经是源始的伦理学了。"[①] 另外,在《柏拉图的真理学说》中,海德格尔将智慧以及作为对智慧之热爱的"哲学",也思为"是对某种居留的遵守"[②]。对人之栖居的"沉思",或者不如说"栖居着"的沉思,这既命中了"伦理学"的本质,也命中了海德格尔全部存在之思的本质。

伦理学作为对善恶、价值、义务、自由等等的研究,虽然历来学派林立,众说纷纭,但说到底,伦理学之为伦理学,不过是对人之栖居的"反思",并在这种反思中或者维持、构建和完善某种栖居方式,或者突破、重构和召唤某种栖居方式。进而言

---

① 《路标》,第420页。
② 参见《路标》,第270页。

之,一种伦理学,无论其反思的方式显得如何不着边际,内容如何僵化空疏,然作为生存着的人的反思,其本身便是人之自由的存在性绽显;作为反思的伦理学并不在人之栖居之外,尽管由于前者以后者为"对象",故而似乎拉开了与自己的对象的距离。换句话说,不管一种伦理学是切己的抑或不切己的,它都只有作为"栖居着的反思"才可能。因此,伦理学本质上乃人之栖居的一种见证,并在这种见证中归属于栖居之自由或自由之栖居。

海德格尔一生追思"存在",而且断然宣判整个西方哲学的历史就是一部"遗忘存在的历史",向学术界发了一记哲学上的怪招。这确乎是一记地地道道的怪招,因为遗忘"存在"就像看得清清楚楚明明白白地踏出去,但却居然完全踩空了那样让人茫然失措。然而,一旦我们返归入"栖居着的沉思"的伦理境域,海德格尔的这记怪招的怪异别扭之外壳便会尽数剥落,而由其所引发的西方哲学史上真正深邃的"思想转向",也会在饱满而且切己的"生存"中挡不住地席卷我们。所以,尽管海德格尔的确没有任何伦理学的"专著",但这绝不意味着他没有深思人之栖居,正相反,海德格尔不仅有极丰富的作为"栖居着的沉思"的源始伦理学思想,而且可以毫不夸张地说,海德格尔所依凭的这种作为源始伦理学的"伦理境域",乃是他全部存在之思的秘密诞生地。正如吕迪格尔·萨弗兰斯基说的那样,海德格尔的存在之思的"意义无非是把在现代已受到威胁,以至于行将消失的人生的秘密重新赋予人生而已"。①

---

① 吕迪格尔·萨弗兰斯基:《海德格尔传》,靳西平译,第 3 页,商务印书馆,1999年。

作为栖居之沉思的伦理境域，涵摄、贯透着海德格尔终生对存在的追思。在海德格尔思想的天空中，无论是前期《存在与时间》的"此在""在世""本真存在与非本真存在""沉沦""操心""死亡""良知""决断""时间"等等，还是后期的"艺术""真理""技术""物""天地人神""思想""语言""人道主义"等等，一直在暗中庇护着其"思想"的，是他对作为必死者、有死者的"筑、居、思"的沉沉关切。这种对人之栖居的切己眷注，非但构成了海德格尔存在之思的真正"自明域"，亦即其全部存在之思得以源源不绝的非专题化的源始境域，并且也使得凭此"以出以入"的海德格尔在其漫漫思途中纵横捭阖，指东击西，充盈着栖居本身质朴而又幽深的原创力。下面让我们入思一个标准的"海德格尔行话"来具体见证这一点。

一踏入海德格尔的思途，立即便会撞上横亘着的第一道"路标"强有力的拦截：此在（Dasein）。在海学界，对此在这个词的翻译和界说，人们已经说了很多，而且可能还会说很多。① 但是，所有这些翻译、阐释也好，理解、注释也罢，都是"关于"此在的。而此在之为此在，是不能被"关于"的，一切"关于"均与此-在无关；说得更狠一点，一切"关于"均正好是此在的"抽身"。从根本上讲，此在之为此在不是翻译、理解和诠释的事情，而是响应并且归属于"存在本身"的"思本身"的事情，是

---

① 国内学术界对 Dasein 的译法很多，有"此在""亲在""此是""缘在"等等。若就"思想"而言，笔者更倾向于张祥龙的"缘在"。不过，笔者以为，思是挡不住的，就是说，它会穿透"此在""此是"等词的日常用法的锁蔽而显现出来的；同样，你不用去挡思也会收回自身的，就是说，"缘在"作为"思想"也可以收回自身。因此，本文从众，仍称 Dasein 为"此在"。

此—在是否透明地到达而且拢集住这种到达的事情。所以,关键不在于对 Dasein 的翻译、理解和诠释是否符合海德格尔的"原意",①而在于是否在此—在若有若无却又不绝如缕的召唤中去"此在一番",从而真正让此在"自我介绍一番"。②

然而,我们恐怕仍然无法截住那被扣留着的追问:此在是什么?或者:Dasein 这个词究竟在说什么?其实,对于此在来说,要命的倒不是最终坐实到怎样的什么上,要命的是无论坐实与否,它都已然先行被决定只能以"什么"来显现,以"什么"来提交自身。作为一种存在者显露其存在的唯一通道,这个什么君临一切,将一切可能甚或不可能的显现者传唤到庭,驱使其为"自身是什么"而辩护,并领受它的终审判决。但是,这个"什么"强大的惯性驱迫着我们不得不再次发问:这个"什么本身"又是什么?

于是,我们抵达了事情的极限处:这个什么作为什么已然提尽了自身,只剩下一个空的什么;而此空的什么虽然缺失了或者不如说"扬弃"了什么的内容,但它作为扬弃后残存的"这个"空的什么,仍然置摆于我们面前;这就是说,这个残存的随时可被任何具体的内容填充的空的什么,正好以自身的"空"纯粹地显摆出一切什么的本质:对—象。只有作为对象,什么才作为什么到场,才以什么的方式来显现。因此,在我们追问"此在是什

---

① "原意"是以存在的实体化、现成化为前提的,以粗糙的"符合说"为解释框架的。因此,即令是张祥龙的"缘在",也并非就是与海德格尔的"原意"相"符合"的,就是说,"缘在"同样可以退化为某种硬结的"所指",如果没有"思"的话。

② 参见《路标》,第 119 页。

么"之际，此在是作为对-象被瞄准的。可事情的契机恰恰就在于，只要我们将此在作为对象性的东西来瞄准，我们便已然踏空，因为此在之为此-在，在我们踏实了对象的同时已经无声无息地收回去了。一个对象的显摆成形，一个专题域的形成圈定，这本身就意味着，那使对象聚集为对象、专题成形为专题的非对象非专题的、被胡塞尔和海德格尔命名为"匿名域""境域""存在之实事"等等的退场或隐匿。正像克劳斯·黑尔德所说："知识自始便面临一个危险，即：它所课题化的那个世界已经不再是构成所有课题性显现者的非课题性背景的世界。课题化了的世界似乎不可能是知识依其原创造意义所关涉的世界。"① 实际上，"对象化"、"专题化"或"在者化"作为认识过程，其本身便是以牺牲"存在"为其代价的。因此很明显，在"对象化"中方才构建起自身的概念性或表象性思路，亦即总以"什么"来提交自身的思路，本质上是无法通达此-在的。

笔者曾在"海德格尔的良知之思"中说过："海德格尔以'此在'（Dasein）命名人，其根本意向便是力图撑开已凝固化了的总是作为什么来呈报自己的人自身，进而让人这种非现成存在者的生存现象在震碎了一切什么之后自身显示自身，即逼出它，让它在场并维持住这种在场。"此在不是什么，不是"主体"，不是"理念"，不是"绝对"，也不是"纯形式"，它始终坚持着"不是什么"。不用说，这个"不"令人浑身躁动：不是这，不是那，那它最后总要落到一个"什么"上吧？确实，对于只能以

---

① 克劳斯·黑尔德：《世界现象学》，孙周兴编，倪梁康等译，第56页，生活·读书·新知三联书店，2003年。

"什么"来提交自身的概念性或表象性的思路来说，只有跳过这一横加阻拦的"不"，才能使自身安顿在一个"什么"上。然问题就在于，跳过了这个"不"，也就跳过了此－在，即跳过了此在－显现的"事情本身"；至于那个起安顿作用的"什么"，无论它被抽象、推阐得如何稀薄、玄远，仍不过为一现成的对象，而对－象本身就意味着，在构建起作为"焦点"的什么的同时，已然与使这个什么成其为什么的匿名域本身阴阳两隔。作为对象的"什么"跳出来了，"存在的湍流"就亏损了，淡出了。但是，此在这个词真正召唤的，却恰恰是那不是任何什么而又构成什么的构成境域本身，是那"视之不见""听之不闻""博之不得"的"无状之状""无物之象"，是那"绳绳兮不可名"（参见《老子》第十四章）的存在的湍流本身。因此，此在是推不出来的，它不是任何普遍概念的所指对象，它没有任何作为什么的"所指"。此在之为此在，根本就不是任何"什么"的问题，而是"存在之实事"的问题，是存在本身的呼啸到场的问题。更直接点讲，此在就是此在的"发生"，而且仅仅就是这种发生本身；此在，只有当它作为此"发生"的时候，它才作为此－在而留存，作为此－在而在场。所以，唯当我们的思之此在能透明地共鸣于存在本身发生着、聚集着的到场，后者才会真正地达乎此在，显摆为此在。

但是，倘若此在不是任何什么，就是说，倘若此在不以任何可能的"什么"之方式来显现，那么，追随这种恍兮惚兮的"发生着、聚集着的到场"如何可能？在解构了一切现成性、对象性之后，这个当真"迎之不见其首，随之不见其后"（参见《老子》第十四章）的此在甚至已然没有剩下任何什么来给出自身了。一般说来，给出自身，便是给出一个"什么"，可此在不是任何什么，不管此什么是"普遍的"抑或"特殊的"。这样一来，此－在，这不就成了"虚无"了吗？确乎如此。海德格尔在1928年的教授就职讲演中说道，只有当我们"让自身释放入无中"，"哲学才获得自身"。①

作为对存在的追思，哲学开始于虚无。但是，哲学从虚无开始，却并非从作为存在（者）的对象的无之表象或无之概念开始。不管是作为直观的存在（者）的单纯抽身（比如常识的表象之无），还是作为抽象的存在（者）的逻辑演绎之"反题"或"否定"（比如黑格尔的概念之无），无都不过为一表象性或概念性的"现成对象"。这样的无是"死"的，因为它早已为专题化、前提化了的"有"之表象或概念所蕴涵、规范和预定。事实上，无之为无不仅不是任何意义上的现成对象，而且恰恰是对一切现成性、对象性的解构或还原本身，恰恰是非对象、非专题的"匿名境域"、"存在的湍流"本身。质而言之，无，作为非现成的构成境域本身，绝非某种挥发了的直观或干瘪的概念，毋宁说，无就是那始终"其可左右"（参见《老子》第三十四章）、引而待发的人之生存的现－象本身，也就是那总是韬光养晦、含"机"吐"时"的实际生活的洪流本身。

所以，此在，虽然不是任何可能的什么，但这却不意味着"存在"的贫竭缺欠，反倒正意味着"存在"的丰满充盈。海德格尔写道："我们用'此在'这个名称来指这个存在者（指人——引注），并不表达它所是的什么（如桌子、椅子、树），而

---

① 参见《路标》，第141页。译文有所改动。

是表达存在。"① 这就是说,此在作为人之生存的命名,并不是对作为现成的与"客体"相对立的"主体"之人的贴标签式的外在命名;从本质上讲,此在既非"客体",也不是"主体";作为命名,它甚至根本就没有任何意义上的"对象域",无论这种对象域是感性的"劳动""说话",抑或是抽象的"理性""此在性",或者任何别的什么"本质""实体""属性""性质"等等。此在就是挟机携时的此-在的"凭空缘起",因而也就是所谓"匿名域""存在的湍流""实际生活",亦即"存在"本身的当场绽出、当场涌冒。因此作为命名,海德格尔的"此在",不外乎是力图让实际生活的湍流"不打折扣"地发送出来,"不被减弱"地释放到场,就是说,彻头彻尾地跟从、归属从而维系住这种在场。

现在的问题是:怎样才能不打折扣、不被减弱地维系住这种在场? 思。思之为思绝非将某种现成的概念框架套在现成的对象域上,不管这种概念框架和对象域是"陈旧的"还是"新生的",是"抽象的"还是"具体的"。这种方式正是海德格尔所说的"无思状态"。② 思就是"去思"。去思不是主体随时可以向客体放出的、作为主体之天然认识功能的一个抽象动作。按照海德格尔,去思就"意味着:响应存在之到场的召唤。这响应源于此召唤,又向此召唤交付自身"③。所谓"存在之到场",意味着存在

---

① 海德格尔:《存在与时间》,陈嘉映、王庆节译,第53页,生活·读书·新知三联书店,1999年。下文凡引该书,只注书名和页码。
② 即便是黑格尔的作为"过程"的概念辩证之思,本质上也仍然属于这种"无思状态"。关于此点,可参见拙文:《"哥白尼式的革命"与哲学言说的困境》,《四川大学学报》(哲学社会科学版)2001年第2期,第16~17页。
③ *Poetry*,*Language*,*Thought*,p.183.

本身聚集着的绽出和涌冒;"响应存在之到场的召唤",意味着与存在本身的相靡相契。而与存在本身的相契便是思,因为只有思才能与存在本身相契。思之成其为思,就在于思穿透了概念化或对象化思路的封蔽,而相契于存在之到场的"境域";这种相契不是专题化、对象化式的相契,而是境域弥漫的"响应"。因此,响应就不单单是听从或跟随,更重要也更本质的是"归属"。思之为存在之召唤的响应,思之为对那种境域弥漫的绽出和涌冒的不打折扣的"发送",其本身也归属于"存在之到场的召唤",归属于存在本身"聚集着的绽出和涌冒",所以思作为存在之召唤的响应才"源于此召唤,又向此召唤交付自身"。但是,正像海德格尔所说:"存在之领悟不仅一般地属于此在,而且随着此在当时的存在方式本身或成形或毁坏。"[①] 这就是说,始终领悟着存在的此在,作为存在本身的"发送",既可能"成形",也可能"毁坏",既可能"本真"地敞开,也可能"非本真"地遮蔽。要让恍恍惚惚的"存在本身"不被毁坏地发送出来,就只有去跟随、去响应存在本身的召唤,也就是让存在本身的召唤在思着的"此在"中聚集着到达。

显而易见,"此在"确实系海德格尔全部存在之思的入口,绕开它或在"此-在"的呼唤处用作为在者的"人"顶替之,就无法真正通达海德格尔的存在之思。然而,作为入口,此在绝不是一个现成的"主观"抑或"客观"的入口或者"角度",毋宁说,作为存在之思的思入点,此在一起首便已然是对存在之召唤的回应和跟从,更确切点说,已然是作为思对实际生活之湍流的

[①] 《存在与时间》,第21页。

追随和归属。

此在不是一个名词,即不是一个像桌子、椅子、杯子那样的名词,它不指称一个相对应的现成的对象或对象域。此-在,这是一种"命名"。所谓命名,不是运用词语去给对象贴上某种外在的标签。"命名呼唤着。呼唤把它所呼唤者带到近处。"① 命名是呼唤,是作为聚集着的绽出和涌冒的存在本身的呼唤;同时,命名又是应答,是作为境域弥漫的思对存在之呼唤的应答。因此,作为命名,此在既是存在本身的召唤又是对此召唤的响应,并且就在这种空灵恍惚而又域势沛然的对召唤的响应中,将"此-在"带到近旁。但是,"对存在之召唤的响应",说到底不过是对作为必死者、有死者的自由之栖居或栖居之自由的响应。换句话说,此在作为命名,实质上乃是对人之栖居的命名,是当场揭示着、显现着、呼应着的"栖居之思"。这种栖居之思"要纯粹地保持在存在之要素中,并且让它的多样维度的质朴性得以起支配作用"②。海德格尔煞费苦心地以"此在"命名人,就是力图从"存在"的深度去打开已几乎板结化了的人之栖居,从而让人之栖居的自由不被减弱地达乎语言,响应人之栖居的自由的召唤,并由此去通达"存在本身"。

不难看出,如果"伦理"一词说的是人的"栖居之思",那么,"此在"的秘密就根本不在于它作为"概念"的那种专题性的深奥,而在于它是对非专题性的人之自由栖居的呼唤的应答,就是说,在于它的"伦理境域"。见证了"此在"的伦理境域,

---

① *Poetry*,*Language*,*Thought*,p. 198.
② 《路标》,第369页。

海德格尔全部存在之思的伦理境域也就昭然若揭了。海德格尔的那些令传统概念哲学感到极不"正规"或极为别扭的"行话",如此在、在之中、在世、上手、在手、现身、闲谈、好奇、两可、沉沦、被抛、操心、死亡、遮蔽、敞开、到场、隐匿、召唤、响应、悬临、绽出、道说、栖居、筑造、思等等,组建成了海德格尔思途中的一个虽隐而不彰却又沛沛然一以贯之的伦理境域。实际上,海德格尔的所有"行话"均不是我们通常所谓的"概念",因为它们均没有"对象域"。每一个词都是一个深渊,一个"存在"的深渊,一个现象学的深渊,一个伦理境域的深渊。一旦我们真正融入了这个"冲而徐盈""浊而徐清""混混汩汩"(参见《淮南子·原道训》的伦理境域,不仅海德格尔那些似乎不登大雅的怪异"概念",立即就会变得既柔和通透又幽深玄远,充满了词语本身空灵而质朴的"思意"召唤力,而且他的全部存在之思,从前期的时间境域中对存在的追问到后期的对艺术、真理、形而上学、技术、物、语言等等的沉思,也会与我们切己的并且归宗于人之栖居的栖居之思-道,在伦理境域无声而又如洪流般的历史围浸中,轰然鸣响。

"朝向实事本身"之思[①]

Zu den Sachen selbst!

上个世纪这句最著名的口号通常被汉译为:"面对实事(或译'事情',下同)本身""回到实事本身""走向实事本身""转向实事本身""朝向实事本身"等等。德语介词"zu"的基本意思是"去、向、往",相当于英语介词"to"的意思和作用,故英译将这话极精准地译为:To the things themselves。

从字面上讲,以上所有的译文均是"正确的",特别是英译滴水不漏的一一对译,简直让人无话可说。当然,这些译文之间无疑也存在着微妙的区别,尤其是"语感"上的差异。依笔者拙见,这些正确的汉译中以"朝向实事本身"为相对最佳。就现代

[①] 该论题曾以"'朝向实事本身'之思——从笛卡尔到海德格尔"为题,发表在《四川大学学报》(哲学社会科学版)2013年第2期上,后又作为拙著《神仙信仰现象学引论——对几部早期道经的思想性解读》的序言。这里以论文的形式再次将之收入,是因为这个文本标志着"思"的一个"转折"位置,经受了这个位置的洗礼,才能真正走出"思辨"的沼泽而迎向存在本身的辽阔,并在"思"中接住这种到来着的辽阔。这里成书时有较大增改。

汉语的一般语感而言，在"面对""回到""走向""转向"等等词语中，一种主－客对峙的格局已经明显被预先给定，就是说，这些词语本身就已直接释放出诸如面对与被面对、回到与被回到、走向与被走向、转向与被转向这样的预先设定。这种先行设定并不是"错误的"，而是"非现象学的"，更确切地说，这种先行设定正是现象学之为现象学首先就要撤除的。其实，"朝向"也并没有摆脱这种主－客对峙的根本局面，只不过在日常"语感"上，"朝向"似乎比"面对""回到""走向""转向"等等显得更"虚"一些，亦即更少"对象化"意味而已。①

因此，上述译文虽然是正确的，却未必便是"现象学的"。这是不是说，这些译文尚不够精确？不，英译就精确得无可挑剔。但引发思和值得思的事情就恰恰在这里。海德格尔在《阿那克西曼德之箴言》一文中，针对尼采和第尔斯的阿那克西曼德之箴言的译文，说了一段极具启示性的话："尼采的译文和第尔斯的译文起于不同的动机和意图。但这两个译文仍然很难相互区别开来。第尔斯的译文有几处在字面上更严格些。但只要一个译文仅只是按字面直译的，那么，它就未必是忠实的。只有当译文的词语是话语，是从实事（Sache）本身的语言而来说话的，译文才是忠实的。"② 这段话直截了当地打开了我们这里的问题，进

---

① 依笔者拙见，将 Zu den Sachen selbst 译为"领受实事本身"似更可能相切于现象学特别是海德格尔的现象学之魂，因为"实事本身"不在远处，甚至也不在作为表象之对象的任何可能的"对面"，而是一直作为自我发送着的"在场"，时间性地围浸着我们，弥漫着我们，触动着我们。作为被如此这般的在场所穿透的"我们"，能做到的因而只能是领受之，守护之。
② 海德格尔：《林中路》，孙周兴译，第338页，上海译文出版社，2004年。下文凡引此书，只注书名和页码。

而将我们引入"思想的实事"。

所谓正确的、无可挑剔的翻译,是就也只能是就"字面"(语法的、语义的、语用的等等)以及更深的"学术"(语文学的、历史学的、哲学史的等等)而言的,因为从根本上讲,只有与某种已然给定的东西相比照,才谈得上正确与否以及精确与否。这就是说,当且仅当句子"Zu den Sachen selbst"字面的以及学术的"原意"已经这样那样被现成地给定,我们才有可能判定:上述汉译是正确的,而英译更是无可挑剔的。然而,"正确的"就是海德格尔所说的"忠实的"吗?一个能正确地引证甚至精确地背诵或复述黑格尔的人,就是一个"忠实的"辩证法家吗?显然未必。所以,纵然我们对 Zu den Sachen selbst 的翻译从字面乃至学术上讲是正确的,也并不意味着这些译文就现象学而言一定是忠实的。这倒不是说,译文作为译文总是有瑕疵的,毋宁说,即使是像英译那样无可挑剔的译文,由于始终处在译文与原文的"符合"关系这种先行设定的统辖下,其意义境域归根到底是实证的,就是说是一件"学术的实事";而所谓"忠实的译文",由于其本身是"话语",是"从实事本身的语言而来说话"的,其"解释学处境"本质上是非实证的,并且"能够始终全新地成为当前",[①] 故而是一个真正的"思想实事"。实际上,远不单单是翻译领域才有此种区别。在一切理解、解释、阅读、诠释、反思、对话等等之中,学术上正确的,未必就能担保其在思想上是忠实的。若用海德格尔 30 年代常用的几个术语来囊括,

---

[①] 参见海德格尔:《对亚里士多德的现象学阐释——解释学处境的显示》,见孙周兴编译:《形式显示的现象学:海德格尔早期弗莱堡文选》,第 78 页,同济大学出版社,2004 年。下文凡引此书,只注书名和页码。

那就可以说:"正确"与"忠实"之间的差异或者说它们差异着的"之间",其实就是存在者与其存在之间的一种所谓"存在论差异",① 而始终存在于"正确"与"忠实"之间的任何翻译,本质上都是"源在"(Ereignis)自身的一次"接缝"。②

法国现象学家梅洛·庞蒂对此说得很通透:"一如被知觉的世界之构成来自事物之间的反光、阴影、等高线、水平线——这些东西既不是物件、也不是虚无,却反过来为同一件事物和同一个世界规划出其可能的变化场域;同样,一位哲学家的整套作品及思想,亦是由已经述说的东西之间的某种接合方式构成的,对于后者而言,并没有客观的诠释与任意的诠释之间的两难,因为这些都不是思想的对象,因为一如阴影与反光,当我们对之进行分析性的观察或抽离的思考时,就会毁坏了它们,而我们能够忠实对待它们和重获它们的唯一方法,就是重新思想它们。"③ 若顺此而言,则对 Zu den Sachen selbst 这句话忠实的"翻译",便只能是不断地去重新思考它,因为 Zu den Sachen selbst 本身乃一件彻头彻尾的"思想之实事"。

尽人皆知,Zu den Sachen selbst 这句口号乃公认的集中凸显现象学精神的座右铭,说它是整个现象学思潮的灵魂也不为过。思想的口号只有在思想与口号之所说的对话中才可能被"翻

---

① 参见海德格尔:《现象学之基本问题》,丁耘译,第二部分,上海译文出版社,2008年。又,参见海德格尔:《路标》,第123页注释①1931年"作者边注",商务印书馆,2000年。下文凡引此书,只注书名和页码。
② 参见海德格尔:《哲学论稿——从本有而来》,孙周兴译,第39节,商务印书馆,2014年。
③ 莫里斯·梅洛-庞蒂:《哲学家及其身影》,见倪梁康主编:《面对实事本身——现象学经典文选》,第730~731页,东方出版社,2000年。(着重号为笔者所加)

译"。这意味着,这句口号本身必须或者说只能是现象学的;这进而又意味着,只有经过重新思考,亦即与作为"话语"、作为"从实事本身的语言而来说话"的 Zu den Sachen selbst 进行"全新当前"的历史性对答,Zu den Sachen selbst 这句口号的"历史－存在性"诉说,才可能透过环绕着它的种种翻译及学术问题而"忠实地"亦即"现象学地"涌向我们。

Zu den Sachen selbst 作为口号,犹如所有的口号一样,其本身乃是一种召唤。它召唤什么?召唤那尚付阙如者或尚不在场者。什么东西尚付阙如?尚不在场?"实事本身"。如果实事本身向来就一直持续在场,那就根本不存在"zu"的问题,根本不存在所谓回到、转向、朝向、走向这样一回事,就是说,只因为尚付阙如,才需要回到、转向、朝向、走向等等。但是这样一来,作为现象学的灵魂,Zu den Sachen selbst 这话要么就什么都没有说,要么便极度狂妄。在整部哲学史上,难道有哪一个哲学家不是或者至少不认为自己起码是走向实事本身的呢?就此而言,这话等于什么也没有说。然毋庸置疑的是,这个口号要召唤的恰恰就是这个"起码"的东西,而召唤这个最起码的东西等于在说:一部哲学史甚至连"实事本身"都尚未触及,遑论它哉!要反驳这种狂妄似乎并不难,因为我们只消说:那只是口号呼唤者狂妄的一家之言而已。但这种表皮的形式反驳显然解构不了上面的问题:事情的根本不在于,每一个哲学家是否都触及实事本身,毋宁说在于,现象学是否抵达以及如何抵达它所宣称的实事本身,因为正是现象学才使"实事本身"脱颖而出。于是事情最终聚焦于这样一个问题:何为"实事本身"?

我们召唤实事本身。但"实事本身"尚付阙如,尚不在场。

这意味着，我们无法用传统的定义方式来应对这个问题，因为只有一本质上已然现成给予的东西才能被定义，而实事本身却尚未成形，尚未到来。于是我们不得不返回到 Zu den Sachen selbst 上来。像所有的口号一样，在 Zu den Sachen selbst 这句口号中，固然突显着"朝向实事本身"这个口号的直接表-达，但更为重要的是，这句口号本身同时已经就是"话语"，即已经是在"从实事本身的语言而来说话"。因此，在此口号中，事实上已收拢、承传和释放着哲学之"历史"，就是说，这口号本身已然就是当下的"哲学史"；更精确点说，这个作为话语而且"只有在哲学活动本身中才能得到把握"的口号，① 召唤着哲学历史之演历作为活生生的哲学"自我介绍一番"。②

近代哲学发轫于笛卡尔。被海德格尔称为"在思想上了解了思想史的唯一一位西方思想家"，③ 黑格尔在其《哲学史讲演录》的近代部分（中文版第四卷）中，在讲完了培根和雅各·波墨之后，于第二篇一起首便说："我们现在才真正讲到了新世界的哲学，这种哲学是从笛卡尔开始的。从笛卡尔起，我们踏进了一种独立的哲学。这种哲学明白：它自己是独立地从理性而来的，自我意识是真理的主要环节……在这里，我们可以说到了自己的家园，可以像一个在惊涛骇浪中长期漂泊之后的船夫一样，高呼'陆地'。"④"这个人对他的时代以及对近代的影响，我们决不能

---

① 参见海德格尔：《对亚里士多德的现象学解释——现象学研究导论》，赵卫国译，第2~3页，华夏出版社，2012年。
② 《路标》，第119页。
③ 《林中路》，第339页。
④ 黑格尔：《哲学史讲演录》第四卷，贺麟、王太庆译，第59页，商务印书馆，1978年。下文凡引此书，只注书名和页码。

"朝向实事本身"之思 | 145

以为已经得到了充分的发挥。他是一个彻底从头做起、带头重建哲学的基础的英雄人物,哲学在奔波了一千年之后,现在才回到这个基础上面。"① 这是两段极具思想含量的话。作为一种哲学史观,认笛卡尔为近代哲学的开端,并无特别之处。出人意表的地方是黑格尔的"家园"和"陆地"之比喻。此乃思想分量很重的"比喻",沿着它们,我们可以探入近代哲学的思想深处。

笛卡尔以前以及之后的哲学与笛卡尔哲学,若纯粹从"史"的层面上讲,不过是哲学的不同历史形态,说到底并没有什么优先地位。但对辩证法家黑格尔来说,一方面"近代哲学史之所以能够存在,是靠总的哲学史,靠几千年的哲学进程;精神必须走过这一漫长的道路,才能产生近代哲学"②。但另一方面,后起的哲学对其之前的哲学始终具有本质上的优先性,因为"之前"不过是"后起"的构成环节,而"后起的"总是建构在对"之前的"扬弃之上(当然这种"先后"并不完全等于流俗的"时间"上的先后),势必更丰富,更具体,故而更"先进"。可是即便如此,黑格尔对笛卡尔哲学似乎也过分青睐。难道笛卡尔以前的哲学比如培根的哲学便不是"家园"或"陆地"吗?作为近代哲学之开端,笛卡尔哲学这种作为"家园"和"陆地"的优先性究竟在什么地方呢?

笛卡尔哲学以方法论的怀疑著称。这至少有三层紧密勾连的意味。第一,作为近代哲学之开端,笛卡尔哲学绝非流俗的"时间"甚至"历史"意义上的"开端",毋宁说,这是在"彻底从

---

① 《哲学史讲演录》第四卷,第63页。
② 《哲学史讲演录》第四卷,第21页。

头做起、带头重建哲学的基础"意义上之开端。笛卡尔的"第一件事是不要作任何假定；这是一条伟大的、极其重要的原则"。① 其所以是"一条伟大的原则"，是因为只有首先清除掉一切成见、偏见和假定，才能重建哲学的基础，而这正是近代哲学之所以为近代哲学的真正本质。第二，笛卡尔哲学于是便必然"怀疑一切"。这种怀疑一切与通常所谓的怀疑论无关，因为后者以怀疑或不可知为终局，而前者是以寻求真实确定的东西为根本目标，而且这种真实确定的东西恰恰是绝对不可能被怀疑的。正如海德格尔所说："笛卡尔不是因为他是一个怀疑论者才怀疑，而是说，他必须变成一个怀疑论者，因为他把数学的东西确定为绝对的根据，并且为一切知识寻求与之相应的基础。"② 第三，按理说，一切东西都可以对象化，而一切对象化了的东西都是可以怀疑的。故而问题便在于：当真存在笛卡尔所说的绝对不可能再被怀疑的东西吗？笛卡尔通过一系列怀疑的"还原"后，最终抵达了其号称作为一切怀疑之极限的"我思故我在"。

所谓我思故我在，这绝非一个推论。笛卡尔本人对此就有毋庸置疑的答复："当我们发觉我们是在思维着的东西时，这是第一个概念，这个概念并不是从任何三段论式推论出来的。当有人说：我思维，所以我存在时，他从他的思维得出他存在这个结论并不是从什么三段论式得出来的，而是作为一个自明的事情；他是用精神的一种单纯的灵感看出它来的。从以下的事实看，事情是很明显的，如果他是从一种三段论式推论出来的，他就要事先

---

① 《哲学史讲演录》第四卷，第67页。
② 海德格尔：《物的追问》，赵卫国译，第94页，上海译文出版社，2010年。下文凡引此书，只注书名和页码。

认识这个大前提:凡是在思维的东西都存在。然而,相反,这是由于他自己感觉到如果他不存在他就不能思维这件事告诉他的。"① 这就是说,思维与存在是直接同一的,并且这种同一是在一切判断、推论之前已然先行自明地给予的,尽管"我思故我在"作为一个命题看起来很像是一种"推论性"的给予。

实际上,直接同一也好,间接同一也罢,事情的根本还不在这里。笛卡尔哲学怀疑什么不重要,他的这种方法论的怀疑是否成功也不重要,乃至他所找到的这个"我思故我在"是否真正禀有他所说的绝对确定性也不重要。作为近代哲学之开端,笛卡尔哲学作了如下的根本性奠基:1. 通过怀疑的方式抵达不证自明的绝对确定性;2. 这种绝对确定性始终是在意识(或自我意识、理性、思维、我思、反思、精神等等)中来显现的,即始终是在"自我意识"中被给予或被占有的。3. 对这种在自我意识之意向中显现的绝对确定性之追逐,由此便构成了全部近代哲学的根本生存性朝向。"黑格尔想用这个比喻来暗示:'我思故我在',乃

---

① 笛卡尔:《第一哲学沉思集》,庞景仁译,第144页,商务印书馆,2007年。对此,后起的很多哲学家都看得很清楚,如3H:"'我思维,所以我存在'并不是推论。这里的'所以'并不是推论的'所以';只是思维与存在的直接联系。这种确定性是在先的。"(《哲学史讲演录》第四卷,第71页。)"普遍的怀疑扬弃自己。因此普遍执行中止判断期间,'我存在'这一绝对必真的自明性为我所用。"(胡塞尔:《欧洲科学的危机与先验现象学》,倪梁康选编:《胡塞尔选集》下卷,第1057页,上海三联书店,1997年。)"偶尔用来表达这条原理的公式:'我思故我在'容易引起误解,好像这里关系到某种推论似的,这与推论无关,也不可能与之相关;因为这个推论必然具有作为大前提的:因为思考,所以存在;作为小前提的:我思;作为结论的:我在。然而在大前提中包含的,只是这句话中的内容……只是自己把存在于自己里面的东西给予自己。"(《物的追问》,第94~95页。)

是哲学能够真正地和完全地定居于其上的坚固陆地。"① 黑格尔的这个"暗示",击中了笛卡尔"我思"的根本意向,而这种对绝对确定性之追逐的根本意向,进而为整个近代哲学的基本演进奠定了基调。黑格尔谓之"家园""陆地"云云,其未曾道出的就是这种本质性奠基。

哲学之为哲学,不在于与其他非哲学相比它拥有某种由学科立场抢先决定的"哲学高度",相反,作为近代哲学,它必须为自己的任何立场辩护。在很大程度上可以说,近代哲学之为近代哲学,就在于它即为这种不断地重新辩护或者重新证明本身。这意味着,"方法论"上的怀疑品格,继而追逐清楚明白、不能再怀疑的绝对前提,实乃近代哲学的基本存在方式,亦即它根本的存在论意向。正是在这种不可遏制而又贯透一切的生存意向的强烈召唤中,才有了所谓意识之启蒙,自我意识之觉醒,精神之解放,反思之高扬,理性之彰显,以及思维、我思之开敞。而这些正是哲学之为哲学之所"是",就是说,是哲学之为哲学活生生之释放。一当这些启蒙、觉醒、解放、高扬、张显和开敞等等莅临之际,正如黑格尔敏锐洞察到的那样,由笛卡尔奠基的近代哲学便真正回到了哲学自在自为的"存在家园"。非但如此。无论被不断追逐的这种确定性是什么,由于其始终是在我思或自我意识中被给予的,就是说,由于这种确定性说到底都是"为意识"而显现的存在,因而,实质上是以还原的证明方式赢获的这种不证自明的确定性,就始终直接自身担保着自身:作为绝对的设定者或"躺在下面的"基体的"'我'成了出类拔萃的主体,成了

---

① 《路标》,第 505 页。

那种只有与之相关,其余的物才得以规定自身的东西"。① 换言之,由于一切可能的存在者都是在我思或自我意识之中收拢、成形和给出自身的,所以这种我思或自我意识实质上就是作为确定性的确定性本身;这等于说,自我意识就是那照现一切从而支撑一切的确定性之"实地",而所有在此"实地"上着落的作为这样那样"什么"的"实事本身",故而便被绝对地担保着。黑格尔于是有感于脚踏实地而惊呼:"陆地!"

的确,笛卡尔为近代哲学奠定了"内在的"家园和"踏实的"陆地,其作为近代哲学之开端及其禀有的优先性地位尽在于此。自笛卡尔以降,哲学都栖息在此家园中,在此陆地上播种、耕耘和收获。经过从康德到黑格尔的德国古典哲学的精心锤炼,这个家园或这块陆地终于赢获了自己最极端的形态:绝对哲学。海德格尔写道:"思维在它自己的思维对象无可动摇的确定性中寻求绝对基础。哲学在其中有在家之感的那块陆地,乃是知识的无条件的自身确定性。这块陆地只是逐步地得到征服和完全测量的。当绝对基础被思考为绝对本身时,人们便完全占有了这块陆地。对黑格尔来说,绝对就是精神:在无条件的自我认识的确定性中寓于自身而在场的东西。"② 完全可以说,黑格尔哲学不过是最激进的和完成了的笛卡尔哲学。正如海德格尔深刻指出的那样:"整个现代形而上学,包括尼采的形而上学,始终保持在由笛卡尔所开创的存在者阐释和真理阐释的道路上。"③

然而,如果只有"我思"是绝对确定无疑的,那就等于说只

---

① 《物的追问》,第95~96页。
② 《林中路》,第134页。
③ 《林中路》,第88页。

有"主体"是无条件确定的;但这样的主体明显是缺乏内容的,因而是形式的、空洞的。于是黑格尔以少有的简洁斩钉截铁地说:"一切问题的关键在于:不仅把真实的东西或真理理解和表述为实体,而且同样理解和表述为主体。"① 这意味着,笛卡尔的绝对确定的我思或主体,绝非一个现成给定的阿基米德点,也非一种流俗意义上的主观-客观框架中的"主体方面";主体之为主体,是在逐步深入认识客体的过程中不断现实生成的,用黑格尔的话说,就是在赢获作为对象的客体的过程中不断"返回"到自身亦即实现主体自身的。"我乃是一纯粹的'自为存在'……凡是在我的意识中的,即是为我而存在的。我是一种接受任何事物或每一事物的空旷的收容器,一切皆为我而存在,一切皆保存其自身在我中。每一个人都是诸多表象的整个世界,而所有这些表象皆埋葬在这个自我的黑夜中。由此足见我是一个抽掉了一切个别事物的普遍者,但同时一切事物又潜伏于其中。所以我不是单纯抽象的普遍性,而是包含一切的普遍性。"② 这样一来,主体就不再是抽象的、形式的,而客体也不再是异己的、"自在"的,两者都是具体的:主体不过是扬弃了的客体,而客体也不过是扬弃了的主体。所以,真正现实的东西既不是抽象的客体,也不是抽象的主体,而且也不是这抽象的两者的抽象"统一",因为具体的客体始终是向主体显现着的客体(包括抽象的"物自体"),而在此显现中,主体自身也才真正现实地显现出来。

---

① 黑格尔:《精神现象学》上卷,贺麟、王玖兴译,第 10 页,商务印书馆,1981年。下文凡引此书,只注书名和页码。
② 黑格尔:《小逻辑》,贺麟译,第 81~82 页,商务印书馆,1980 年。下文凡引此书,只注书名和页码。

这种始终作为主体之对象而涌向主体的客体，这种消解了客体限制或者说以客体为自身"无机的身体"的主体，从而便是无限的、绝对的，更确切点讲，就是"绝对本身"。倘若只有以知性形而上学的命题方式来表述，我们便只能说：主体之为主体就在于它不仅是主体也同时是实体，实体之为实体就在于它不仅是实体同时也是主体。

对黑格尔来说，意识是一条"赫拉克利特河流"，而且这条意识河流绝非一条以任何可能的经验方式给予的现成河流，毋宁说，河流之为河流的本质就在于那始终已经而又尚未着的"流"本身，若以现象学的术语更确切点说，意识之为意识的本质就在于，它是那始终作为意向性本身而先行着的"自我意识"本身。在自我意识之河流经沿途的"两岸风光"之际，那些在自然意识那里认定为是异在于自我意识的"自在"的"风光"，由于被自我意识之光所穿透，从而蝶化成"为意识的存在"，即构成了意识自身的活生生的"内容"或显现着的诸意识之具体形态。作为始终先行着的意向性本身，自我意识之流是弥漫着的"存在"，而两岸风光甚至河流自身泛起的种种波涛，都只是被弥漫亦即"被存在"的存在者。这样，解除了所有异在的"风光"之限制的自我意识，便成了"在别物中即在自己中"或"在别物中返回到自己"①的无限性本身。无限的就是无条件绝对的，因为包括知性的"主体"和"客体"在内的一切有条件的均被消解和吸收；绝对的就是始终在场的，因为哪怕只有一个异己者隐匿缺席，势必都会毁坏绝对本身；始终显现在场的就是唯一真实的，

---

① 参见《小逻辑》，第 207 页。

因为凡虚假的、流逝的以及隐匿的，说到底就是不能显现在场的，或者只是曾经－尚未显现在场的，而真实、真理、主体、实体等词语说的无非是：显现在场，而且始终显现在场。

在还原掉（亦即黑格尔所谓"扬弃"）知性形而上学的种种干扰之后，我们终于通达了实事之堂奥：真实的东西或真理，源始地就是囊括主体与客体的自在自为的"自我意识"或"绝对精神"。从逻辑上说，既然为统摄主－客双方、无限的或始终在场的绝对，那当然就是实事本身，全部的实事本身。面对这样一个以不断拓进的思辨回旋而赢获"绝对"的绝对哲学，我们确已无话可说，因为只要我们以理性－概念的方式认识或反思，我们便势必葬身于思辨之绝对自在自为的十面埋伏之中。

然而，这个融实体与主体于一体的绝对精神就是实事本身吗？回答当然是否定的。正像笛卡尔我思的自明性是经过怀疑还原后的自明性一样，黑格尔绝对的绝对性也是经过思辨扬弃还原后的绝对。这意味着，虽然我思和绝对确乎由作为家园和陆地的自我意识担保着，但这个自我意识本身却不仅是幽暗恍惚的，而且用海德格尔的话说，其"存在的意义"已被"决定性地"耽搁了[1]。显然，这个被自我意识攫住的我思和绝对远不等于实事本身，而同样显然的是，由于实事本身被深深围困在自我意识的沼泽中，从自我意识的突围因而势在必行。

这个卓越的突围是由胡塞尔启动的，其启动的契机仍然是笛卡尔。胡塞尔对此异常清楚明确，并且直言不讳："在过去的思

---

[1] 参见海德格尔：《存在与时间》，陈嘉映、王庆节译，第 28～29 页，生活·读书·新知三联书店，1999 年。下文凡引此书，只注书名和页码。

想家中，没有人像法国最伟大的思想家勒内·笛卡尔那样对现象学的意义产生过如此决定性的影响。现象学必须将他作为真正的始祖来予以尊敬。可以直截了当地说，正是对笛卡尔的沉思的研究，影响了这门成长着的现象学的新发展，赋予了现象学以现有的意义形式，并且，几乎可以允许人们将现象学称为一种新的笛卡尔主义，一种20世纪的笛卡尔主义。"① 之所以如此看重笛卡尔，是因为在胡塞尔看来，笛卡尔的"我思"乃"是一个'阿基米德点'，依靠这个点，真实的哲学本身才能获得一种系统的、绝对可靠的发展。"② 这里所谓"真实的哲学"，也就是胡塞尔著名的"作为严格科学的哲学"。为什么笛卡尔以怀疑的方式向纯粹思维着的本我的回溯，就赢获了"作为严格科学的哲学"之转折的阿基米德点呢？这是因为在笛卡尔的这种朝向绝对无疑地可经验之本我的回溯中，"那种在其自足的和自为的存在中直接意识其本身、对其自身来说绝对无疑地可经验的主体性，首次被突出来了，首次在其纯粹的自为存在中、在其意识之流中被突出来了，并且被牢牢地界定起来了……那个'纯粹主观'的领域被科学地突出来了"。③ 这个在笛卡尔的"我思"中突显出来的领域，被胡塞尔誉为一个"伟大的发现，并且恰恰是一个必须首先完成的发现，借此，一种先验哲学才能起步。这里所谓的发现也即对先验纯粹的、绝对自足的主体性的揭示，这种绝对无可置疑的主

---

① 胡塞尔：《先验现象学引论》，倪梁康主编：《面对实事本身——现象学经典文选》，第106页，东方出版社，2000年。下文凡引此书，只注书名和页码。
② 胡塞尔：《笛卡尔的沉思》，《胡塞尔选集》下卷，第1132页。
③ 《笛卡尔的沉思》，《胡塞尔选集》下卷，第1135～1136页。

体无论何时都是它本身所能认识的"①。

但是,尽管胡塞尔如此首肯笛卡尔的"我思",但问题也就出在这个阿基米德点上:"这一发现的真正意义是笛卡尔本人所未能了解的。其举世闻名的格言'我思故我在'貌似平凡无奇,实际上在它背后开启出十分巨大和幽暗的深渊。"② 也就是说,在胡塞尔眼中的这个阿基米德点同在黑格尔那里一样,也绝非一个现成既定的阿基米德点,而是一个巨大的待开启的"幽暗深渊"。根据胡塞尔,笛卡尔在这个阿基米德点上有两个根本性失误。第一,倘若"我思"本身是幽暗的深渊,那么真正必须探入的就是这个涌动着的深渊,而决不能将这个深渊板结化为某种现成的作为出发点的"死点"。"可惜在笛卡尔那里,那个隐约的、但却极为不幸的转折便是如此情况,它把本我变成了思维实体,变成了被分离出来的人类心灵,变成了根据因果原则推理的起点环节,简言之,通过这个转折,他成为了背谬的先验实在论之父。"③ 第二,笛卡尔不仅仓促地掠过了作为深渊的我思本身,而且当笛卡尔由那种相比于胡塞尔的"悬搁"而显得粗糙的"怀疑"向绝对确定的"我思"回溯时,他更仓促地掠过了一个"最重要的、甚至是至关重要的问题",亦即"对世界之物的悬搁丝毫不会改变这样一个实事:经验仍然是对世界之物的经验,各种意识也仍然是关于世界之物的意识,'本我思维'这个标题必须扩展一个环节:每一个我思都在自身中拥有作为被意指之物的被

---

① 《笛卡尔的沉思》,《胡塞尔选集》下卷,第1133页。
② 《笛卡尔的沉思》,《胡塞尔选集》下卷,第1133页。
③ 《先验现象学引论》,《面对实事本身——现象学经典文选》,第113页。

思者"，① 就是说，掠过了我思本身所禀有的所谓"意向性"问题。

胡塞尔的现象学正是从笛卡尔的失误处起锚扬帆的。笛卡尔是从怀疑一切进而向确定无疑的我思回溯而展开其哲学沉思的。胡塞尔接受哲学必须向绝对确定的本我回溯这一点，但仅此而已。"重新引发这些沉思的惟一有效的复兴运动并不在于接受这些沉思，而是在于，只有在向'本我思维'的回溯中才揭示出它们极端主义的最深刻意义，并且揭示出那些由此而涌现出来的永恒价值。"② 笛卡尔沉思的起点是怀疑。根据胡塞尔，这个起首处本身便是不彻底的："我们并不要求进行笛卡尔所做的尝试，即通过对感性经验的仓促批判来证明，虽然世界始终被经验到，但仍然可以设想它是不存在的。"③ 换言之，笛卡尔式的怀疑无论在其方式还是内容上均是"经验的"，它由此所得到抑或删去的东西都是经验的，这意味着笛卡尔式的沉思实质上不可能真正实现"对科学进行绝对论证"，亦即抵达不了胡塞尔所说的那种绝对的给予性，那种"直接的和绝然的明见性"，那种"必然先行于所有其他明见性的明见性"。④ 于是，胡塞尔断然改造了笛卡尔沉思的经验性开端，完全放弃了在经验层面上去纠缠诸如可疑抑或不可疑这类笛卡尔式的问题，而将包括世界之实存及其相关的经验明见性在内的整个经验世界，统统先封存起来存而不论。这便是著名的比笛卡尔式的怀疑狠得多的"现象学悬搁"。

---

① 《先验现象学引论》，《面对实事本身——现象学经典文选》，第116页。
② 《先验现象学引论》，《面对实事本身——现象学经典文选》，第108页。
③ 《先验现象学引论》，《面对实事本身——现象学经典文选》，第110页。
④ 参见《先验现象学引论》，《面对实事本身——现象学经典文选》，第109页。

在悬搁掉自然世界的存在，中止了一切经验信仰之后，我们还剩下什么呢？胡塞尔说："我的这个中止的行为还存在着。"① 粗看起来，这与笛卡尔的经过怀疑过滤后只剩下确定的我思简直如出一辙。但这只是看起来如此而已。笛卡尔的我思是形式的、抽象的和平面的，因而只能作为一个现成的外在原则来运用（如据此引入上帝的存在和真理，再进而引入客观的自然云云）。胡塞尔的我思或"本我思维"却不是任何平面的点，而是"幽暗的深渊"，活生生喷涌着的深渊，亦即"意向性"的深渊。胡塞尔写道："对于现象学来说，通过对世界存在和非存在普遍实行的悬搁，我们事实上并没有简单地丢弃这个世界，而确确实实是把它作为我思对象保留了下来。"② "即使我中止对感性信仰的证实，对房屋的感知仍然像我所体验它的那样，是对这个并且恰恰是这个房屋的感知……哪怕是错误的判断也是对这个或那个被意指的实事状态的判断意指，如此等等。我作为自我生活于其中的意识方式的基本特征就是所谓的意向性，就是对某物的各种意识到。"③ 在括去了世界之存在及其相关的经验信仰之后剩下来的我思，由于其意向性，亦即由于我思或意识本身始终已经是关于某种"对象"的我思或意识（无论这种"对象"存在与否以及如何存在），或者说，"世界对我来说就是我的诸思维的被思者"，④因而事实上已经意向性地内在蕴含着全部被悬搁掉的一切。笛卡尔路过了这里，但遗憾的是终究没能跨进去，终究未能踏入先验

---

① 《先验现象学引论》，《面对实事本身——现象学经典文选》，第111页。
② 胡塞尔：《笛卡尔沉思与巴黎讲演》，张宪译，第73页，人民出版社，2008年。
③ 《先验现象学引论》，《面对实事本身——现象学经典文选》，第116页。
④ 《先验现象学引论》，《面对实事本身——现象学经典文选》，第118页。

哲学的大门。

在1929年的巴黎讲演的结尾，胡塞尔信心满怀地一言以蔽之："必须首先通过悬搁丧失世界，然后在普全的自身思义中重新获得它。"① 借助于现象学的悬搁和意向性，胡塞尔赢获了一个"特殊的'先天的王国'"，② 或者说"一个新的先验经验领域的新的无限的存在领域"。③ 如果说，笛卡尔以怀疑一切的方式"向外"打开了朝"自我"回溯的经验道路，那么，胡塞尔便通过悬搁和意向性"向内"开启了喷涌着的"自我显现"的先验王国。必须强调的是，这个先验王国绝非任何现成意义上的"思维实体"或"心灵实体"的王国，毋宁说，由于在"这里，我们只接受在通过悬搁而向我们敞开的自我我思领域中，真正首先整个地直接给予的东西。也就是说，我们只表述我们自己所亲身看见的东西"，④ 故而这个所谓"自身思义"的先验王国便始终是当下自我构成着的王国。更为关键的是，这种意向性的当下构造着自身的王国，乃是真正确定无疑的，因为它不是作为某种现成的前提被给予，而是当场自我构成着的原初的直观性本身，完全无前提的明证性本身，因而就是直接现实的绝对被给予性本身。按照胡塞尔，只要坚持"除了我们在通过悬搁而开启的'本我思维'领域中现实地并首先是完全直接被给予地所具有的东西以外，我们不把任何其他的东西视作有效的，除了我们自己所看到

---

① 《先验现象学引论》，《面对实事本身——现象学经典文选》，第142页。
② 《先验现象学引论》，《面对实事本身——现象学经典文选》，第89页。
③ 参见《笛卡尔沉思与巴黎讲演》，第64页。
④ 《笛卡尔沉思与巴黎讲演》，第61页。

的东西以外,我们不做任何其他的陈述",① 那么我们便赢获了"现象学意义上的现象整全",② 而这个现象整全就是"实事本身",亦即作为"作为严格科学""完全自行构造"的哲学的实事本身。

近代哲学自笛卡尔以降,有两个哲学家明确而又强烈地召唤哲学"朝向实事本身",一个是黑格尔,③ 一个是胡塞尔。尽管胡塞尔对确乎是"意向性地被给予"的黑格尔哲学激烈抨击:"他的体系仍然缺乏一种理性批判……黑格尔哲学同一般浪漫主义哲学一样,活动在要么削弱那种朝向严格的科学哲学的冲动,要么给这种冲动掺假的年代中……这一学说在黑格尔的体系中假冒了绝对的有效性",④ 但这依然掩盖不住两者在根本性"朝向"上的相互共属:两者都从笛卡尔的"我思"出发,并都充满热情地去重新开启"我思"这个"幽暗的深渊",只不过黑格尔沿着"实体即主体"的路子去开启,胡塞尔则顺着"我思"本身意向性的绝对给予性去开启;通过各自的道路,两者都决然宣称已然通达了"绝对",虽然黑格尔是以"否定之否定"的"无-限"之思辨的自我意识方式,而胡塞尔是以"普全的自身思义"之直观的绝对给予方式。因此,对于黑格尔和胡塞尔而言,所谓"实事本身"说到底不外乎就是意识的主体性或者作为主体的意识本身。海德格尔在"哲学的终结和思的任务"一文中曾对此作过直接的评论:"什么是哲学研究的事情呢?对胡塞尔来说与黑格尔

---

① 《先验现象学引论》,《面对实事本身——现象学经典文选》,第113页。
② 《笛卡尔沉思与巴黎讲演》,第57页。
③ 参见《精神现象学》序言,第1~3页。
④ 胡塞尔:《哲学作为严格的科学》,《胡塞尔选集》上卷,第87页。

如出一辙,都按同一传统而来,这个事情就是意识的主体性";"从黑格尔和胡塞尔的观点——而且不光是他们的观点——来看,哲学之事情就是主体性……黑格尔的思辨辩证法是这样一个运动,在这个运动中事情本身达乎其自身,进入其自身的到场了。胡塞尔的方法应将哲学之事情带向终结原本的被给予性,也即说,带向其本己的在场了。两种方法尽可能地大相径庭。但两者要表达的事情本身是同一东西,尽管是以不同的方式经验到的。"①

然而,这并不意味着两者之间不存在根本性的差异。这种区别至少在两个层面触目地显现出来。第一,黑格尔的由自我意识不息的辩证运动本身担保的绝对,本质上是以思辨的推论或演绎的方式被给予的。黑格尔对此是有明确意识的。他在分析"有"与"无"的统一性时说:"推演出'有'与'无'的统一性,乃完全是分析的。一般的哲学推演的整个进程,也是这样。哲学推演的进程,如果要有方法性或必然性的话,只不过是把蕴涵在概念中的道理加以明白的发挥罢了。"② 但胡塞尔却特别强调"对只是被知道,而不是被直观到的存在进行演绎,这是行不通的。直观不能论证或演绎"③。所以胡塞尔的绝对是作为"纯粹明见性"地被给予的"原初直观"本身,或者说是由被给予的"原初直观"担保着的绝对。第二,黑格尔思辨的演绎意味着,虽然我们只有在否定之否定的思辨回旋中才能赢获愈来愈具体的绝对,

---

① 海德格尔:《面向思的事情》,陈小文、孙周兴译,第76页,第77~78页,商务印书馆,2002年。
② 《小逻辑》,第195页。
③ 胡塞尔:《现象学的观念》,倪梁康译,第37页,上海译文出版社,1986年。

但一切都注定逃不过自我意识之光的普照，就是说，所有可能蕴涵的、否定的、异己的、幽暗的一切，最终都会作为自我意识显现、充实以及完成绝对之自身的"环节"而被自我意识之光所吸收和朗照，因此黑格尔的绝对其实就是由自我意识演绎出的作为绝对确定性的"纯粹光明"。胡塞尔中止了自我意识的这种醉醺醺的不断否定之否定的演绎，而诉诸"原初给予的直观"，虽然这种作为直接的被给予性事实上也是在意识光照中的"纯粹明见性"，但不仅现象学的直观，而且所谓"晕""境域""滞留""前摄"等等已然从根处消解了自我意识的那种"焦点式"的画地为牢。正是在这个意义上，我们说胡塞尔启动了对自我意识卓越而又艰难的突围。

经过作为"严格科学"的胡塞尔现象学的扫荡，深陷于自我意识重重围困中的"实事本身"终于走出来了吗？其实，悬搁、还原也好，意向、构造也罢，甚至滞留、前摄、晕圈、境域、原初直观、纯粹给予等等，所有这一切说穿了仍不过是"意识现象学"，是作为"赫拉克利特河流"的意识本身。尽管胡塞尔称黑格尔哲学为"浪漫主义哲学"，而称自己的哲学为"作为严格科学的哲学"，但正如法国现象学家让-吕克·马里翁指出的那样："胡塞尔的现象学回到了实事本身，可它仅仅达到了某一点。这一点的名称是：意识存在本身"；"回到实事本身被局限于'回到直观这一根源'"。[①] 换句话说，胡塞尔强势运作的"自身思义"或"纯粹给予"着的"明见性"，其本身就是意识的普照之光，

---

① 让-吕克·马里翁：《还原与给予》，方向红译，第78页，第90页，上海译文出版社，2009年。

因而不可能从根本上将"实事本身"带出意识的围困,尽管它彻底地松动了这种围困。正是在这种困境的压迫下,海德格尔的运思终于脱颖而出。

如上所说,黑格尔和胡塞尔都以切中"绝对"为唯一目标,这不难理解,因为无论从什么意义上讲,"绝对"都意味着是无条件的、无前提的、真实的和始终在场的,从而便意味着"实事本身",哲学的实事本身。黑格尔以思辨着的"自我意识"号称抵达了这种绝对,而胡塞尔则以还原着的"原初的直观"宣称抵达了这个实事本身。但按海德格尔,思辨和直观这两种给予方式,均不可抵达实事本身,因为它们都不过是意识普照之光的派生物。海德格尔写道:"哲学的传统一开始就把'看'定为通达存在者和通达存在的首要方式……我们显示出所有的视如何首先根植于领会——操劳活动的寻视乃是作为知性的领会——,于是也就取消了纯直观的优先地位。这种纯直观在认识论上的优先地位同现成事物在传统存在论上的优先地位相适应。'直观'和'思维'是领会的两种远离源头的衍生物。连现象学的'本质直观'也根植于生存论的领会。"① 从古希腊柏拉图哲学开始,"看"(Sehen)或"视"(Sicht)从来就说的是"认识"之看,"意识"之视,就是说,"认识到"或"意识到"本质上说的就是看到或视见。因此,所谓"认识之光"绝非仅仅是一个"比喻",毋宁说,意识或认识就是光本身。黑格尔对此有极为清醒的领会:"认识不是光线的折射作用,认识就是光线自身,光线自身

---

① 《存在与时间》,第171~172页。

才使我们接触到真理。"① 看见某物就是意识到或认识某物（包括其褫夺状态的"不认识此物"）；意识到某物就是直接照亮某物，更确切点说，就是被意识者经过意识之光的"聚焦"而收拢、显现并最终成形为某种"什么"，而这种总以"什么"或"不是什么的什么"之方式在意识之光中提交自身的出场者，就是从"柏拉图洞穴"中假释出来的光明、实在、真实、真理等等。

这里必须毫不妥协追问的是：我们何以能看见②一个作为存在者的"什么"？若以1927年的《存在与时间》为界，从1919年弗莱堡的战时补救学期讲座到1922年的那托普报告，从1923年的《存在论：实际性的解释学》到1925年的《时间概念史导论》以及1927的年马堡讲座《现象学的基本问题》，一直在筹划着对意识哲学的根本性突破的早期海德格尔，可以说就顽强地挣扎在这条追问的道路上。其中可以与30年代对梵高的画"农鞋"和"希腊神庙"的现象学分析相提并论、并最能集中显现早期海德格尔思之意向的范例，无疑是战时补救学期讲座中著名的"讲台体验"分析。

一个像讲台这样的东西究竟是怎样被看见的？那还不简单？我们走进教室，抬眼一望便看到了讲台。在战时补救学期讲座的"周围世界体验"中，海德格尔问道："'我'看到了什么呢？一些直角相切的棕色平面么？不是的，我看到的是某种不同的东西。那么，是一个箱子，而且是一个用小木箱组装起来的大箱子

---

① 《精神现象学》上卷，第52页。
② 这里所说的"看见"，包括传统意义上的感觉、知觉、表象、直观、反思、思辨等等，下同。

么？绝对不是的。我看到的是我要在上面讲话的讲台，您们看到的也是我在上面已经向您们讲过话的这个讲台。在纯粹的体验中也没有人们所说的奠基联系，仿佛我先是看见棕色的相切的平面，这些平面进而向我呈现为箱子，然后向我呈现为桌子，然后是大学里的桌子，然后是讲台，以至于好像是我给这个箱子贴上了讲台标签似的。所有这一切都是糟糕的、曲解的解释，对体验中的纯粹观审（Hineinchauen）的歪曲。我是几乎一下子就看见了这个讲台；我不只是孤立地看到它，我看到这个桌子，这对我来说放得太高了；我看到上面放着一本书，直接对我造成了妨碍……我在一种定向、光线中，在一个背景中看到这个讲台……让我们设想一下，一位塞内加尔黑人突然从他的小木屋里被移居到这里。他盯着这个对象，他看到的东西就难以细说了，也许看到了与魔法巫术相关的东西，或者人们可以躲在后面很好地抵御飞箭和石块的东西，但或者（这是最有可能的），他不知道拿它怎么办……我的看与塞内加尔人的看是根本不同的……在观看讲台的体验中，有某个东西从一个直接的周围世界中向我给出……在一个周围世界中生活，对我来说处处时时都是有意义的，一切都是世界性的，'它世界化'……在我倾身直观我对周围世界自行给出的讲台的观看行为之际，我找到了诸如一个'自我'这样的东西吗？……惟有在与当下本己的自我的一道回响中，才有对周围世界的东西的体验，才有世界化，而且在对我而言世界化之际，我才以某种方式完全在此。"[①] 如果深入读解，"讲台体验"

---

① 海德格尔：《论哲学之规定》，《形式显示的现象学：海德格尔早期弗莱堡文选》，第9~11页。着重号为引者所加。

的这个例子已经蕴涵了前期海德格尔思想道路的根本性突破及其所谓"首要发现"。①

我们走进教室看到讲台。这种"看到讲台"是怎么可能的？认识论的常识告诉我们：讲台作为一个已然完成了或封闭了的"客体"现成地摆在那里，继而作为一个"客观的"讲台便自然现成可见地"反映"给作为认识"主体"的我们。②然而，这种常识在与"塞内加尔黑人"相遇中撞碎了自己的自明性。我们对讲台的"看"，拒绝沿着"棕色的相切平面"继而"箱子""桌

---

① 参见海德格尔：《时间概念史导论》，欧东明译，第212页，商务印书馆，2009年。当然了，置身于"破晓"到时之"解释学处境"中的前期海德格尔，远不仅仅有"讲台体验"的例子，诸如《现象学之基本问题》（丁耘译，上海译文出版社，2008年）中对莱纳·玛丽亚·里尔克小说中断墙的分析（参见此书第228～231页），《存在论：实际性的解释学》（何卫平译，人民出版社，2009年）中对"一张桌子"的分析（参见此书第89～92页），《时间概念史导论》中对"蜗牛世界"的分析（参见此书第226～227页），以及《存在与时间》中著名的对种种"用具"的分析之类的例子（如对钉锤捶打的分析），就其对思想蕴涵着的那种质朴而又沛然不竭的召唤性或引发性来说，其实都不会输于这个"讲台体验"的例子。不过，作为"大学教授"所特有的"解释学处境"的"讲台体验"，可以说一直伴送着海德格尔的"林中路"，不绝如缕地回响着（比如，50年代的名篇《筑·居·思》在讲到人与空间时举例说："当我朝讲演厅的大门走去之际，我已经在那里了；若我不是已在那里的话，我就完全不可能走向它。我不仅仅作为这个包裹起来的身体在这里，毋宁说，我也在那里，就是说，我已经遍历这整个讲演厅，而且只有这样我才能穿行于其间。"Cf. Heidegger, *Poetry Language Thought*, p. 157. Reprinted from the English Edition by Harper & Row Publisher, Inc. 1975. 下文凡引此书，只注书名和页码）。

② "认识论常识"自然还有沿着唯心论方向展开的各种解释。比如：讲台之为讲台，那是因为它被作为主体的我们所感知（如贝克来）；或者，讲台作为感觉材料固然是一个实在的"自在之物"，但这种感觉材料作为普遍必然的认识对象的"讲台"来显象，那是因为我们先天的直观以及思维形式"构造"了它（如康德）；又或者，讲台之成其为讲台，既扬弃了其作为客体的片面自在性，同时进而扬弃了其作为主体之感知、先天形式之类的片面抽象性，就是说，一个"现实的"讲台，不过是在绝对之光自在自为的过程中生成的（如黑格尔）；等等。

子"最后"讲台"这种认识反映的路线展开,我们的确是"一下子就看见了这个讲台"的,而且"塞内加尔黑人"也是一下子就看见了这个"他不知道拿它怎么办"的东西的。需要追问的是:为什么"我的看与塞内加尔人的看是根本不同的"?难道是与两者"眼睛"的差异有关?或者与他们的感觉复合、先天形式、自我意识等东西有关?显然都不是。当我们以及"塞内加尔黑人"的眼光向前扫出去之际,立即就"有某个东西从一个直接的周围世界中向我给出"。这种从直接的周围世界涌向我、且"与当下本己的自我的一道回响"的"某个东西"究竟是什么呢?"什么"都不是,更精确地说,它不以任何"什么"的方式来提交自身。严格讲来,这里的"某个东西"实质上也并非通常意义上的"东西"。我们之所以"一下子"就看见了一个叫"讲台"的东西,是因为生活在现代社会及其教育制度中的我们,早已在我们的实际生活中对诸如教师与学生、讲台与课桌、教室与操场、学校与商场、学习与工作等等之类分类系统的方方面面了然于胸。同样,海德格尔的"塞内加尔黑人"之所以一下子就看见了一个"他不知道拿它怎么办"的东西,是因为后者携带着的实际生活的"晕圈"完全不一样。因此,倘若一定要给这"某个东西"一个总体的名称的话,那么可以叫作"实际生活本身",即"自在"着的实际生活。真正的哲学必须能深入自在着的实际生活,更确切点说,哲学就是让实际生活的"自在性"在思想中到达。

需要强调指出的是,所谓"实际生活本身",说的绝非某种或抽象或具体的对象域。实际生活使讲台显现为讲台,抑或使"讲台"呈现为"不知道拿它怎么办"的东西,但其本身却不可能成为任何意义上的认识论对象。正如海德格尔所说:"实际性不是一个现成东西的僵硬的事实那样的事实性,而是此在的一种被接纳到生存之中的、尽管首先是遭到排挤的存在性质。实际之为实际的'它存在着'从不摆在那里,由静观来发现。"① 我们看见了一张讲台,"塞内加尔黑人"则看见了一个不知道什么东西的东西。事情的关键在于:在这两者的"看"中,我们没有看见的是什么?更精确点问,我们始终看不见但却不断到场的东西是什么?那就是我们随身携带着的"现代的"或者"非现代的"实际生活本身,亦即海德格尔所说的"直接的周围世界"。这个所谓直接的周围世界,说的不是某种"空间"性的现成范围或领域,也不是某种抽象朦胧的表象"整体",而是说的那每时每刻都涌动着的、拢集着又绽出着的真正活生生的"自在"的实际生活,或者说是实际生活的"自在性"本身。我们之所以能看见一个讲台,不过是围浸着和参与着这种"看"而袭向前来、并与"当下本己的自我一道回响"着的"直接的周围世界"的"到时"本身。事实上,不仅在我们所有的"看见"之际,而且在我们的所有"听见""嗅到""触到"等等之际,这个"直接的周围世界"总已"先行"到时。这个不断先行到时的直接周围世界使我们能看见诸如讲台这样对象性的"什么",但它本身却是不可能被"看见"的。这不意味着它是"神秘的"(所谓"神秘的"东西本质上仍不过是某种"对象性"的东西),而是因为意识之光穿不透它,无法"焦点"化它,因为以先行到时的方式"绽出"的周围世界,始终不可能成为任何对象性的东西,始终不可能被意识之光收摄为任何"存在者",就是说,它彻底溢出了传统认

---

① 《存在与时间》,第158页。

识论的可能视域。海德格尔的"讲台体验"于是便突破了"意识哲学"的围困,实现了其思想道路的"根本性突破"。

对于这个"直接的周围世界",在上面所引的"讲台体验"中,海德格尔其实是有一个别具一格的说法的:"一切都是世界性的,'世界世界着'(esweltet)。"对此,《海德格尔传》的作者吕迪格尔·萨弗兰斯基写道:"世界世界着,这是海德格尔自己独创的第一个单词。这类创造以后会越来越多。"① 严格地说,"世界世界着"这个句子想要说的以及已然说出的,远不止是一个单词、术语甚至概念,毋宁说,这是第一个标准的海式"话语",呵不,是海德格尔插进西方精神史的第一个触目的"路标"。可以毫不夸张地讲,自20年代开始,"世界世界着"这个"思想的话语",便澎湃争涌地拓展着海德格尔的思想天空。在1925年马堡大学夏季学期的讲座《时间概念史导论》中,海德格尔将这个已蝶化为"在-世界-中-存在"的思想路标,称之为"此在的根本枢机",并进而自认是一个"首要发现"。② 就前期乃至包括后期海德格尔的思想道路来说,这个"自评"无疑是命中要害的。然而正像众所周知的那样,这第一个路标的最终完全脱颖而出,是在《存在与时间》中。

如果说,早期海德格尔的运思成形于《存在与时间》,那么,《存在与时间》的"活眼"或者其运思的"气场"就是这个"在

---

① 吕迪格尔·萨弗兰斯基:《海德格尔传》,靳希平译,第132页,商务印书馆,1999年。类似的海式经典话语还有后期的"物物着"(参见海德格尔:《演讲与论文集》,孙周兴译,第185页,生活·读书·新知三联书店,2005年,下文凡引此书,只注书名和页码),甚至"画画着"(参见海德格尔:《思的经验》,陈春文译,第101页,人民出版社,2008年)等等。
② 参见《时间概念史导论》,第212页以下。

世界中存在"。除去全书的"导论"部分,《存在与时间》不仅一起首就端出了"哲学久已为之不安,但要完成它,哲学却又总是力不从心"的"世界"亦即在-世问题①,实际上几乎半部《存在与时间》(整个第一篇共六章)都在为解决这个问题而殚精竭虑。可以说,走出自我意识这个"阴影的王国"(黑格尔语),让哲学从主客二元对峙的思想困境中解放出来,从而真正通达"实事本身",这一切都发轫于这个"在世界中存在"。

跟随海德格尔的这个"在世界中存在"的路标,我们会被引向何方?直接被送入"实事本身"。从笛卡尔开始,意识或自我意识本质上乃是一切"存在"显现的场所。意识总是对某种对象的意识。黑格尔如是说,胡塞尔也如是规定意识。倘若意识总是关于对象的意识,那么对象就始终是"为意识的存在",即始终是在意识之光中呈现出来的对象,或"思想所把握住的对象"。②于是,黑格尔企图以辩证法的思辨回旋来赢获意识与对象"对立统一"的绝对整体,胡塞尔则力图以现象学的自身给予的原初直观来切中作为"实事本身"的现象整体。但正如上文已指出的那样,无论是辩证法的思辨还是现象学的原初直观均不能抵达实事本身。这倒不是由于黑格尔的思辨和胡塞尔的原初直观尚不够彻底,毋宁说,尽管黑格尔和胡塞尔可以说分别走到了思辨和直观的极致,但这种极致却始终处在"意识"或"自我意识"阴影笼

---

① 参见《存在与时间》,第60页。海德格尔后来自己对"哲学久已为之不安"作了一个边注:"完全不!因为世界一概念根本不曾被把握过。"(Cf. Heidegger, *Gesamtausgabe Band 2*, p. 69, Vittorio KIostermann Frankfurt am Main, 1976.) 由此可看出"世界"问题在海德格尔思途中的分量。

② 参见《小逻辑》,第79页。

罩之下。《存在与时间》的第一个开创性贡献就在于:"在世界中存在"从根本上突破了意识哲学的困局,从而将我们送入了作为现象本身的"实事本身"。

"在世界中存在"是海德格尔在四个单词之间加连字符(In-der-Welt-sein)构造而成的一个复合词。这种独特的海氏构词法无非是说:"在世界中存在"是一个不可分割的统一现象。"这一首要的存在实情必须作为整体来看。我们不可把'在世界之中存在'分解为一些复可加以拼凑的内容",但这又"不排除这一建构的构成环节具有多重性。事实上可以从三种着眼处来看待这一术语所提示的现象",即"在世界之中"(in der Welt)、向来以在世之方式存在着的存在者(Das Seiende)和"在之中-存在"(In-sein)本身。① 海德格尔强调指出:"在这些建构环节中摆出任何一项都意味着摆出其他各项,这就是说:各自都是整体现象的寻求。"② 从纯粹学术的层面上讲,"不可"分割并非"不能"分割:正因为能够分割,才有"着眼处",亦即才有认识或意识的对象域;但也正因为"能够"分割,才"不可"分割,才需要"寻求"整体现象,亦即在对每一意识对象域的"现象学还原"中通达现象本身。可是这里事情的关键恰恰在于:作为整体现象的"在世界中存在",撑破了所有"学术的层面",而且恰恰是在撑破了所有学术的层面之后的这个"剩余",才是所"寻求"的作为整体现象的"实事本身"。换言之,"在世界中存在"远不只是通常意义上的"复合词",总指称着某种或明或暗的对象域,毋宁说是标准的海德格尔意义上的"话语";更为重要的是,作

---

① 《存在与时间》,第62页。
② 《存在与时间》,第62页。

为话语，In-der-Welt-sein 的"主旋律"显然是 sein，而其三个"构成环节"都是对这个"sein"的润色、烘托、簇拥和围浸，就是说，In-der-Welt-sein 作为话语的"纯粹所说"无疑就是 sein，而且就是时间性的"Da-sein"。①

然而，这个"在世界中存在"究竟是怎样突破意识哲学的困局而将我们送入"实事本身"的呢？德国现象学家克劳斯·黑尔德写道："如果我们比迄今为止对《存在与时间》的阐释更为仔细地注意一下，差不多就在器具分析一开始，在这部著作的第16节，进而又在第18节，就出现了自在（Ansich）或者自在存在（Ansichsein）概念。这个概念与'面向实事本身'这个准则具有某种隐蔽的联系。""'面向实事本身'这个座右铭的要求是针对这种自在的，即我们在事物之显现中经验到的这种自在。"②这个"隐蔽的联系"，实质上正是《存在与时间》乃至全部海德

---

① 有的现象学家认 In-der-Welt-sein 中的一个构成环节"Welt"为实事本身："现象学哲学的这一个'实事本身'乃是世界，也就是说，不是海德格尔所主张的'存在'。"（克劳斯·黑尔德：《世界现象学》，孙周兴译，第 122 页，生活·读书·新知三联书店，2003 年。）黑尔德这里进行了由"存在"向"世界"的位移，一个致命的位移！如果没有"sein"的统摄、贯透和弥漫，"Welt"以及"In-der-Welt"就化不开其"现成性"，进而重新构成对"存在"的锁闭，尽管此种封闭是以被稀释了的"境域"的名义（参见上书，第 55 页以下）。海德格尔对此很清醒："'世界之内'根植于世界现象。世界则又作为'在世界之中存在'的本质构成环节而属于此在的基本建构。在存在论上，'在世界之中'复又包含在此在之存在的结构整体之中。"（《存在与时间》，第 240 页）

② 参见《世界现象学》，第 117 页，第 122 页。需要指出的是，《存在与时间》明确地讨论"自在"或"自在存在"这个概念并非始于第 16 节，而是第 15 节，而且在第 19、20、21、43 等节中作了更深入的专题讨论。如果再结合更早一点的《时间概念史导论》，1935 1936 年的《艺术作品的本源》《物的追问》，以及 50 年代的《物》《筑·居·思》等等，说海德格尔对"自在存在"的思考伴送着他的所有"路标"都不为过，尽管海德格尔没有用专著的形式谈论"自在存在"与"实事本身"。

格尔思想的根本性突破的真正诞生地。

如果说，海德格尔的运思滥觞于"在世界中存在"，那么，这种独特的运思迎面碰上的首先便是笼罩在近代德国哲学思想天空中的"自在存在"概念的围困。在康德那里，自在是作为认识之光的极限，即是说对认识而言，自在存在始终"处于不可知的状态"。① 对黑格尔来说，通常所谓的自在或者是无规定性的纯存在（正面或肯定的规定），或者是知性极端抽象后剩余的作为"渣滓""僵尸"的对象（反面或否定的规定），② 因而具体的、现实的自在就是作为为他存在与自在之统一的"自在自为"。而在胡塞尔看来，作为临界概念的康德式的"自在之物"，乃是"一个背谬"，这种作为应被悬搁的"自然态度"之产物的"超越之物"，实际上不过是"先验主体性的构造物"。③ 不难看出，尽管有这样那样乃至很大的差异，但上述自在概念在一点上是共同的，即它们都是在意识之光的朗照中被给予的，或者说，自在之为自在乃是在反思、思辨或直观的认识论之光中被给予的自在存在。这意味着，我们实质上无法通达"在外部"的自在存在。

对于这个困局，康德在《纯粹理性批判》的第二版序言中有一个著名的说法：我们自今尚不能真正令人信服地证明"而不得不仅仅在信仰上假定在我们之外的物的存有"，此乃"哲学和普遍人类理性的丑闻"。④ 的确，只要哲学以及"普遍人类理性"

---

① 参见康德：《纯粹理性批判》，邓晓芒译，第二版序，第17页，人民出版社，2004年。
② 参见《小逻辑》，第125页。
③ 参见《先验现象学引论》，《面对实事本身——现象学经典文选》，第136页。
④ 参见《纯粹理性批判》，第27页注释。

始终以认识论之光的"探照"方式出场,作为自在之物的"外部世界"就是需要而且永远需要"证明"的。面对这个哲学似乎必须解决的困局,海德格尔说:"'哲学的耻辱'不在于至今尚未完成这个证明,而在于人们还一而再再而三地期待着、尝试着这样的证明……不充分的并不是这些证明,而是这个进行证明和渴望证明的存在者的存在方式有欠规定";"有待证明的并非'外部世界'是否现成以及它如何现成,而且为什么本来就在世界之中的此在会有一种倾向,先在'认识论上'把'外部世界'葬入虚无,然后才来对它加以证明。原因就在于此在的沉沦,就在于由于这种沉沦而将起初对存在的领会变成了对作为现成性的存在的领会……一旦毁坏了在世的源始现象,那么,和一个'世界'的拼接就只有依靠残留下来的孤立主体来进行了"。①

海德格尔这里不是在逃避"证明"而另起炉灶,而是典型的所谓"解构性的建构":"一种解构,亦即对被传承的、必然首先得到应用的概念的批判性拆除(一直拆除到这些概念所由出的源泉)便必然属于对存在及其结构的概念性阐释,亦即属于对存在的还原性建构……哲学之建构必然是解构。"② 首需解构的就是这个"哲学的耻辱"。只要我们力图证明我们之外的物的存在,就必然已经假定了被证明之物现成的存在抑或现成不存在,而"我们之外"也必然同时假定了"在内的"证明之主体的现成存在抑或现成不存在。一切认识论视域中的"证明",都"必得把这个'主客体关系'设为前提。虽说这个前提的实际性是无可指

---

① 《存在与时间》,第236页,第238页。
② 《现象学的基本问题》,第26~27页。着重号为引者所加。

摘的,但它仍旧是而且恰恰因此是一个灾难性的(verhängnisvolle,中译本为'不祥的')前提,因为人们一任这个前提的存在论必然性尤其是它的存在论意义滞留在晦暗之中"。① 存在着一个认识或实践的主体,同时也存在着一个被认识或被实践的客体。难道天下还有比这更不证自明的事情吗?剩下的事情难道不就是搞清楚究竟是主体还是客体禀有优先地位吗?对于笛卡尔以降的近代认识论来说,一切都是在这种主客对峙的格局中被给予的,一切均是在认识之光中作为对象性的东西来显现自身的。这意味着,尽管主客体结构的认识论视域本身无可厚非,但由于这个视域本身便已然是意识之光收拢的产物,故而引发出"把它自己弄成了'心灵'对世界的关系之范本",② 进而凸现出主体抑或客体的优先地位之根本对峙这种命运性局面。海德格尔就此曾作了专门的评判:对实在主义与唯心主义"这两种立场进行说明时,关键的东西并不完全在于对它们加以清理或者找到这样那样的解答,而是在于看清:两者都只是在某种耽误的基础上才能够产生出来,就是说,在未曾根据此在本身的基本构成而对'主体'和'客体'这些基本概念加以阐明的情况下,它们就把这些概念当作了前提"。③ 于是,紧随而来的问题便是:"这个进行认识的主体怎么从他的内在'范围'出来并进入'一个不同的外在的'范围?认识究竟怎么能有一个对象?必须怎样来设想这个对象才能使主体最终认识这个对象而且不必

---

① 《存在与时间》,第69页。
② 参见《存在与时间》,第69页。
③ 《时间概念史导论》,第308页。

冒跃入另一个范围之险?"①

　　由主客对峙的"前提"而导引出的主体如何从"内在的"自身走出去与"外在的"自在之物相符合的认识论困境，正是意识哲学的视域构成本身，任何对此前提的克服以及对此追问的回应，都必然是对认识论视域的根本性解构。这意味着，现代认识论哲学注定了摆不脱"哲学的耻辱"，因为在意识之光中成形的所谓自在存在，其"自在性"作为对意识－主体的绝对否定（"在我们之外"），本身已然是在意识之光笼罩下显现出来的一个规定，就是说，已然是实质上暗中解除了其绝对性的"相对于"意识的自在存在。对于自在存在的这种作为意识之对象性的显现物的本质，黑格尔说得极为透彻："一个环节是某种自在于意识之外的东西，而另一个环节是知识，或者说，是对象的为意识的存在。根据这个现成存在着的区别，就能进行比较考察。如果在这个比较中双方不相符合，那么意识就必须改变它的知识，以便使之符合于对象；但在知识的改变过程中，对象自身事实上也与之相应地发生变化；因为从本质上说现成存在着的知识本来是一种关于对象的知识；跟着知识的改变，对象也变成了另一个对象，因为它本质上是属于这个知识的。意识因而就发现，它从前以为是自在之物的那种东西实际上并不是自在的，或者说，它发现自在之物本来就仅只是对它而言的自在。"②

　　只要自在之物是在主客体关系之中被给予的，我们便不可能真正超越黑格尔的上述思辨。胡塞尔虽然通过悬搁、意向性、还

---

① 《存在与时间》，第71页。
② 《精神现象学》上卷，第60页。

原、绝对被给予、当场构成、自身思义等一系列"现象学观念",解构和突破了这种对自在之物的"自我意识"的思辨极限,但由于一切都是在经过"还原"后的"明证性"中被"充实"的,因而所谓的"现象"或"实事"最终还是滞留在作为绝对被给予物的"纯粹意识"的境域之中。正如海德格尔所说:牵引着胡塞尔的首要问题是"意识如何能够成为一门绝对科学的可能对象?……意识应该是一门绝对科学的领域这个观念,并不是简单发明出来的,毋宁说它正是笛卡尔以来的近代哲学所一直拥有的一个观念。把纯粹意识厘定为现象学的课题领域,这并不是通过以一种现象学的方式溯源至实事本身而实现的,而是通过回归于一种传统的哲学观念而实现的"。[①] 因此显而易见的是,从笛卡尔到康德、黑格尔再到胡塞尔,"自在存在"始终是"为意识的存在",就是说始终锁闭在"意识哲学"的视域内。

作为一个概念,"自在存在"(Ansichsein)说的无非是对于意识的绝对无关联性,或者说,所谓"离开意识而存在"这个规定,不过是对"为意识的存在"的单纯否定。"绝对无关联性"恰恰是无关联的关联性;"单纯否定"也恰恰是否定性的肯定性规定。这种经过意识过滤后的自在因而便成了一种"对象性"的存在,或一种"自在之对象",[②] 亦即成了一种站立在意识-主体之外作为对-象而显现的客观存在。反过来讲,意识却是"内在地、绝对地被给予的存在,是一切可能的其他存在者在其中构成自身的存在,是其他的存在者在其中才得以原本地'是'其所

---

① 《时间概念史导论》,第143页。
② 参见《演讲与论文集》,第185页。

是的存在。绝对的东西就是这个构成性的存在……因此,相对于所有的实在性,一切意识都是绝对的……'绝对的'品格就属于意识,而在这个意义上,意识就是这样的存在:它自身不再在一个其他的存在者之中达到构成,相反它是自我构成的存在,是构成了一切可能的实在性本身的存在"①。只要自在存在仅以意识之对象的方式涌显,康德(自在存在始终处在不可知的状态)和黑格尔(为意识的存在就是自在存在)的判决就是终审判决。"如果人们首要地乃至唯一地依循现成事物制定方向,那就在存在论上对'自在'根本无所阐明。"② 也就是说,在意识绝对之光的统摄下,我们要么在独断论中继续沉睡,要么干脆在认识论中取消自在存在。然,一旦自在存在被如此回避或取消,那就不仅意味着我们从本质上谈不上"实事本身",而且意味着在意识哲学可能的视域内,我们根本无法找到通达实事本身的道路。

海德格尔走出了意识哲学的沼泽并突入了那幽暗而又弥漫、安宁而又涌动不息的自在存在了吗?确乎如此:海德格尔以"在世界中存在"穿越过意识哲学的沼泽从而击中了认识论哲学一直够不着的自在存在。

倘若自在存在不可能在意识之光中对象性地被给予,倘若我们根本就不可能"看见"非对象性的自在存在,这是否意味着我们永远无法切中自在存在?其实,我们只消"存在",就"时时处处"都切中着自在存在,只不过这种切中一直被意识的对象性"目光"遮蔽着。海德格尔是怎样化开这种对象性目光的呢?那

---

① 《时间概念史导论》,第140~141页。
② 《存在与时间》,第89页。

就是首先唤醒对存在本身的重新领悟。① 形而上学遗忘了存在，或者说总是误把存在者当作存在，故而现象学"真正的课题是存在"。② 可是，以存在为课题，说的绝不是研究之对象领域的平行挪移，仿佛黑格尔研究"绝对"、胡塞尔研究"意识存在"而海德格尔不过研究"存在"似的。经过现象学洗礼的海德格尔很清楚，以存在为课题，绝不是也不可能是把"存在"纳入通常的认识之对象。这不仅仅是因为就"概念"而言存在不是存在者，更是因为那活生生但其自身又始终"不"显现的存在本身，不可能成为理论认识的任何抽象或具体意义上的对象性的存在者。

这里尚须特别指出，由于"我们向来已生活在一种存在之领会中"③，所谓重新唤醒对存在的领悟，这并不意味着那种"非课题性的沉睡"因此就被注销，恰恰相反，任何"唤醒"都是以"沉睡"为前提的。故而必须追问的便是：既然总已经活动在对存在的领会之中，为何这种对存在的领会却总是需要被"重新唤醒"？这是因为：存在就其"源始的"意义而言，向来就是"自在"的；更严格地说，存在（Sein）根本上就意味着在-自身中-存在（An-sich-sein）。所以，尽管在日常生活中我们总已领会着与我们际会的自在存在，然一旦我们的认识论之光向它聚焦，所谓自在存在立刻就衰变为"向我们的存在"，进而显摆为这样那样的"存在者"。本真的存在即自在存在于是乎扭身而去，隐没了，"遮蔽"了，"遗忘"了。在这种存在者与其存在的"阴阳相隔"，这种知其白而莫知其黑的局面下，"重新唤醒"遂势在

---

① 参见《存在与时间》扉页题词。
② 《存在与时间》，第79页。
③ 参见《存在与时间》，第6页。

必行。但唤醒对自在存在的领悟,绝不是将之重新置于认识论之光的探照之下,从而迫使其以或抽象或具体的"存在者"身份来提交自身,毋宁说,要切中作为"绝对非课题之物"①的自在存在,恰恰首先必须从那种焦点式的认识方式中退出,继而让作为实事本身的"在世界中存在",在"如它从其本身所显现的那样",②亦即在如其"在-自身中-存在"那样释放出来。

依循在世界中存在的三个"建构环节"(in der Welt, Seiende, In-sein als solches),《存在与时间》分别在第一篇的第二、三章,以及第四、五、六章中,集中直接"描述"或"分析"了"在世界中存在"这一整体现象。笔者无意在此从学术的过道中再去复述或改写这些尽人皆知的内容。这里值得发一问的倒是:在海德格尔的这些"描述"或"分析"中,其运思的异乎寻常之处是什么?无疑是那种滚滚而来激荡并席卷着我们的此在的"在场-质感"。这种在激荡中涌临的在场-质感,直接击中或直接撞入了自在存在之深渊,绝不是衰变了的"诗化哲学"以及事后追加的来得太迟的"形式显示"所能抵达的,毋宁说,只有在直接击中自在-存在之际,就是说,只有在我们的此在被当场送入"实事本身"之际,才有可能发生这种在"自我"与"世界"的"一道回响"中闪耀性的在场-质感。

那么,海德格尔究竟是如何通达那幽暗的自在存在的呢?他入手的"位置"在哪里呢?海德格尔写道:"从现象学角度把切近照面的存在者的存在展示出来,这一任务是循着日常在世的线

---

① 参见《世界现象学》,第100页。
② 参见《存在与时间》,第41页。

索来进行的。日常在世的存在我们也称之为在世界中与世界内的存在者打交道……现象学首先问的就是在这种操劳中照面的存在者的存在……在当前的分析范围内,先于课题的存在者就是那种在操劳于周围世界之际显现出来的东西。而这种存在者不是对'世界'的理论认识的对象;它是被使用的东西、被制造的东西等等……作为对存在的探索,现象学的解释乃是存在之领会的独立的和明确的实行方式;而存在之领会向来已经属于此在,并且在每一次同存在者打交道之际都已经是'活生生的'了。"①

不难理出海德格尔这里的基本进路:现象学的真正课题是叩问存在,然存在本身却不可能靠将之收拢为任何对象性的存在者而被通达(那始终只是"为"意识-主体的存在者),因而只有当我们切中前课题的"日常在世的存在"之际,这种无法对象化的存在本身才会"在思想中达乎语言";②而所谓日常在世的"存在",就是在操劳于世中同"被使用的东西、被制造的东西等等"活生生的"打交道"。正是这种庸常不惹眼也不可能惹眼的打交道,把我们携入了通达存在本身的"现象学通道"。③

海德格尔这里的打交道(Umgang),说的不是通常的人与人或人与物之间的某种交往或照面之类的现成关系,而是说的此在的基本在世方式。此在并非可以与人或物打交道,也可以不与之打交道,毋宁说,只要人作为此在生存,就总已陷入与各种存在者打交道的方式之中,就是说,打交道乃一种源始的生存现

---

① 《存在与时间》,第78~79页。
② 参见《路标》,第366页。
③ 参见《存在与时间》,第79页。

象。按海德格尔，这种现象是如此"源始"，以至于说"投入"这种现象"也会引起误解，因为我们无须再去投入这种操劳打交道的存在方式，日常的此在总已经'在'这种方式中了。譬如，在开门之际，我已经利用着门把"①。这个例子来得太及时了！有人敲门或者我要出去，于是我开门。此现象一气呵成，决不会遵循主观－客观、客观－主观抑或认识－实践、实践－认识的认识论程序：在我开门的"同时"，我已经处在与门把打交道的存在方式之中，就是说，门把已经被"使用"，门把之为门把已经"存在"。这里有两点须要进一步指出。第一，被使用的门把绝不是被意识之光收拢的那种"对象性"的东西，相反，门把能够被"理论"作为这样那样的对象而被打量和认识，恰恰是因为我们总已经先行地与门把打着交道。所以第二，我们与门把的这种打交道，并不是在与一个具有诸种外在属性的现成对象打交道，而是直接切中了门把幽暗而又弥漫的"存在"，或者说，我们与门把的"自在"发生了贴身的"际会"（Begegnen）。这个始终遮蔽着又无条件陪伴着我们，却总不能成形为任何意义上的对象，从而总不能被哲学对象性的证明目光所切中，进而让近代哲学深感耻辱的"存在"，就是那德国古典哲学家们为之殚精竭虑的"宁静的自在存在"。

存在之为存在，根本上就是自在，宁静的自在存在。自在之宁静，说的不是有声抑或无声。宁静是说：自在存在始终闪避着、拒绝着意识之光任何可能的对象性打量，它始终是"看不见"的，尽管我们通常都信仰空间性的"眼见为实"。但这也并

---

① 《存在与时间》，第79页。

不就是说，自在是"无形"的，因为无形只是有形的褫夺状态，其本质均为对象化的存在者思路。若用《存在与时间》中的标准术语说，自在存在始终是在时间境域中先行"绽出"的，是在此在之聚集性生存中先行绽出的。所以，自在存在始终是幽暗而宁静的。

尽管自在存在不能被对象性的方式把握，但它仍会不断地涌现出来，而且我们总是对这种弥漫着的在场"心领神会"。根据海德格尔，我们是在与器具打交道的"上手状态"中通达其自在存在的，"当下上手状态是存在者的如其'自在'的存在论的范畴上的规定"①。海德格尔举的著名例子是锤打着的钉锤。在用钉锤锤打之际，与我们际会的并不是在意识之光照耀下显现出来的东西，因为"仅仅对物的具有这种那种属性的'外观'做一番'观察'，无论这种'观察'多么敏锐，都不能揭示上手的东西。只对物做'理论上的'观察的那种眼光缺乏对上手状态的领会"；"上手的东西根本不是从理论上来把握的"。② 换言之，钉锤之为钉锤，亦即钉锤之"存在"，并不是向意识显现出来的那种对象性的存在者（如它的质料、结构、形状等），而是在锤打之际以"上手状态"的方式贴身开显出来的；钉锤的这种贴身开显的上手状态，不仅不可能被对象性地把捉，而且"它在其上手状态中就仿佛抽身而去，为的恰恰是能本真地上手"。③ 在这种不断"抽身而去"从而又不断袭占着我们的上手状态中，我们直接际会着钉锤那宁静而幽暗的自在存在。进而言之，并非只在刻意

---

① 《存在与时间》，第84页。
② 《存在与时间》，第81~82页。
③ 《存在与时间》，第82页。

"使用工具"之际,我们才心领神会着自在存在;严格讲来,在我们任何可能的举手投足之间,我们都直接切中着自在存在:当我们挥手告别转身踏出回家的一步之际,道路之支撑之自在存在便无声无息地袭占着我们,并总已为我们所心领神会。故而我们说自在存在是幽暗而又弥漫的。

可意味深长的是,意识的普照之光总是"无视"我们在上手状态中直接际会的自在存在,更确切点说,这种普照之光总是将自在存在"看"成为这样那样现成在手的存在者。比如对作为"首要课题"的自然之为自然,① 我们总是"仅仅就它的纯粹现成状态来揭示它、规定它"。② 森林被规定为大片树木的整体,山是地面形成的高耸部分,河流是水行之道等等。"然而在这种自然揭示面前,那个'澎湃争涌'的自然,那个向我们袭来、又作为景象摄获我们的自然,却始终深藏不露。"③ 时时处处都簇拥着、切中着我们,所以作为自然的自在总是"澎湃争涌";但这个自然之自在却又永不可能作为任何专题对象被把捉,因为它根本不是任何意识之光的可能对象,就是说,它不可能以任何对象性即"存在者"的诸如因-果、必然-偶然、质料-形式之类的方式来显现自身,故而"始终深藏不露"。这个"向外"涌动不息、"向内"静默自持的自然,事实上就是我们一直力图将之作为这样那样的存在者来证明、但却由于这些证明必已将被证明者设为前提从而总导致所有"证明"失败的"自在存在"。

---

① 参见《存在与时间》,第75页。
② 《存在与时间》,第83页。
③ 《存在与时间》,第83页。

因此，所谓"遗忘存在"，说穿了就是遗忘自在，因为存在之为存在，就在于所谓"存在"（sein）总只能是"在－自身中－存在"（An-sich-sein），故而作为总是"在－自身中"的存在，便不能不处于被遗忘状态。而自在之被遗忘，是由于它"始终深藏不露"；但自在之始终深藏不露，并非因为它作为存在者禀有什么"神秘"抑或"玄之又玄"，毋宁说，恰恰是因为自在"始终"仅仅被"当作"或抽象（如康德）或具体（如黑格尔）的"存在者"来处置；换句话说，自在之被遗忘，恰恰是以不遗忘的方式，亦即是以反复力图"证明"它的"操劳"方式被遗忘的。遗忘了存在，遗忘了存在之自在，当然便谈不上什么"实事本身"，因为所谓实事本身与自在的"隐秘联系"就在于：那个"朝向实事本身"中的"本身"（selbst），无疑就是自在－存在。

克劳斯·黑尔德由此断言："据此看来，自在就是世界，就是那个首先日常地作为使用境域为我们所信赖的世界。'面向实事本身'这个座右铭的要求是针对这种自在的，即我们在事物之显现中经验到的这种自在。如若世界就是这种自在，那么，复数的'实事本身'（Sachen selbst）就表明自身为一个单数，即：现象学哲学的这一个'实事本身'乃是世界"；"世界乃现象学的真正实事"；"把作为绝对非课题之物的世界境域当作课题，这是现象学的根本任务"。[①] 自在即世界，世界即实事本身，故自在即实事本身。黑尔德这里的断言显得急躁了一点。在同用具打交道中切中作为上手状态的自在存在，这"仍然停留在世内存在者

---

① 参见《世界现象学》，第122页，第97页，第100页。

的存在上面,并不就接近了世界现象"①;"人们往往从存在者层次上强调引称存在的自在性,这在现象学诚然是有道理的。但人们以为他们这样引称就给出了存在论上的命题,其实那存在者层次上的引称并不曾满足存在论命题的要求。至此的分析已经弄清楚了,只有依据于世界现象,才能从存在论上把握世内存在者的自在存在。"② 这就是说,作为上手状态的自在存在是在日常此在与用具打交道中才显现出来的,就是说它是在此在的在世生存中才显现出来的。因此自在存在并不像黑尔德所说"就是世界",不如说,只有切中了更源始的"世界现象",才能真正抵达"存在的自在性"。

接踵而至的问题自然是:何谓"更源始"的世界现象?"放眼一观迄今为止的存在论即可看到,由于错失了在世这种此在建构,结果也就把世界之为世界的现象跳过去不加理会了……这一实情却提醒我们:必须格外留心才能防止这一跳跃,找到现象上的正确出发点,踏上世界之为世界这一现象的道路。"③ 传统存在论之所以总触及不到活生生显现着的世界-现象,关键在于它没有找到"现象上的正确出发点",这个出发点就是"作为此在建构的在世中存在"。正是这个冗长别扭、学究气十足的表达,将所谓"源始的世界现象"发送了出来。

一个相对于主体的客体与一个相对于客体的主体,此乃传统存在论及其认识论的绝对"前提",也就是说,所有的"存在"

---

① 《存在与时间》,第87页。
② 《存在与时间》,第89页。
③ 《存在与时间》,第77页。

均始终是在主客对峙及其统一之格局中展开的。① 应该说,这个前提本身无可厚非,因为在传统形而上学那里,"存在"若没有对象性,那便意味着对象没有"存在性",而没有对象的认识与不在认识中显现的对象完全就是不可思议的。但海德格尔却斩钉截铁地说:"绝没有一个叫做'此在'的存在者同另一个叫作'世界'的存在者'比肩并列'那样一回事。"② 这并非在悍然否认作为存在者的人与世界的"比肩并列",毋宁是说,这种主客对峙的结构作为"前提",已然是活泼泼的"实事本身"冷却后的衍生形态,或者说其本身就是以将喷涌着的世界-现象"焦点化"为代价的,而这个代价恰恰正是"实事本身"。我们绝非先是一个成形的主体,然后再去与一个现成的客体发生这样那样的存在论以及认识论关系;当然也绝非相反,先有一个完成了的客体,而后又现成地被"反映"到一个现成的主体之中。所以,就活生生的实事本身而言,确乎没有主体与客体"比肩并列"那样一回事,而这又等于是说,主客对峙作为前提,已然丧失了作为"实事本身"而被绝对给予的合法性。

---

① 早期海德格尔对此有非常具体的分析:"我们要避免这种模式:存在着主体与客体、意识与存在;存在是认识的对象;真正的存在是自然的存在;意识是'我思',因而是自我的、自我极、行动的中心,人;自我(人)的对立面是:在者、客体、自然物、价值物、善。主体与客体之间的关系需要规定,这是认识论的问题。在这个问题基础上出现的是一直在尝试并在无休止的讨论中被释放出来的种种可能性:客体依赖主体,或主体依赖客体,抑或两者相互依赖。这种构成性、通过僵化的传统几乎根深蒂固的先有,原则上永远会妨碍领悟实际生命(此在)显示出来的东西。这种模式的任何变式都不能消除其不恰当性。这种模式本身在传统历史中各自孤立地发展,然后每个以不同的方式聚集起环节结构:主体与客体便形成了。"(海德格尔:《存在论:实际性的解释学》,何卫平译,第83~84页,人民出版社,2009年。下文凡引此书,只注书名和页码。)
② 《存在与时间》,第64页。

只有解构掉主客结构的顽固锁闭,我们才可能领受那不断"到时"的实事本身:作为此在状态的在世界中存在。所谓"此在建构或此在状态"(Daseinsverfassung),说的绝不是在主－客构架中某种"主体的"能动作用或"主观状态",毋宁说,"此在状态"说的是而且仅仅就是作为存在(sein)的"此－在"(Dasein)。然而,"此在"说的不恰恰是"作为主体"的人吗?在《存在与时间》中,Dasein 的确是用来专指人的,但此在说的不是人作为主体的存在者身份,而是说的人这种存在者的"存在":"我们用'此在'这个名称来指这个存在者,并不表达它是什么(如桌子、椅子、树),而是表达其存在。"① 不过,在主－客对峙之前提的"明证性"中,海德格尔的这种"清楚明白"的宣称注定是无效的,它仍然挡不住读诠者毫不妥协的"主体主义"之类的诟病。其实,在海德格尔更早期的著述中,Dasein 并非专属人的名词。在 1922 年的"那托普报告"中,海德格尔直接使用了"世界此在"这种说法:"只有当实际生命逗留于它有所照料的交道运动中时,世界此在(Weltdasein)的这种方式才自行到其时机。"② 在 1923 年夏季学期的弗莱堡讲座《存在论:实际性的解释学》中,海德格尔更是明确地说:"我们用'此在'这个术语既指世界的存在也指人生的存在……这个'存在'本身就是遭遇到的世界,而且是这样:它在其中是作为被操劳者,即世界的此在存在的……这个存在,这个被操劳的世界此在的存在,是一个实际生活的此在方式。"③ 很清楚,"世界此在"说的不是

---

① 《存在与时间》,第 50 页。
② 参见《形式显示的现象学:海德格尔早期弗莱堡文选》,第 84 页。
③ 《存在论:实际性的解释学》,第 87 页。

既非某种客体或客体状态,也非某种主体或主体状态,故而我们实际上已很难将之逼入客体-主体的认识论套子来应对,也就是说,那种客体从而主体抑或主体从而客体的概念性的入思方式,已然进入不了"世界此在"这个没有通常意义上的对象域的"概念"。因此我们有足够的理由说,无论 Dasein 是否用来专指人,它都与所谓"主体主义"之类的东西了无关联。

事情远不止如此。倘若此在说的是而且仅仅是人的"存在",那么就正是 Da-sein 才真正化开了主-客对峙这个形而上学的不破金身,从而使一切可能的"主体主义"抑或"客体主义"及其各种变式自行解体。这还只是此在的"否定"方面。更为重要的是它的"肯定"方面。在 1919 年战时补救学期的"哲学观念与世界观问题"的讲座中,海德格尔说道:"现象学的目标:对自在生命的研究……哲学只有通过对生命本身的绝对的专心沉潜才能获得进步。"① "自在生命"或生命之自在,这便是海德格尔以 Da-sein 力图击中的东西。更具体点说,以"去存在"和"向来我属"为其根本特征的此在,② 要说出的、已说出的以及正在说出的,实质上就是这种始终逃避着"意识之光"的"处于当下切己的-去-存在"之中的"自在生命",否则"在根本上就不会有什么此在。只要此在存在,那么这一品格就是不可磨灭地属于

---

① 参见《形式显示的现象学:海德格尔早期弗莱堡文选》,第 20 页。
② 参见《存在与时间》第九节。顺带提一下,中译本将 Zu-sein 译为"去存在"虽然不错,但容易让人只从流俗的"将来"向度去读解 Zu-sein,仿佛"尚没有"存在而只是"将去"存在似的,但此在之为"存在",从来就处于一种"向来-去-存在"之中(参见《时间概念史导论》,第 207 页),亦即从来就是"曾在着的将在从自身放出现在"。(参见《存在与时间》,第 372 页。注:译文有改动。)

此在的"。① 这一品格就是此在的向来当下之切己,而"切己"切中的则是自在之生命或生命之自在。

然而,如果说此在化解了主-客对峙的绝对前提,那么这种"作为存在"的化解本身却绝不是升级换代了的又一个"理论前提"。作为存在的此在,绝非一个"清楚明白"的笛卡尔式的阿基米德点,也非蕴涵着其后全部辩证演绎的黑格尔式的绝对开端。此在说的不过就是"存在之实事",而作为存在之实事,它是一个真正的深渊(Abgrund)。用现象学的话说,此在乃是拆除或解构掉(Ab)一切作为可能之前提的"基础"(Grund)之后的那个作为"现象剩余"的深渊。但是,这个作为存在-深渊的此在,并不是一个"空意指",② 毋宁说,Da-sein 作为 Sein,向来已当下被"充实",③ 因为"此在自身即是在-世界-中-存在",④ 就是说,Sein 向来已当下便是 In-der-Welt-sein,而且是"作为其本身而整个地当场在此"。⑤ 在"In-der-Welt-sein"这个复合词中,能够充实 Sein 的无疑只有"在-世界-之中"(In-der-Welt)。用连字符分联的这个介词短语,又可以分为两个环节:"在…之中"和"世界"。

海德格尔把"世界"抽出来,从而迫使我们对剩下的"在…

---

① 《时间概念史导论》,第 207 页。
② "空意指是通过念想某物、忆念某物的途径而表象某物的方式,这种表象方式可以在关于桥的谈话中出现。我意指这座桥本身,但在意指它时我并没有直接看见它的外观,而是在空意指的意义上意谓它。"(《时间概念史导论》,第 50 页。)
③ "充实的意思是说,当面直接地拥有存在者的直观性的内容,以至于先前只是得到了空意指的东西在这里以真凭实据的方式呈示出来。"(《时间概念史导论》,第 62 页。)
④ 参见《时间概念史导论》,第 212 页。
⑤ 参见《时间概念史导论》,第 212 页。

之中"不得不首先实施朝向实事本身的"返回步伐"。在意识－对象结构的语法中,"在…之中"是绝对自明的形式结构,在省略号的位置,我们可以填入包括"世界"在内的一切可能的"现成存在者",譬如"椅子在教室之中,教室在学校之中,学校在城市之中,直到椅子在'宇宙空间'之中"云云。① 问题来了:难道我们胆敢说"椅子在教室之中"错了吗?当然没错。这种外在空间上的包容－被包容的关系,乃一切现成存在者都具有的基本存在方式。但尚须更严格问的是:椅子真的在教室中吗?它何以可能在教室中?椅子作为一种用具是现成的或者完成了的;这等于说,它是完全封闭于其作为"坐的用具"这种"本质"上的;而这又等于说,对于只有在"被坐"之际才能实现自己的椅子来说,压根儿就不可能有"在抑或不在教室之中"这回事情。可是我们明明就看见了椅子在教室中嘛!难道谁当真能抹去这个"硬事实"?当然不能。可问题在于:这个硬事实何以可能?椅子教室之类的东西作为单纯的存在者,都封闭于其自身;只有作为此在生存之用具,椅子才放出其作为椅子的"实体",教室也才打开其作为教室的"存在"。这意味着,"椅子在教室之中"并非一个源始的事实,而是一个"被奠基"的事实,即一个被此在之生存奠基的事实。说得更具体点,椅子之所以能够"在教室中",那并不是因为我们把它们放到了教室中,不如说,只是因为椅子"先行地"就已经在教室中,只是因为即使在它们还没有被制造出来之前也已经在教室中(或者"在办公室中"或者"在家里的客厅中"等等),概言之,只是因为它们原本便是此在生存打开

---

① 参见《存在与时间》,第63页。

着的栖居的"处所",我们才可能把它们放入教室中。由此可见,那种一物在另外一物之中这种外在空间位置上的在之中,根本无法触及实事本身。在…之中,此乃此在生存的实事本身,是此在"生存论"上的根本"意向方式",亦即源始的存在方式;此在只消"存在",就总已当下切己地被"充实"于"在…之中"之方式中。那么,充实这个省略号的"实际内容"是什么呢?是"世界",更精确地说,是始终向来涌动不息、并且总已当下切己在场的"世界现象"(das Phänomem der Welt)。

何为世界或世界现象呢?海德格尔分别有两段加着重号的"解构性"和"建构性"的话。前者在第十四节:"对世界之内的存在者,无论从存在者层次上加以描写也好,还是从存在论上加以阐释也好,这样的做法中随便哪一种都不着'世界'现象的边际。这两者欲达到'客观存在'的入手方式都已经'预先设定''世界'了,尽管是以不同的方式。"① 这就是说,无论怎样的"描写"和"阐释",都不可能触及"世界现象",这倒不是由于它们不够"客观"或"准确",而是因为唯当已然先行"有"世界,一切"描写"或"阐释"才可能发生。"世界对世内存在者起决定性的规定作用,从而唯当'有'世界,世内存在者才能来照面,才能显现为就它的存在得到揭示的存在者。"② 当我"描写"任何一个现成存在者比如一把钉锤之际,若由钉锤、钳子、卷尺之类的工具分类的关联整体不是已先行敞开,特别是若没有在打交道中对钉锤作为钉锤亦即"锤打"切己的"揭示",我对

---

① 《存在与时间》,第75页。
② 《存在与时间》,第85页.

钉锤的"描写"就根本不可能"存在"。同样，当我把"世界之内的现成存在者的存在展示出来并从概念上范畴上固定下来"，亦即力图从存在论上去"阐释"它们之际，① 如果我向来活在其中的"世界"不是已然被给予，不是始终当下切己地显现，不是持续不断地涌流到场，所谓"阐释"这回事也根本不可能"存在"。所以，一切对象化的描写、表达、规定和阐释都不沾"世界现象"的边际，因为前者恰恰是被后者所"奠基"的。

关于世界现象的"建构性"的话在第 18 节："作为让存在者以因缘存在方式来照面的'何所向'，自我指引着的领会的'何所在'，就是世界现象。而此在向之指引自身的'何所向'的结构，也就是构成世界之为世界的东西。"② 海德格尔这里以少有的类似"定义"的方式告诉我们："何所在"和"何所向"就是世界现象，而"何所向"之结构就是构成世界之世界性（die Weltlichkeit der Welt）的东西。③ 但是我们仍是一头雾水。我们会问：何谓"何所在"（Worin）？什么又是"何所向"（Woraufhin）及其结构？让我们再次返回那个"讲台体验"的

---

① 参见《存在与时间》，第 74 页。
② 《存在与时间》，第 101 页。
③ 当然了，这只是《存在与时间》中关于"世界"的基本表述。实际上，海德格尔几乎终生都在重新言说"世界现象"，即力图不断让"世界之世界性"重新"在语言中到达"。比如 30 年代的《艺术作品的本源》中关于"世界与大地的争执"的沉思，50 年代的《语言》《物》等等中关于所谓"四相整体"的沉思中思及的世界。《存在与时间》以尚显生涩的术语"何所在"以及"何所向"规定的"世界现象"，被后期海德格尔思为更深入也更圆润的"映射游戏"："天、地、神、人之纯一性的居有着的映射游戏，我们称之为世界（Welt）。"（《演讲与论文集》，第 188 页。）若要追随海德格尔沉思世界的思想性"路标"，那须得迎向又一次思想的到来。

例子。

  我们走进教室一下子便看见了讲台。此时此地的"我们"当然就是作为处身在教－学牵挂（Sorge）之中的此在，"走进教室"正是作为此在的我们的"存在"。被称为"教室"和"讲台"的东西，并不是四壁与屋顶围起来的"空间"和由"棕色的相切平面"构成的桌子，毋宁说，只是因为总是在此在尤其是"现代此在"的特定教育存在方式中来际会（Begegnen），这些或大或小的"空间"以及这些这样那样的"桌子"，才作为"教室"到场，作为"讲台"被给予。讲台被看见了。真的"看见"了？海德格尔答道："与其说我们首先和原初地看到了对象和事物，还不如说我们首先是在谈论对象和事物，更确切地讲，我们不是在说出我们看到的东西，相反，我们是在看到人们对于事物所说出的东西。"① 我们是在"人们对于事物所说出的东西"的簇拥中看到讲台的。换句话说，我们的任何"看见""听见""理解"甚至任何最简单的"感知"，都是已经经过"人们"的"领会性解释"过滤了的。我们之所以能看见讲台，那是因为我们一直逗留在其"存在"中而早已先行领会了它，所以我们走进教室"一下子"就看见了讲台。终于，我们来到了整个事情的玄机处："一下子"。

  这个"一下子"显现出什么？当然是"时间"。"一下子"说的是：立刻、马上、即刻、当下、顿时、迅即等等。但这只是"流俗的时间"，这种时间领悟只说出了时间之量的规定（"快慢"），而没有触及时间本身。源始的时间本身或"时间性"

---

① 《时间概念史导论》，第 71 页。

(Zeitlichkeit)说的是"到时":"时间性根本不是'存在者'。时间性不存在,而是'到时候'。"① 这意味着,所谓"一下子"便看见了讲台,并不仅仅是说"立刻""马上""迅即"便看见讲台,倒不如说,我们之所以"能"立刻、马上看到讲台,是因为这个比一切最快都更快的"一下子",就是作为时间性的"到时"本身:当我们走向教室之际,桌椅、黑板、操场之类的东西早已被"看到"了;当我们走向学校之际,教室、教师、礼堂之类的东西早已被"看到"了;甚至,作为"现代此在"的我们,在"筹划"我们的职业、事业乃至全部生活之际,学校、文化、专业、学历、学位之类的东西也已经被"看到"了;而所有的这一切都在"因缘的存在方式"中无声无息地围拢来袭占了"讲台",就是说,以讲台的名义"到时"或"生成"(zeitigen)。因此,这个"一下子"就是我们的"何所在"和"何所向",亦即借道讲台这个"焦点"从存在之深渊飘忽到场的"世界现象"或"世界性"。

由此,我们也可以更深度地领会海德格尔的那个"塞内加尔黑人"的例子。那个塞内加尔黑人走进教室看到一个"他不知道拿它怎么办"的东西。他看不到讲台,是因为他其实根本就走不进教室!然这并不意味着他的"认识能力"有问题,因为他不仅"走进了"和"看到了",而且与我们一样也是在"一下子"之中便完成了。可是,在他的这个"一下子"中,前来际会的并不是作为上课、考试、授业和传道之用具的"讲台",也不是作为学于斯、长于斯、教化于斯和成才于斯之场域或处所的"教室",而是一个"他不知道拿它怎么办"的东西。尽管从这个"一下

---

① 参见《存在与时间》,第 374 页。

子"的到时中汇聚成形的是一个"不知道拿它怎么办的东西",但正是这个浮出水面不知道是什么的东西,带来了这个塞内加尔黑人之"何所在"以及"何所向"的消息①。换句话说,当他一下子看到那个不是作为讲台的讲台之际,他的这种"不知道拿它怎么办"正是他的"在世界之中存在"的直接给出或直接充实,虽然是以相对于我们的"一下子"的"褫夺"方式。②

"世界本身不是一种世内存在者。"③ 世界不是存在者的总和,也不是这样那样的"范围"或"领域"(如"科学世界""政治世界""幻想世界""动物世界"之类),甚至也不是所谓的"境域"(Horizont)或由诸境域之间的"形式指引"构成的"普遍境域",④ 一句话,世界不是任何可能的"什么",而是这一切可能之"什么"的"存在"。然而,这绝不等于说,我们似乎既面对着对象性的"存在者",也面对着对象性的"存在"。作为"彻底的哲学研究本身"的现象学,⑤ 就是对这个"也"字进行

---

① 如海德格尔所猜测的"也许看到了与魔法巫术相关的东西,或者人们可以躲在后面很好地抵御飞箭和石块的东西",等等。
② 海德格尔在其早期的高校教职论文《邓·司格特思想研究》中对"褫夺"(Privation)与"否定"(Negation)这两个范畴作了区分。"褫夺"虽然也是否定,但否定中显现着某种具体的存在状态,而纯粹的否定以"非"作出的否定只是抽象地取消了对象。前者如"失明"就是一种"褫夺"状态,失明本身是对对象的一种具体规定,而且失明也没有离开"明"。而纯粹的否定如"非人""非白",只是"人"和"白"的抽身、取消,"非人""非白"不要求承担者,只是与"人"和"白"的一种空洞的对立关系。(参见靳希平:《海德格尔早期思想研究》,第161-165页,上海人民出版社,1995年。)
③ 《存在与时间》,第85页。
④ 参见《世界现象学》,第115~135页。
⑤ 《对亚里士多德的现象学阐释》,参见《形式显示的现象学:海德格尔早期弗莱堡文选》,第91页。

解构:存在乃存在者的"自身还原",乃存在者的"实事本身"。因此作为实事本身的"世界",实际上就是在不断离去从而不断到时之中的"世界现象",亦即"世界世界着"之所谓矣。"Welt weltet"通常英译为"The world worlds",① 汉译为"世界世界化"。② 很明显,汉译多出了一个"化"字:由于现代汉语没有德语和英语的"语法手段",直接将名词"写成"动词,所以只好加一个"化"字来使名词"世界"动词化。在现代汉语中,"化"是一个后缀,加在名词和形容词之后构成动词,表示转变成某种性质或状态,如现代化、制度化、美化、恶化等等。应该说,将"Welt weltet"译为"世界世界化"是正确的。但正如前文所说,正确的并不必然就是"忠实的"。特别是,"化"作为"转变成某种性质或状态"的表达,通常说出的都是某种"现成的"亦即"对象性的"性质或状态。一旦如此,与"Welt weltet"这个海氏话语的"纯粹所说"就相去甚远了。进而言之,这个海氏话语从形式上看固然不过是使名词动词化,但其作为思想的实事乃是领受实事本身的"现象学还原":从在"意识之光"中对象性化了的"世界"返回到活生生的世界-现象。换句话说,"Welt weltet"这话说的是:世界始终非对象性地以时间的方式不断"到时",始终先行于意识之光而"给予着",从而担保着一切世内存在者显现为"就它的存在得到揭示的存在者"。存在乃存在者的实事本身,而此实事本身就是收回着又放出着的世界本身或在其自身中的世界。

---

① *Poetry, Language, Thought*, p. 44.
② 参见孙周兴选编:《海德格尔选集》上卷,第265页,上海三联书店,1996年。

这样一来,我们便发现"在…之中"这个"环节"向来总是"充实"的,就是说,所谓"在…之中"向来总是"在'世界'之中",亦即向来被"世界"充实着。然而正如上文所说,"在…之中"也好,"世界现象"也罢,它们都不过以"环节"的方式拱卫着作为话语的"In-der-Welt-sein"的"纯粹所说":"sein",亦即时间性的"Da-sein"。所以,存在(sein)绝不空洞,绝不虚阙,恰恰相反,存在最丰沛最充实,而且就是这种丰沛充实本身;此在(Dasein)绝非意识哲学视域内的"主体",此在是说且仅仅是说"在世界之中存在",也就是说,此在(Dasein)就是意向性的"在世界之中"(In-der-Welt)当下切己地"充实"在-此(Da-sein)。这便是海德格尔所寻求的三个环节共属一体的"整体现象",也是其作为"首要发现"的"根本枢机"。统摄这一切的玄机在于:"此在本身就是时间。"① 时间不是任何存在者,也不等于作为"量"之规定的长短、多少、快慢等等;作为"质"的"源始的时间"乃是存在的到时或绽出,更准确点讲,乃是"此在于世界中"的种种可能方式的聚集性到时,自在自为地不断绽出。而如此这般"在世界-之中-此在",不仅使意识之光照耀下的所有存在者能就其所是地被揭示,更为重要的是,为这些包括通常所谓"主体"在内的存在者奠基的"自在存在",那幽暗宁静却总已弥漫在场的自在存在,也由此"宣布了出来"。②

海德格尔说:"只有当此在存在,也就是说,只有当存在之

---

① 参见《时间概念史导论》,第271页。
② 参见《存在与时间》,第102页。

领会在存在者层次上的可能性存在,才'有'存在。当此在不生存的时候,那时,'独立性'也就不'在','自在'也就不'在'。"① 这话听起来似乎等于在说:如果此在"不存在",那么独立自在的"世界"也就"不存在"。如果我们将这话强行逼入意识哲学的窠臼,三下五除二便可将之判决为"主观唯心主义";但是若就"实事本身"而言,这样的判决非但是无效的,而且完全封死了"朝向实事本身"的可能通道。此在于世界之中("此在存在"),说的不是作为生命体的人活在由万事万物组成的"世界"之中,毋宁说,我们与世界能在"存在者层面"比肩并列,那仅仅是因为此在只消存在,便意味着已经在世界之中存在;在世界之中此在,又意味着作为"主体的人"之自在与作为"客体的世界"之自在已然先行际会,已然蜂拥到场;而正是这种始终拒绝着、逃离着意识之光却又澎湃争涌地袭向"此在"、贯透"世界"的"在-自身中-存在"(An-sich-sein)的弥漫在场,作为主体的"我们"才能与作为客体的"讲台"相对而立,就像同样作为主体的"塞内加尔黑人"与作为客体的"不知道拿它怎么办的东西"彼此相望一样。

在1919年的战时补救学期讲座的结尾处海德格尔写道:"真正的洞识只有通过对纯真的自在生命的真诚的、毫无保留的专心沉潜才能赢获,说到底只有通过个体性的生命本身的纯真性才能赢获。"② 这里"纯真的自在生命"或者"生命本身的纯真性"事实上就是后来的"在世界之中存在(此在)"。现象学必须专心

---

① 《存在与时间》,第244页。
② 《形式显示的现象学:海德格尔早期弗莱堡文选》,第20页。

沉潜于这个"此在于世界之中",因为这就是彻底还原从而真正先行的"自在生命"本身,也就是作为"彻底的哲学研究"的现象学的"现象"本身,以及"朝向实事本身"的"实事本身"。朝向之,领受之,此乃思想的实事,也是哲学的天命。

"自然长生之道"的信仰性奠基[1]
——《老子道德经河上公章句》读解

司马迁在《史记》卷六《秦始皇本纪》和卷二十八《封禅书》中记述了秦皇汉武的神仙狂热。在《封禅书》的末尾,司马迁写道:"而方士之候神人,入海求蓬莱,终无有验。而公孙卿之候神者,犹以大人之迹为解,无有效。天子益怠厌方士之怪迂语矣。然羁縻不绝,冀遇其真。自此之后,方士言神祠者弥众,然其效可睹矣。"[2] 这是一段很值得体味的话。至少有两点引人深思。

第一,司马迁接连用了三个"效-验",即"终无有验""无有效""其效可睹矣"。很明显,无论是司马迁还是被司马迁所记述的秦皇汉武,其"神仙"均是在"效验"视界中的神仙,就是说,神仙之有抑或无均是在效验视界中被给予的。但是,"效验的视界"乃源出于日常世俗的视界,即日常世俗的自明的世界。所谓"有效""有验",说的不过是终有一死的"俗人"的

---

[1] 该论题以此为题发表在《哲学研究》2013 年第 7 期上。成书时有字句上的改动。
[2] 《史记》卷二十八《封禅书》,第 224 页,岳麓书社,1995 年。

"可睹矣";而所谓"无效""无验",说的也不外乎是终有一死的"俗人"的"不可睹矣"。以"可睹"抑或"不可睹"去见证神仙之有无,这种视域虽然是不证自明的,然却恰恰是"世俗"的而非"信仰的"。

第二,对于秦皇汉武的求仙活动之所以"羁縻不绝",司马迁的解释是"冀遇其真"。这个解释有意无意地泄漏了作为终有一死的人的真正"本质"。人之为人始终不是他的"已是",始终是他的"能是",用司马迁这里的话说,人始终是他的"冀遇",人以"冀遇"的方式生存。但这并不是说,人作为能在无所不能,人能够兑现他所冀遇的一切,恰恰相反,冀遇作为冀遇,而且作为对"神人""蓬莱"的冀遇,决不给予使"冀遇"成为"现实"的任何东西,从而使"冀遇"不再成为"冀遇"。海德格尔写道:"作为能在,此在不可能超越死亡这种可能性。死亡乃此在之绝对不可能的可能性。"①"质而言之,有死、有限、向死存在乃人之成其为人最基本的本体论条件。"② 这就是说,人作为能在,作为以"冀遇"方式生存的存在者,始终超不过他的"有死"这种可能性,或者说始终生存在那种将一切可能性都葬入虚无的"死"之可能性之中;而这种可能性一旦在某种信仰之启示中被允诺:那种"绝对不可能的可能性"将作为可能性而被全部"提现",亦即作为可能性被彻底解构,那么,向着"永生""不死"的信仰性生存之可能性,便会以各种方式沛然喷涌。

---

① 海德格尔:《存在与时间》,麦奎利(John Macquarrie)译,第294页,1985年英文版。
② 关于此问题的详细论证,请参见拙文:《论海德格尔的死亡本体论及其阐释学意义》,《哲学研究》1995年第11期。以上引文出自此文。

人作为能在，能够上天入地，能够纵横古今；但人作为有死者，其"能在"却注定撞碎在这个"绝对不可能的可能性"上。最悖谬也最深刻的地方就在于，从古到今，作为有死之能在的人，最深隐也最强烈的"能在欲望"，恰好就是这个绝对不可能兑现的"冀遇"，这个绝对不可能提现的可能性。然而，作为终有一死者，人在这个世上的一切"尘世冀遇"或"七情六欲"，实际上都为这个绝对不可能的可能性所围浸和庇护，无死者是没有一切"人间幻象"并且"六亲不认"的；人在这个世上所追逐的一切，金钱、事业、地位、威权等等，所有这些"过眼烟云"存在的意义抑或无意义，实质上都源出于这个始终悬临着的不可能兑现的"冀遇"。然而，一旦这个绝对不可能的可能性跌落成某种被无限放大了的抽象可能性，一旦这个绝对不可能兑现的"冀遇"降格为某种被无限膨胀了的、可以立马提现的"冀遇"，终有一死者便会陷入一种"迷狂"的生存状态，不管这种迷狂是以"神仙"的名义，还是以"涅槃"或者"天堂"的名义。

秦皇汉武的神仙迷狂真正乖谬的地方，并不在于他们追逐"终无有验"的长生不死，因为终有一死者在其终有一死的存在中已将"不死"作为"有死"的对方逼出了场；毋宁说在于他们既要不死，又要抓住唯终有一死者才可能拥有的生存方式不放。换句话说，诸如秦皇汉武之类的"神仙信仰"，本质上不过是放大了的日常世俗的生存方式，亦即在"神仙"的名义下陷入迷狂的世俗帝王的生存方式。从某种意义上讲，晋葛洪对"信仰"与"迷狂"有着极为清醒的界划。葛洪写道："仙法欲静寂无为，忘其形骸，而人君撞千石之钟，伐雷霆之鼓"，"仙法欲令爱逮蠕蠕，不害含气，而人君有赫斯之怒，芟夷之诛，黄钺一挥，齐斧暂授,则伏尸千里,流血滂沱,斩断之刑,不绝于世。仙法欲止绝臭腥,休粮清肠,而人君烹肥宰腯,屠割群生,八珍百和,方丈于前,煎熬勺药,旨嘉餍饫。仙法欲溥爱八荒,视人如己,而人君兼弱攻昧,取乱推亡,辟地拓疆,泯人社稷,驱合生人,投之死地","秦皇使十室之中,思乱者九。汉武使天下嗷然,户口减半","彼二主徒有好仙之名,而无修道之实,所知浅事,不能悉行。要妙深秘,又不得闻","不得长生,无所怪也"。① 如此看来,从秦皇到汉武的神仙迷狂虽然"对于汉代神仙思潮的发展,无疑起到了推波助澜的作用",② 但严格地讲,这种直接以"效验"为前提的神仙,实乃一种典型的世俗生存状态,只不过是这种世俗生存的"迷狂"状态而已,远未升华到葛洪所谓"静寂无为""止绝臭腥""溥爱八荒"的那种"信仰生存"状态。

笔者曾说过,神仙信仰之为神仙信仰,乃是一种在弃绝日常世俗的生存方式之中将生存之可能性聚集着朝向被信仰的绝对者或不朽者而生存的生存方式。③ 这意味着,在作为一种生存方式的神仙信仰中,作为信仰之"对象"的神仙是无前提、无条件的,因而对此对象的"信仰"也是无前提、无条件的;而这又等于说,作为一种生存方式的神仙信仰,压根儿便与一切"效验"无关,"有效"抑或"无效"丝毫不影响神仙信仰之成其为神仙

---

① 王明:《抱朴子内篇校释》,第17~18页,中华书局,1985年。下文凡引此书,只注书名和页码。
② 卿希泰主编:《中国道教史》第一卷,第73页,四川人民出版社,1996年。下文凡引此书,只注书名和页码。
③ 参见拙著:《神仙信仰现象学引论——对几部早期道经的思想性读解》第一章第二节,四川大学出版社,2015年。

信仰。① 所以，秦皇汉武神仙迷狂的"终无有验"、"无有效"和"其效可睹矣"并不意味着，作为一种信仰的神仙信仰已滑入乖谬的境地，不如说，从秦皇到汉武羁縻不绝的神仙迷狂反复确证着一个事实：神仙信仰实际上尚未赢获自身作为一种独特的信仰性生存的根基，尚需对自身进行真正的"信仰的奠基"，就是说，为以神仙信仰为核心的道教的出场，构筑起一个系统、明确、自明而又有深度的信仰境域。这正是道教产生前五花八门的所谓"巫术""方术""鬼道""秘传""迷狂"等等所缺少的。神仙信仰作为一种宗教信仰，如果没有堂堂正正的"社会化"形式，它就不可能成为一个民族信仰维度的基本表达。在这个事实的召唤下，《老子道德经河上公章句》应运而出。

对《老子道德经河上公章句》（以下简称《河上公章句》）的成书年代，学术界虽然无法具体铆定，但《河上公章句》成书年代的下限应早于《老子想尔注》，上限应晚于西汉则大体上是公认的。② 正因为如此，《河上公章句》通常被认为是"道家学说向道教理论过渡的重要标志"。③ 应该说，从"历史"的层面上

---

① 当然，这是就作为事情本身的"信仰之实事"讲的，若就信仰之"意向"讲，整个道教神仙信仰本质上始终未能越出这种"效验"的视域（参见拙著《神仙信仰现象学引论——对几部早期道经的思想性读解》第三章第二节和结论）。
② 如王明《〈老子河上公章句〉考》（《道家和道教思想研究》，第303页，中国社会科学出版社，1984年）；《中国道教史》（第一卷，第91页，注释⑤）；饶宗颐《老子想尔注校证》（第79页，上海古籍出版社，1991年）；王卡点校《老子道德经河上公章句》（第3页，中华书局，1985年）；牟钟鉴、胡孚琛主编《道教通论——兼论道家学说》（第312页，齐鲁书社，1991年），胡孚琛、吕锡琛《道学通论·道家道教丹道》（第168页，社会科学文献出版社，1999年）等等基本上均持有这种观点，尽管有一些小的差别。下文凡引上述著作，只注书名和页码。
③ 《中国道教史》第一卷，第91页。

讲，这没有问题，因为《河上公章句》正好产生于汉代黄老之学的末期和汉魏晋道教的前夜。但问题在于，"过渡"说的什么？"过渡"何以可能？作为一种"理论"的道家怎样过渡为作为一种"信仰"的道教？站在道教史的立场，《河上公章句》对于道教"神仙信仰"的真正意义究竟是什么？这些问题是过渡不了的，跳过它们，实质上也就跳过了《河上公章句》本身。

"过渡"意味着"上承"和"下启"。《河上公章句》的"上承"是不言而喻的，因为不仅它本身即是注释道家代表作《老子》的"章句"，更为重要的是，作为对《老子》的诠释和发挥，《河上公章句》的"阐释学境域"远不受限于《老子》这个单一文本的刚性边界，而是意味着包括《黄老帛书》《淮南子》《老子指归》等在内的整个"汉代黄老之学"的聚集性在场。因此，《河上公章句》"上承"道家或者说归属于道家这一点可说是不证自明的。其所以如此，不仅因为"《河上公章句》的作者并非建立教团的宗教家……注中对道的解释基本上符合《老子》原意"，[①] 更为重要的是，在"汉代黄老之学"的四面环绕之中，《河上公章句》作为对《老子》的"'章句'性解释"，注定了其首先不得不在或深或浅的"反思"境域中给出自身（无论其是否"符合《老子》原意"），从而也就使得《河上公章句》必然携带着"道家"之维，这与后来的同样（从"形式"上看）是对《老子》之"注"的《老子想尔注》有着重大差别。这便是《河上公章句》的"上承"。

于是，事情的关键便全部集中到《河上公章句》的"下启"

---

① 参见朱越利：《道经总论》，第18页，辽宁教育出版社，1997年。

上。作为过渡，《河上公章句》下启汉魏晋神仙道教。需要追问的是：为什么不是《老子》《庄子》《淮南子》这些实际上更典型更杰出的道家而是同样作为道家的《河上公章句》"下启"了汉魏晋神仙道教呢？一种理论可能"过渡"到一种信仰吗？事情会不会竟然是一种理论之成其为一种理论，必定已经源出于一个自明的信仰域，或者说，必定已经假定了和分享了一个自明的信仰域？

实际上，就道教史的层面上看，从《老子》《庄子》等源始道家到《河上公章句》，的确存在着一条演变的线索，这就是：作为一种"理论"或"哲学"的道家越来越逼向自己的信仰域，那种在《老子》《庄子》那里尚处在引而不发状态的信仰域，经过汉代黄老之学的酝酿、过滤和重构，逐渐抖落其"理论"的外壳而冉冉显摆了出来。① 倘若《老子》《庄子》等道家没有自己的信仰之维，《河上公章句》就根本不可能从道家"过渡"到道教。从道教史的角度说，《河上公章句》其所以能够成为由道家向道教的"过渡"，那是因为它在分享道家的基础上（承上），以汉代黄老之学的精神意向，比较系统地界划或逼显出了道家之为道家的信仰域，从而为道教及其神仙信仰作了"信仰的奠基"（启下）。这正是《河上公章句》对于道教史的真正意义之所在。②

---

① 注意，这仅仅是从"道教史的角度"而言的，这个"角度"绝不意味着，道家演变不可以有另外的可能。事实上，"魏晋玄学"便是这"另外的可能"。限于主题，此不赘言。
② 然而，这绝非是说，只有《河上公章句》才"为道教及其神仙信仰作了'信仰的奠基'"，而只是说，《河上公章句》极其"典型"地标示着这种"信仰的奠基"。事实上，在整个汉代黄老学之中，其精神意向已不单单是朝向《老子》和《庄子》的"文本"传统，而是依此传统顺势触及或铺垫起一种信仰之维；换句话说，所谓的"汉代黄老之学"，实际上已经是理论与信仰的某种"中间地带"，亦即已经是某种"过渡"。

《河上公章句》奠基的这个信仰是什么呢？关于《河上公章句》的特点，学术界是基本上取得了"共识"的："河上公章句对治国与治身之道虽皆有论述，但其重点却在治身养生"，"作者轻治国而重治身"。①《河上公章句》"着重于治国治身，而尤以炼养长生为主"，"《老子道德经河上公章句》为汉代炼养术士的著作。它利用当时的哲学、养生学和医学的成就，阐明修道长生的理论和方法。它注解《老子》虽包含统治术，但着重点不在统治术，而在长生。它与神仙思想有关，但又不同于战国和西汉时期那种寻找神仙，求不死之药的方士，而是主张怀道抱一，导引行气，在自身修炼上下功夫"。②"河上公《老子章句》的重点是治身养性"，"是一部注重修炼身心的著作，体道、养神、爱气并重"。③ 治身养性也好，体道炼养也罢，其要点都在于"养生"。《河上公章句》的特点甚或本质在于"养生"，这一点应该说是没有什么疑问的。

然而，何为养生？必须强调指出的是，尽管我们完全可以以现代人的视域将中国古代的养生之道划归于"养生学"的范畴，但对中国古人来说，养生的意义境域却明显不是今天所谓的"养生学"所能涵摄的。现代人的养生理念奠基在以"进化"理念为轴心的各门学科知识的基础之上，如生物学、生理学、医学、化学、心理学等等，也就是说，现代人的养生理念源出于以"发展"为目标的各种"科学知识"。由于现代人的养生理念始终是在一整套"科学知识"中被给予的，"就此而言，现代人已不再

---

① 《老子道德经河上公章句》，第11页。
② 《中国道教史》第一卷，第91页，第98页。
③ 《道教通论》，第312页，第320页。

相信永生，不再相信一种在永生中对死的克服"，① 因此现代人的养生本质上不过是尽可能地"延长寿命"，从而更好地"发展"、更好地工作和营利的一种生存方式而已。从根本上讲，无论人的肉体被"养生"得多长，都只不过是"五十步笑一百步"，这种奠基在"量"的无限延展之"筹划"上的养生理念，虽然将那个"绝对不可能的可能性"降格为日常的乃至"科学的"可能性来"操劳"，但这丝毫也减弱不了这个可能性所禀有的那种粉碎性的否定性。如果说，尽可能地延长肉体的存在实际上就是现代人对"终结关怀"的生存论筹划的话，那么，这种量化了的"终结关怀"显然是一种衰变样态。

与现代人这种养生的"知识质态"断然不同，中国古人尤其是道教的养生理念则是奠基在对死亡和永生的活生生直观上，就是说，养生乃是对死亡的"直接克服"和对长生的直接赢获。换言之，对于神仙信仰而言，"养生"意味着死亡和永生直接地或绝对地被给予，而这种绝对被给予的东西，实质上就是那"覆天载地，廓四方，柝八极，高不可际，深不可测"的"道"（《淮南子·原道训》）。作为被直接给予的死亡和永生，养生乃是"养生之道"：养生，归属于道，见证着道。所以，由神仙信仰所统摄的道教养生，实际上意味着全部生命的本真意义，意味着"道"本身的开启，就是说，意味着信仰，对道本身的信仰。由此看来，作为从道家到道教的"过渡"，《河上公章句》在道教史上的价值和意义就不仅在于它"直接以黄老养生思想来解释《老子》"②，更在于它凭借着《老子》之根基，第一次突出和系统地

---

① 参见刘小枫选编：《舍勒选集》，第970页，上海三联书店，1999年。
② 《老子道德经河上公章句》，第12页。

在"道"本身的深度上打开了这种"养生思想"的信仰之维,亦即第一次让隐含在道家之道中的信仰之流以"道本身"的名义,不可遏止地释放了出来。

《河上公章句》第一章就开宗明义:"道可道,谓经术政教之道也。非常道,非自然长生之道也。常道当以无为养神,无事安民,含光藏晖,灭迹匿端,不可称道。名可名,谓富贵尊荣,高世之名也。非常名,非自然常在之名也。常名当如婴儿之未言,鸡子之未分,明珠在蚌中,美玉处石间,内虽昭昭,外如愚顽。"① 这是一个让人惊讶的"诠释",简直就是"道可道,非常道,名可名,非常名"最生动的见证。尽人皆知,《老子》开篇这句深渊般的名句通常被解释为"可以用言词表达的道,就不是'常道';可以说得出来的名,就不是'常名'"②。从语文学的意义上讲,这种解释堪称一种"正确的"解释;然若就一切解释都坐拥着的"解释学处境"(即一切解释都是随历史的发生而生成着或践行着的历史性解释)而言,这种解释却远不是唯一可能的解释。③《河上公章句》异军突起,直截了当地从"自然长生"

---

① 《老子道德经河上公章句·体道第一》。下文凡引此书,只在引文后注章名序号。
② 陈鼓应:《老子诠释及评价》,第62页,中华书局,2001年。
③ 即使撇开《河上公章句》,从纯"思辨"的层面上说也是如此。若按《老子》帛书甲本,此句为:"道,可道也,非恒道也;名,可名也,非恒名也。"显然,在"可道""可名"后面的这个"也"字,突显或强化了"道可道"的肯定意味,即:道"是"可道的,或者说,道(说)出的也是"道"。这明朗就是"道可道"的"正义"或正义"之一",为什么偏偏要解释为从句式的否定语势(如英译本通常将之翻译为:The way that can be told of is not an Unvarying Way)?从思辨意义上讲,如果能说出的、能叫出的就不是"常道",那么此"常道"就必然蜕化为一种"特殊"的东西,即"相对于"可道之道的、解构了其普遍性的特殊的东西。这样的"常道"实质上是谈不上什么"玄之又玄"的,而只是一种"平面"的东西。当然了,这种将"可道"与"常道"对峙起来的解释也不是不可以,然却恐怕无法以"原意"自居。

去通达《老子》之道,从而为汉魏晋的神仙道教之崛起开拓出了信仰的境域。

诚如有的学者指出的那样:"将'可道'与'常道',分别说成是'经术政教之道'与'自然长生之道',这还是第一次。"① 值得强调的是,"第一次"抵达的不是一个单纯的"序数",而是一种"维度"或"境域"。这种维度或境域与其说在于《河上公章句》的爱气、固精、养神这些具体的"养生术",不如说在于通过"经术政教之道"与"自然长生之道"的界划,并在"常道"的名义下将后者推升到了一个前所未有的生存性境域。所谓"经术政教之道"直接由汉初的黄老之学而来。由于西汉初经济凋敝,人民亟需休养生息,黄老学的"清静无为""无事安民"的政治学说得以伸张。随着汉武帝即位和国力的逐渐强盛,黄老学无为而治的政治主张随之过时,儒家经学起而代之。《河上公章句》的作者经历了这一历史过程,故而有针对黄老学的"经术政教之道"的说法。然这里有两点值得思一考。

首先,虽然"经术政教之道"直接指的是黄老之学及其历史起伏,但却不应止步于这样狭义的领会上。人生的一切知、情、意、欲等所及的烦忙在世,其实都是"经术政教之道",如世道、人道、兵道、文道、武道、商道、政道、医道甚至棋道、茶道、替天行道、盗也有道等等。所有这些道虽然都是"道",但《河上公章句》将它们统统置于《老子》"道可道,非常道"的语态意势的统摄之下。在"道可道,非常道,名可名,非常名"这个句子中,其"否定性"的意向是很浓厚的,正如陈抱一解《关尹

---

① 《中国道教史》第一卷,第93页。

子》云:"是道也,通天彻地,亘古亘今,无往而不在,才开口言,则去道远矣。"换句话说,当《河上公章句》将"经术政教""富贵尊荣,高世之名"划归于"可道"之道和"可名"之名之际,同时也就鲜明地突显出自己对此的否定性意向。因此,单就对《老子》这句话的思辨深度而言,《河上公章句》并无特别过人之处。独到的地方在于对"常道"的界划。于是我们深入第二个思考点。

按《河上公章句》,"常道"乃是"自然长生之道"。这个界划不得不面对的问题是:为什么"自然长生之道"不是"可道"而是"常道"?照理说,自然长生之道就是"养生之道",即作为各种"养生术"的养生之道;而养生之道只不过是与诸如"经术政教之道"那样的可道之道比肩并足的可道之道,正如养生学只不过是与其他学科比肩并列的"一门"学科一样。这就是说,养生之道的"道",仍然属"可道"之列。既然如此,它凭什么赫然是"常道"?它与其他可道之道相比的优先地位怎么可能?从逻辑上讲,倘若"非自然长生之道"都属于"经术政教之道"之类的"可道"之道,那么"自然长生之道"当然便直接是"常道"或者"道本身"。显而易见,《河上公章句》一开始就对"自然长生之道"作了提升。这一提升一下子便提出或张开了一个维度,一个信仰性生存的维度。

的确,一切可道之道都不是常道本身。但这并不意味着,除了种种可道之道以外,尚有某种独立自存的"常道"现成地并列在旁。如若凡道出来的东西(可道)就不属于常道,那就等于说,常道已然封死于自身,因为它始终"道"不出自身;而"道"不出自身的东西实质上就不是"道",遑论什么"常道"或

"道本身"。故而《老子》才劈头就说："道，可道也"（帛书甲本）。然而，尽管一切道出之道就是常道本身，可后者却绝不会穷尽在前者之上，否则便"常"或"恒"不起来，故而《老子》才说："非恒道也"（帛书甲本）。

倘若止步于此，我们就仍然未摆脱"可道"与"常道"的二元对峙思辨模式的支配。一切可道之道既是常道本身，又提不尽常道本身。这意味着，常道始终"多于"可道之道。这种"多于"，既非"质"或"量"之意义上的，也非相当于"特殊"与"普遍"之意义上的。"多于"是说，常道始终已经源始于、先行于一切可道之道；或者反过来说也许更清楚：一切可道之道始终已经分享着和确证着常道本身，从而只是常道本身蜕化的、派生的和焦点化的形式。所以，常道之为常道，绝不是与可道之道相对应的另一种道，而是使可道成其为可道、乃至使可道与常道之区分成为可能的、已经-正在-还将不断涌现出的那"舒之幎于六合，卷之不盈于一握"（《淮南子·原道训》）的"道本身"。当然了，《河上公章句》并没有对"常道"作这样"纯理论"的思辨。然事情的契机恰好就在这里。自然长生之道之为常道，实乃最深度的生存"自明域"，这个活生生的生存自明域不是经过思辨"事后"才作为自明域而发生的，毋宁说，任何思辨必定已经首先假定和占有着这一自明域才有可能作为思辨而发生。换言之，自然长生之道之为常道，不是任何单纯的理论、观念、知识和反思的领域，而是更源始的"实际生活"的领域，亦即"信仰生存"的自明领域。

人生在世总是已经陷入政治、经济、地位、金钱、事业等等的操劳之中，为恋爱、婚姻、家庭、父母、子女、学业、住房等等操心、劳神。在这种前牵后挂的生存方式中，逐渐形成了各种各样的"经术政教之道"。这些经术政教之道千差万别，乃至互不相干，但是它们作为可道之道却拥有一个共同点：所有的经术政教之道的根本存在性意义，归根到底都源出于"死亡"这个最源始的自明域，就是说，一切可道之道只有奠基在此自明域中，才可能赢获自己根本的存在性意义。"死亡乃无的圣所……作为无的圣所，死亡乃存在的庇护所。"① 倘若死亡界定着人的在世生存，即界定着人的一切可道之道，这等于说，人在世生存的一切可道之道都不是也不可能是"常道"；而常道作为对奠基于死亡根基上的可道之道的超越，因而就不只是超越可道之道的具体内容和历史形态，而是必须要超越使一切可道之道成其为可道之道的那个作为源头的"死亡"。因而很明显，对于作为有死的人来说，"常道"说到底就是"自然长生之道"，或者说，人只要解除了自身的有死性、有限性、历史性等"人性"的局限，人便会融身于、归属于"自然长生"的常道本身。可问题是，人之为人就在于，他无论怎样都总是已经占有着自己的有死性、有限性和历史性这种最起码的"人性"。这意味着，人若要"得道"，他首先以及最终要克服或超越的，就是由这种最基本的"人性"所派生出来的一切"经术政教之道"，即一切可道之道。所以为道之人才必须"无为养神"，"含光藏晖，灭迹匿端，不可称道"，才必须"捐情去欲，五内清净，至于虚极"，就是说，才必须"养生"。养生乃是有死者由"经术政教"之类的可道之道进入自然

---

① Heidegger. Poetry, Language, Thought, pp. 178 – 179. Reprinted from the English Edition by Harper & Row Publisher, Inc. 1975.

长生之"常道"的唯一通道。

然而,《河上公章句》的养生占有着一种怎样的生存意义境域?从逻辑上讲,养生是以"死亡"为前提的,因为如果人无死,便无须养生,也无所谓养生抑或不养生。深而言之,一个存在者只有在活生生直观着和居有着自己的成长、变化、病痛、衰老等等的时候,更确切点说,只有当这种直观和居有作为向死而在的死亡被绝对地直接给予一个存在者的时候,养生之为养生才有必要和可能。抽象地说,不管对古人还是现代人,养生都是对死亡活生生的直观和居有。但是正如舍勒所言:"死,这一最严酷、最显而易见的实在性,对每个人来说都是鲜明可解的,天天都最可靠、最清晰地为人所目睹。在分析显微镜和'科学'那里,死转变为大量相互转化的微不足道的东西!"[①] 现代人确乎把死亡搞成了"微不足道的东西"。在现代人的生存方式中,死亡失去了"生死攸关""人命关天"的"严酷性"和"实在性",降格为不切己的对象化的"相互转化的微不足道的东西"。

无须赘言,作为长寿之道的养生理念与《河上公章句》的作为常道或道本身的养生理念,不仅是同抑或不同的问题,而且根本上就标示着人类生存的两种完全不同的生存境域。如果说,《河上公章句》上承东汉黄老之学,其要旨为"言治国治身之要"(陆德明:《经典释文》),而且"轻治国而重治身"(王卡),从而具有丰富的"养生思想"的话,那么这些"治身"或"养生思想"严格地讲就根本不是"思想",尤其不是现代意义上的"养生思想",因为对于《河上公章句》来说,"治身""养生"说的

[①] 《舍勒选集》,第994页。

绝不是类似"经术政教"那样的可道之道，绝不是为多活几年而"治身"的长寿之道。毋宁说，《河上公章句》的"养生""治身"乃是在活生生直观着和居有着死亡的生存境域中，以"捐情去欲，五内清净，至于虚极""除情欲，节滋味，清五藏"等方式，无条件地弃绝世俗的生存方式，毫无保留地捐出世俗的自身，脱胎换骨，最终进入"自然长生之道"。因此，对于《河上公章句》来说，养生之为养生，绝不只是某种技术性的"养生术"，更不只是事业与生活之间某种的"微不足道的东西"，而是意味着一种完全不同于世俗生存样态的独特生存境域的全面敞开。这种生存境域在《河上公章句》那里，禀有着"生死攸关"的足够严肃性和分量；而且作为一种独特的生存方式，养生乃是克服或超越死亡的直接再生方式，而这种切己的再生方式由于归属于源始的"常道"本身，所以养生实质上就意味着作为"不死之道"的道本身，意味着"不死之道"的当场和持续的涌临。

"不死之道"贯穿着整部《河上公章句》："谓经术政教之道也，非自然长生之道也"（《体道第一》）；"言当湛然安静，故能长存不亡"（《无源第四》）；"谷，养也。人能养神则不死"，"言不死之道，在于玄牝"（《成象第六》）；"说天地长生久寿，以喻教人也。天地所以独长且久者，以其安静，施不求报……以其不求生，故能长生不终也"（《韬光第七》）；"言人能抱一，使不离于身，则身长存"（《能为第十》）；"谁能安静以久，徐徐长生也"（《显德第十五》）；"言安静者是复还性命，使不死也。复命使不死，乃道之所常行也"，"与道合同，乃能长久"（《归根第十六》）；"人君不重则不尊，治身不重则失神，草木之花叶轻故零落，根重故长存也"（《重德第二十六》）；"道不差忒，则长生久寿，归身于无穷极也"（《反朴第二十八》）；"人能自节养，不失其所受，天之精气，则可以长久"，"目不妄视，耳不妄听，口不妄言，则无怨恶于天下，故长寿"（《辩德第三十三》）；"治身则寿命延长，无有既尽之时也"（《仁德第三十五》）；"上士闻道，自勤苦竭力而行之。中士闻道，治身以长存"（《同异第四十一》）；"能清净则为天下之长，持身正则无终已时也"（《洪德第四十五》）；"为人子孙能修道如是，则长生不死，世世以久"（《修观第五十四》）；"人能保身中之道，使精气不劳，五神不苦，则可以长生"，"深根固蒂者，乃长生久视之道"（《守德第五十九》）；"修道则可以解死，免于众耶也"（《为道第六十二》）；等等。

所谓"不死之道"，说的绝不是一种"思想"或"理想"，更不是一种"观点"或"反思"。诸如"不死""长生""长存""不亡""长久""无终""久视""解死"这些词究竟在说什么？在"可道"的意义上，它们其实"什么"也没有说，它们道不出也不可能道出"什么"来，因为无论说出什么，这个"什么"作为可道之道，便已经是有死、有限、有终的了，而不可能是不死、长存、无终的，就是说，不可能是"常道"。故而《河上公章句》说常道必须"灭迹匿端，不可称道"。换言之，自然长生的、不死的常道是"不可称道"的，因为作为不死之道的常道始终不可能以任何"什么"的方式被摆出，始终不可能作为可道之道被摆出。于是，包括作为长寿之道的"养生术"在内的一切可道之道便总是撞碎在常道之为常道无言（不可道）的深渊之中。

但是，如果"不死""长生"这些词始终不是可道之道，因而什么都没有说的话，那么就必须进一步询问：这个"什么都没有说"本身又在说着什么?"什么都没有说"这话说的是:说了,只是说的总不是"什么"。我们实际上已经抵达了全部事情的关键处。"不死之道"道－说出了自身,而且一直在道－说出着自身。但是一方面,凡道－说出的都只能是"可道之道";另一方面,任何意义上的可道之道都提不尽"不死之道",或者干脆说,都"不是"不死之道。然这却不意味着,可道之道与不死之道是诸如"具体与抽象"或"特殊与普遍"之类二元对立的东西,因为如果那样的话,那么第一,被可道之道限定了的常道就已然不是"常道";第二,如此这般的与"现实"的可道之道对立的常道事实上已经蜕变成了一种纯粹"理想的"亦即特殊的或非"常道"的东西。质言之,作为常道的不死之道绝非是对作为可道之道的有限、有死等等"事后"的反思性追加,恰恰相反,在有死、有限等可道之道出场或道出自身之际,作为常道的不死之道就已经先行给出了自身,就是说,前者的出场或道出自身只有在首先并不断分享着后者之际才是可能的。

因此,《河上公章句》中的不死之道,虽然完全可以在"反思"的层面上被认为是一种"观念""思想""养生术"等等,但就其最严格的意义而言,一直在道出着自身却又道不出"什么"来的不死之道,实乃包括养生术在内的所有可道之道的源始信仰域,一切关于"不死""长生""不亡"的思想、观念、养生术等等,只有在分有着这种直接给予的源始信仰域时才成其为自己所是的东西。概而言之,不死之道作为常道,常道作为源始的信仰域,实质上就是那始终先行着的"神仙信仰"的直接给予性本身,亦即那不断喷涌着的对不朽、永生之信仰的"信仰－生存"本身。

作为对道家的代表作《老子》的诠释,《河上公章句》别具一格;作为对东汉黄老"养生思想"的"上承",《河上公章句》丰富而又系统;然这些都不是《河上公章句》之成其为《河上公章句》的根本价值之所在。对于道教史来说,《河上公章句》的真正意义在于:它在东汉黄老之学的围浸中,借助于对《老子》的阐扬,直截了当地将"不死之道"升格或自觉为"常道"本身,第一次鲜明而又系统地打开了中国传统之"道"的信仰生存之维,从而为中国的本土宗教即"道教"的全面崛起,为对"道"的全面崇拜,奠定了信仰的根基。

正因为如此,《河上公章句》作为对《老子》的"诠释",在中国思想史上虽然远不及王弼等人"注老"的影响,但在道教内的影响却非常之大,以至于后来道教《传授经戒仪注诀》规定,《老君道德经河上公章句》不仅为道门必读的经典,而且其地位之高,仅次于《老君道德经》而优先于《老君道德经想尔注》。① 这一点也不奇怪,甚至可以说是必然的,这不仅是因为像法国著名的道教学者索安(Anna Seidel)所说的那样:"《河上公》与老庄学派的哲学诠释毫不相同。相反,它与《抱朴子》中反映的传统相似",② 更为重要也更为本质的是因为从信仰以及道教的视域看来,正如葛洪在《抱朴子内篇·释滞》中所说的那样:"五千文虽出老子,然皆泛论较略耳。其中了不肯首尾全举其事,

---

① 《传授经戒仪注诀》将《河上公章句》排在"太玄部"的卷三、卷四,而卷一、卷二为《老子》,卷五、卷六为《想尔注》。参见《道藏》第三十二册,第170页,上海书店出版社,1988年。
② 索安:《西方道教研究编年史》,吕鹏志、陈平等译,第7页,中华书局,2002年。

有可承按者也。但暗诵此经，而不得要道，直为徒劳耳，又况不及者乎？至于文子、庄子、关令、尹喜之徒，其属文笔，虽祖述黄老，宪章虚玄，但演其大旨，永无至言。"① 为什么以《老子》和《庄子》为代表的"道家"传统"永无至言"？葛洪从一个信仰者的角度说得很精辟：这是因为道家"或复齐死生，谓无异以存活为徭役，以殂殁为休息，其去神仙，已千亿里矣，岂足耽玩哉？"② 这就是说，单纯的哲理性探究是远远不够的，对于神仙信仰以及道教而言，或早或迟都面临着对道家"理论"的一个"信仰的"突破或"信仰的"飞跃。笔者以为，《河上公章句》就是这种信仰性突破或信仰性飞跃的聚集性开端。

因此，虽然《河上公章句》表面上看不过是对道家代表作《老子》的"解释"而已，其学术地位似乎依附于被解释的《老子》，然就"信仰"以及"道教"的维度而言，《河上公章句》则禀有完全独立的价值，因为从《河上公章句》中真正不断奔袭着后世的，并不是《老子》中的那些玄之又玄的"道-理"，而是千百年来在我们这块大地上，绵绵涌流着的对于"长生不老"强烈而又质朴的"神仙信仰"。

---

① 《抱朴子内篇校释》，第151页。
② 《抱朴子内篇校释》，第151页。

《想尔》之道的现象学定位①

方继仁在为其师饶宗颐的《张道陵著述考》写的跋语中说："敦煌千佛洞旧藏卷子《想尔老子注》,为道教宝典,向未有人研究。吾师饶宗颐先生据唐玄宗杜光庭说,定为张天师道陵所作。复为之考证,知其说多与汉代《太平经》义同符;而间有窃取河上公《注》者。于是道教原始思想之渊源与脉络,灿然大明。"②实际上,就其"思想渊源"而言,正如引文所说,"其说多与汉代《太平经》义同符","间有窃取河上公《注》者",而且"注

---

① 该论题以此标题发表在《四川大学学报》(哲学社会科学版)2012年第5期上。
② 饶宗颐:《老子想尔注校证》,第102页,上海古籍出版社,1991年。关于《老子想尔注》(下文简称《想尔注》或《想尔》)的作者,学界尚存不同看法。然不管作者姓甚名谁,《想尔注》作者本身为道教信徒,《想尔注》乃五斗米道自己制造以及宣讲的直接"教义",这一点却基本为当今学术界之共识。(参见卿希泰主编:《中国道教史》第一卷,第190~192页,四川人民出版社,1996年;卿希泰、詹石窗主编:《中国道教思想史》第一卷,第296页,人民出版社,2009年;牟钟鉴、胡孚琛主编:《道教通论——兼论道家学说》,第393~394页,齐鲁书社,1991年;胡孚琛、吕锡琛:《道学通论·道家 道教 丹道》,第282页,社会科学文献出版社,1999年,等等。)当然,关于《想尔注》的成书年代,有些学者尚存一些怀疑(参见葛兆光:《中国思想史》第一卷,第347页注⑤,复旦大学出版社,1997年),但这种"怀疑"似乎尚不构成对学界"共识"的真正挑战。下文凡引以上著作,均只列书名和页码。

语颇浅鄙,复多异解,辄与老子本旨乖违"。① 因此,如果《想尔注》"为道教宝典",其价值或意义便显然不只在于使"道教原始思想之渊源与脉络,灿然大明"上。在笔者看来,《想尔注》作为五斗米道宗教生活直接聚集的基本教义,不仅在道教史上占有极特殊的重要地位,而且对道教的研究来说也极富深入思考之价值。

无论我们怎样判定道教正式形成的年代,② 有一点是基本确定的,即道教至少产生于《太平经》之后。这意味着,《想尔注》以前的所谓"早期道教经典",如《道德经》《河上公章句》《太平经》等,实际上都是道教形成之后"追认"的。③ 这与《想尔注》有着本质区别。一些当代道教研究者已经敏锐地意识到了这种根本区别。如:"《想尔注》是中国思想史上第一部站在宗教立场上用神学注解《老子》的书,它开创了道教系统改造利用道家著作的传统,它是老学与长生成仙说及民间道术合流的早期代表作,因而在早期道教发展史上有着特殊重要的意义";④ 《想尔

---

① 《老子想尔注校证》,第5页。本文《想尔注》引文,均出自此书。下文凡引此书,只在引文后注明页码。
② 参见拙文:《神仙观念与神仙信仰的现象学思考》,《四川大学学报》(哲学社会科学版) 2005 年第 4 期,第 36 页注②。
③ 也许正因为如此,当代很多道教研究者在其著述或理念上,通常将这些"早期道教经典"划归"道家"之列,典型的如卿希泰主编的《中国道教史》将《老子》《河上公章句》划归"道教产生的历史条件和思想渊源";牟钟鉴、胡孚琛主编的《道教通论》以及胡孚琛、吕锡琛的《道学通论》等等大同小异。
④ 《道教通论》,第394页。此段引文中的有些概念尚让人疑惑,如认为《想尔注》是"用神学注释《老子》"。这种说法意味着:已经有一个被"用"的现成在手的"神学"摆在那里,但何为"神学"却仍是一个晦暗不明的问题。笔者以为,《想尔注》根本就没有严格意义上的"神学",就是说,其神仙信仰的根本就不是一种"神学形态",遑论什么"用神学注释《老子》"了。

注》"虽然采取了疏解的形式，却绝非一般意义上的《老子》释义。它系统地改造、利用渊源深厚、影响广被的道家哲学经典，在中国思想史上第一次基于宗教的立场诠解《老子》，把老学的'道'论与长生成仙说、民间道术等融为一体，为道教的最终形成及广泛传播作了理论准备。正是由于对'道'的改造，《老子想尔注》实现了从道家哲学向宗教神学理论的转换"①。上面引文中的"第一部站在宗教立场""第一次基于宗教的立场"的观念，将《想尔注》与它之前的"早期道教经典"明确划分开来。这样的划分意味着，《想尔注》以前的"早期道教经典"事实上是道教形成以后被追认的道教经典，虽然有些经典对道教之为道教的实际影响和塑造作用绝不比《想尔注》小（如《道德经》的影响就不是《想尔注》所能望其项背的），但它们作为道教产生之前的经典本身却不是"道教的"经典，最多可说成是"潜在的"道教经典。这个区分与其说是"时间"上的，不如说是"本质"上的，因为所谓"道教产生之前"这个时间概念，源出于对"道教是什么"这样的本质性界定。② 那么，《想尔注》作为道教

---

① 梁宗华：《道家哲学向宗教神学理论的切换》，《哲学研究》1999年第8期。"切换"倒是"切换"，然是向一种"神学理论"切换吗？这与《想尔注》作为五斗米道的直接教义这个"现象本身"相去甚远。
② 因此，所谓"第一"绝非是说，在《想尔注》之"前"就没有其他的"道经"和"道派"，比如《太平经》《列仙传》《老子道德经序诀》《老君变化无极经》《灵宝五符序》等等就不会或不一定会"晚于"《想尔注》；而从光武帝建立东汉开始，社会下层的民间"道派"活动就非常活跃（如维汜及其弟子的起义等），由于干预政治，被正史称为"妖贼"。另外，按王承文的研究，"在孙吴统治的长江中下游地区自汉末以来主要流传属于太平道一系具有巫鬼色彩的于家道、由蜀地传来的李家道、帛家道，还有由左慈、葛玄、郑隐所传的神仙道，亦称葛氏道派"（王承文：《早期灵宝经与汉魏天师道——以敦煌本〈灵宝经目〉注录的灵宝经为中心》，《敦煌研究》1999年第3期）。正如朱越利所说："在原始道教兴起、鼎

经典与它之前的早期道教经典的这个本质区别究竟是什么呢？当然就是"第一次基于宗教的立场"。于是，全部问题便落到了"第一次基于宗教的立场"这个关键点上。

从纯粹的形式上看，与《河上公章句》一样，《想尔注》也是对道家代表作《老子》的诠释。作为对《老子》的一种注释，《想尔注》确实"浅鄙""乖违"，不堪卒读，"对于《老子》哲学思想的阐释上，可以说既无发明也没有多少价值可言"。①可是即便如此，《想尔注》仍为"道教宝典"；而作为道教宝典，它"绝非一般意义上的《老子》释义"，而是"第一次基于宗教的立场诠释《老子》"，从而"在早期道教中成了正宗的道教教义纲领"。②其实严格讲，《想尔注》不同一般之"释义"的意义，它的"宗教立场"和"道教教义"之本质，已经从根本上超出了"诠释""注疏"之类的边界，就是说，已经从根本上越出了"认识论"的视域，不管是《想尔注》本身的认识论视域，还是对《想尔注》之解释的认识论视域。因此，必须在"存在论"、更精确点说在"生存论"的意义域中，才可能真正切己地领会《想尔

盛和衰落的同时，尚有其他黄老道组织和方仙道方士等分散在各地独立地开展活动……但他们的经典流传不多，只是凤毛麟角。它们反映了两汉时期道教思想的另外一个部分。"（朱越利：《道经总论》，第58~59页，辽宁教育出版社，1997年。）然而，即使其他道经以及黄老道组织和方仙道方士"先于"《想尔注》及其五斗米道存在，这也并不就证明得了《想尔注》不是道教史上的"第一次基于宗教立场"的定位。道教的"形成时间"问题，实质上始终是一个由"道教是什么"所派生出来的问题。换言之，这里的"第一"说的不是"量"而是"质"的"第一"，亦就是作为宗教（道教）位格之成形的"第一"。

① 钟肇鹏：《〈老子想尔注〉及其思想》，《世界宗教研究》1995年第2期。
② 参见《中国道教思想史》第一卷，第296页。

注》之为《想尔注》。

《传授经诫仪注诀》说,《想尔注》乃"系师得道,化道西蜀。蜀风浅末,未晓深言。托遘想尔,以训初回。初回之伦,多同蜀浅。辞说切近,因物赋通。三品要戒,济众大航"。① 这也就是说,《想尔注》本来便不是对《老子》以降的道家学说的一种学理性的"反思",其意向本身就不是在单纯的"解释世界"上。作为"注",它不过是"系师得道"后的"托遘"而已,其目的直指"以训初回"和"济众大航",故而其"辞说切近""注语浅鄙""同符""窃取""异解"等等,可以说完全是顺理成章的。想尔"注"实乃想尔"训"也。"训,说教也。从言,川声。"(《说文解字》)作为"说教"之训,《想尔注》乃"存在"或"生存"性的。换一句话说,《想尔注》之为《想尔注》,与它对《老子》的"注"关系不大,即与它的"认识论"层面关系不大;而作为"以训初回"和"济众大航"的"训",作为五斗米道信徒贴己修习以及众祭酒不断修改宣讲的教义,《想尔注》本身就已经是五斗米道宗教生活的存在性聚集,是五斗米道宗教生存的"实际生活的湍流"。所以,《想尔注》作为"第一次宗教立场",说的并不是先有一个现成的"宗教立场",然后《想尔注》代表的五斗米道才挪移到此立场上去;所谓"第一次"绝非"量"的规定,而是"质"的规定,就是说,"第一次"意味着一个"开端",一个真正的开端:《想尔注》赢获了中国道教史上第一个"宗教的开端",第一次"宗教的立场"。

---

① 《道藏》第三十二册,第170页,上海书店出版社,1988年。下文凡引此书,只注书名、册数和页码。

现在的问题是：凭什么这么说？这显然决定于何为宗教的立场。或者说，取决于"宗教的立场"到底说的什么。毫无疑问，一个宗教的立场肯定意味着一个信仰的立场，然一种信仰的立场却未必就意味着一种宗教的立场。从根本上讲，一个人的信仰或者不信仰（所谓"不信仰"始终是以"信仰"为前提的，"信仰着什么"总是任何形式的"不信仰"不断援引的"自明域"，否则就根本不可能有任何"不信仰"这样一回事发生），并非"选择"的结果，而是一切选择之成其为可能的"条件"，也就是说，源始的信仰抑或不信仰，乃为人之"生存"本身所携带。而"宗教"则不过是成型了的、系统化了的刚性信仰罢了。诸如《老子河上公章句》《太平经》《周易参同契》这样的早期道教经典，无疑拥有"信仰的立场"，但这种立场尚不足以构成所谓"宗教的"立场。于是，事情的焦点便聚集到"什么是宗教"的问题上。

我们知道，在"什么是宗教"这个问题上，不同的学科有不同的学科知识谱系，从而具有不同的视角。比如宗教学、神学、心理学、社会学、哲学等等对这个问题均有自己的解答，而且就是在同一学科或领域内，从"宗教"的词源到其定义，也存在着很大的差别。① 但无论关于宗教的定义之差别有多大，在宗教的

---

① 比如就词源上讲，"宗教"一词的英语是"religion"，源于拉丁文"religio"，大约有三层意思：一是指在敬神行为上的"集中"和"注意"；二是指在敬神行为上的严肃认真；三是指人神之间的重新结合和联盟。在汉语中，"宗教"一词由"宗"与"教"组成。"宗，尊祖庙也"（《说文解字》），本义为祭祀祖先的庙，引申义有"祖先""主旨""尊崇""归向"等等。"教，上所施下所效也"（《说文解字》），本义为教导训诲，引申义有"教化""政教""说教"等等。西语似乎更突显人神关系，侧重两者的"重新结合"；而汉语似乎更重"教化"，所谓"观天之神道，而四时不忒，圣人以神道设教，而天下服矣"（《周易·观卦·彖辞》）。两者间的差别显而易见。

"构成"上，学界的观点之间虽也存在着一些小的差异，① 但这些差异是以这样的"共识"为前提的：宗教之为宗教，不仅仅止于一种"内在"的信仰，而且这种信仰必须已经取得了某些不可或缺的社会共在的"外在"形式，也就是为此种信仰所贯穿的某种组织、制度、礼仪、规范等。倘若从此"共识"出发，那么《想尔注》的所谓"第一次宗教立场"就是说，《想尔注》已经建构起了一种宗教得以成其为一种宗教所必须的基本"构成要素"，否则它就谈不上任何"宗教的立场"。因此，与所有之前的早期道教经典相比，《想尔注》非但是"信仰性的"，更是"宗教性的"；换句话说，它不仅仅具有信仰的位格，并且具有了宗教的位格。②

---

① 如有的学者将宗教之构成要素分为内、外两大部分，内在要素包括"宗教观念"和"宗教体验"；外在要素包括"宗教行为"和"宗教组织及制度"（参见吕大吉主编：《宗教学通论》，第69页，中国社会科学出版社，1989年）；有的则将之分为三大要素，即"心态要素"、"行为要素"和"社会组织要素"（参见罗竹风主编：《宗教学概论》，第64页，华东师范大学出版社，1996年）；或者"宗教意识"、"宗教组织"和"宗教规范"（潘显一、冉昌光主编：《宗教与文明》，第6页，四川人民出版社，1999年）；还有分为两大部分的，如《金枝》的作者弗雷泽就分为"宗教理论"和"宗教实践"，而且强调"在两者中，显然信仰在先，因为必须相信神的存在才会想要取悦于神。但这种信仰如不导致相应的行动，那它仍然不是宗教而只是神学"（弗雷泽：《金枝：巫术与宗教之研究》，徐育新等译，第77页，大众文艺出版社，1998年）；等等。不难看出，所有这些划分都已经预先"假定"了宗教的存在（而且弗雷泽在划开"宗教理论"与"宗教实践"的同时显然又混淆了"信仰"与"神学"），而真正需要解释的恰恰首先是：所谓的宗教观念、宗教行为、宗教组织、宗教理论和宗教实践等何以可能是"宗教的"？
② "位格"一词的英文为"person"，源于拉丁文"persona"，汉语学界大多将之译为"位格"，也有译为"人格""身位""仁格"等等。Persona 最初的意思是指舞台上演员演戏时戴的面具，它的字面意思是"声穿"："它在让声音从隐蔽在面具后面的东西身上穿透出来的同时，也遮蔽了某种东西。'位格'在一方面跟将

正因为这种"宗教的位格",《想尔注》才有可能站入一个"宗教的立场"。但是,所谓宗教的位格不只意味着在《想尔注》中已然聚集着宗教之为宗教所必需的"构成要素",更为重要的是,这些构成要素第一次在"道"的统摄下生成为一种特定的生存方式,即第一次生成实际的或现实的"道-教"的生存方式。

可视之东西的遮蔽本身有关,另一方面则跟正在发声之东西有关"。(马克斯·谢勒:《位格与自我的价值》英译者导论,陈仁华译,第8页,台北远流出版社,1991年。"谢勒"即"舍勒"——引者注。下文凡引此书,只注书名和页码。)"也正因着这方面的意义,在早期艰苦挣扎的过程中,这个词才被纳入教会的语言并被转化,从这个词内也就演变出了'位格'的概念,而这个概念本来不符合古代的思想。"(约瑟夫·拉辛格:《基督教导论》,静也译,第127页,上海三联书店,2002年。)一般地讲,基督教及其神学用"位格"一词来描述上帝的显现方式,上帝在历史过程中以"圣父"、"圣子"和"圣灵"三种位格临在,而这"三位"却又是"一体"的,这就是基督教著名的"三位一体"的信条。对于这个信条的理解,基督教内部经历了一个不同派别不断碰撞冲突的漫长过程。不过,在当代基督教神学中,尽管对这个信条的理解或阐释也不尽相同,但在将"位格"理解或解释为"关系"概念这一点上则基本是一致的,如"位格是一种纯粹的'被联系的关系','关系'不是一种加于位格的额外东西;位格只作为关系而存在"(同上书,第143页);"我的方法是尝试将位格理解为相互关系、相互性和相互交谈之可能"(奥特:《不可言说的言说:我们时代的上帝问题》,林克、赵勇译,第89页,生活·读书·新知三联书店,1997年);"一个'位格的上帝'就是一位与人类建立关系的上帝,这就提供了一个'个体的人'可以与上帝建立关系的条件"(许志伟:《基督教神学思想导论》,第43页,中国社会科学出版社,2001年);等等。毫无疑问,当代基督教神学关于位格的这一思考成果是值得吸纳的。本文中的"位格"一词不止于所谓"相互关系"的意义,而是拓展到整个生存现象本身,也就是说,本文中的位格是在"现象学"境域中的位格。马克斯·舍勒说得好:"位格永远不能被想象为一个事物或一个实体……毋宁说,位格是那个直接地一同被体验到的生活-亲历的统一。"(舍勒:《伦理学中的形式主义与质料的价值伦理学》,倪梁康译,第453页,生活·读书·新知三联书店,2004年。引者按:中译本中的"位格"一词为"人格"。)一个理性的主体,一个纯粹的自我,一个意欲

这是《想尔注》与它之前的所有早期道教经典之间最根本的区别。对当下的道教研究者来说，《想尔注》与《河上公章句》、《周易参同契》、《太平经》等一样，都只是"早期道教经典"，即都只是被研究的"文本"，因而进入研究者视野的通常便只是这些文本表达出来的观念、主张、思想、理论等"认识论"层面上的异同，而它们之间在"生存论"上的根本差别却往往被遮蔽了。但实际上，后一种区别才是真正"决定性的"，这不仅是因为一切观念、思想上的区别本质上都是在"反思"中被给予的，因而均只是派生的东西，而且因为《想尔注》之成其为《想尔注》，本质上不是由于与它之前的早期经典之间存在着这样那样的观念、思想上的差别，而是因为它的全部"思想""观念""见

的主体，甚至一个关系的主体和一个行为的主体，所有这类在"反思"中才被给予的"主体""自我"等等都是"抽象的"和"现成的"，因而都不是一个"位格"。位格之为位格"是不同种类的本质行为的具体的、自身本质的存在统一，它自在地——因而不是为我们的——先行于所有本质的行为差异……位格的存在为所有本质不同的行为'奠基'"（同上书，第467页）。"被我们唤作'位格'的东西，既非一种可视见的物，亦非一种对象。最重要的一点，位格乃是一种动态的存有，一种恒定的实现流，像是思维、回忆、情爱、幻梦、勾通等等的实现。"（《位格与自我价值》英译者导论，第9页。）质而言之，位格是某种特定生存现象的"统一本身"或"聚集本身"，这种统一本身不是在反思性的"焦点化"之后被给予的任何对象，而是使任何这样的刚性对象成为可能的直接给予性本身，亦即活生生不断涌现着又收回着的、境域弥漫的柔性生存之实际本身。（参见拙文：《海德格尔存在之思的伦理境域》，《哲学研究》2003年第10期）。所以，"信仰的位格"说的是信仰生存的"实事本身"即"自在本身"，它不仅仅是信仰的观念、思想、情感等等，而是所有这些东西的柔性的聚集性绽出；"宗教的位格"也不仅仅是说的某种观念、组织、行为、礼仪、制度等等的外在的凑拢，而是在居有"信仰的位格"的同时，那些所谓内在的以及外在的"要素"之"自在地"统一构成或绽出。

解""理论"等等都是五斗米道之为五斗米道的不二"教义",这些教义乃是在一种特定的生存方式即作为道-教的生存方式中被直接给予的。所以,作为这种在五斗米道宗教生活中被直接给予的教义,《想尔注》的所有思想、观念、理论等等本质上都是"生存性"的,而且与它之前的早期道教经典相比,这些思想或观念已明显越出了单纯的认识论边界,① 甚至也越出了单纯的"信仰的位格",从而形成了一种前所未有的真正"宗教的"存在性力量。

《想尔注》的宗教性位格,集中地在其"道"中显摆出来。

如前所说,作为对《老子》的"注",《想尔注》因袭《老子》,而作为"信仰",《想尔注》窃取《河上公章句》,猎夺《太平经》,故而《想尔注》之一无是处乃"顺理成章"的事。然事情并非如此简单。如果说,《老子》之道"玄之又玄",其恍惚幽邃之哲思大气磅礴而又绵绵不绝,《河上公章句》之道质朴鲜明,其养生不朽之信仰源始饱满而直透人心,那么,《想尔注》之道便是直接诉诸"神圣",其"济众大航"之"想尔训"挥斥"伪伎",立"法"建"治",而由此聚集或生成出来的"宗教性气氛",挡不住地扑面而来。

《想尔》之道的宗教性位格,首先显现在其对"道"的宗教性升格上。

众所周知,《老子》之道"玄之又玄"。对道的此"重玄",

---

① 当然了,这绝不是说,我们不能或不应该在"注语""异解""乖违""同符""窃取"等等单纯"认识论"的层面上来对《想尔注》与它之前或之后的道教经典的思想、观念等等进行反思性的"比较研究"。但这种研究常常是以"事情本身"的遮蔽为其代价的。

《老子》中有一系列的刻画,如:"道,可道也,非恒道也;名,可名也,非恒名也"(第一章,"帛书");"道冲,而用之又弗盈也。渊兮,似万物之宗:挫其锐,解其纷,和其光,同其尘。湛兮似或存。吾不知其谁之子,象帝之先"(第四章);"绵绵兮其若存,用之不勤"(第六章);"视之不见""听之不闻""搏之不得""其上不皦,其下不昧;绳绳兮不可名,复归于无物。是谓无状之状,无物之象,是谓惚恍。迎之不见其首,随之不见其后"(第十四章);"道之为物,惟恍惟惚。惚兮恍兮,其中有象;恍兮惚兮,其中有物;窈兮冥兮,其中有精"(第二十一章);"道恒无名,朴"(第三十二章);等等。古往今来,无数的学者智者均殚精竭思地想破译此"玄之又玄"的"道"。解之为"不可言即道","不可思即道"的有之(《关尹子》);解之为"道不可闻,闻而非也;道不可见,见而非也;道不可言,言而非也"的有之(《庄子·知北游》);解之为"常者无攸易,无定理。无定理,非在于常所,是以不可道也。圣人观其虚玄,用其周行,强字之曰道,然而可论"的有之(《韩非子·解老篇》);解之为"可道之道,可名之名,指事造形,非其常也,故不可道不可名也。凡有皆始于无,故未形之名之时,则为万物之始……言道以无形无名始成万物,而不知其所以,玄之又玄也"的有之(王弼:《老子注》)……众说纷纭,莫衷一是也。

撇开所有这些"注老""疏老""解老"的正确抑或错误,浅化抑或深化等等不论,① 它们在有一点上是完全共同的,即作为

---

① 在笔者看来,这些纷纭的众说,恰好是《老子》第一章的首句"道,可道也,非恒道也;名,可名也,非恒名也"的见证和保藏:一旦遭遇此"道"(说),立刻

对玄之又玄之道的注疏解，它们其实已然陷入了"玄之又玄"本身的十面埋伏：无论"道"被注疏解成什么或被怎样注疏解，这种道均是在"玄思本身"之中被给予的，而且是在玄思本身的不断伏击中被不断给予的。这意味着，不管这种玄思之道或认识论之道是《老子》之道的"正义"还是"曲解"，一种掠过甚或断然跳过此种不断涌出的玄思之道本身的逻辑之可能性，或者不如说是"生存本身"的可能性，始终是存在性地悬临着的。

《河上公章句》跨出了第一步，它是"掠过者"。释《老子》"道可道，非常道"为"谓经术政教之道，非自然长生之道"，是一个"让人惊讶的诠释"。何以会让人惊讶？作为诠释，《河上公章句》将"可道"与"常道"径直对应于"经术政教之道"与"自然长生之道"。你可以完全不同意这种解释，却不能不承认这也是"一种诠释"，一种同样可以给出"反思性理由"的对《老子》的"注"。但是，作为诠释，《河上公章句》却越出了"反思"的通常轨道，它只是"掠过"即轻轻拂过《老子》的"道可

便会引发一个反思的漩涡：既然如此，那么这个名词性的"道"以及"名"究竟是什么？这是一个"必然"要发生的追问，因为反思之为反思就是将被追问者作为"什么"来搞定的"存在"本身，这里就是使道和名成形为"什么"的"实事本身"；可是，无论你在反思中说道和名是"什么"，抑或"不是什么"，抑或"什么都不是"，你都只不过在见证并保藏《老子》之"道"（说）："可道也"，"可名也"；进而言之，道和名一旦在反思中成形为一个不管"什么"，这个"什么"便已经意味着"不是"另外的"什么"；即使你说道和名"什么都不是"，那也并不比前两者更高明，因为它只不过是"什么"和"不是什么"之外的第三种"可道"而已；更为关键的是，不管你如何在反思的极限处将自己的"道"宣布为终极的"道本身"，这三种可道之道的"存在性区别"的实事本身，却恰恰又已在见证并保藏《老子》之"道"（说）："非恒道也"，"非恒名也"。

道,非常道",就是说,它没有卷入这句深渊般的"道说"所开启的"玄思之道",而是让人惊讶地直奔"道本身":自然长生之道也。为什么道本身或常道就是"自然长生之道"?对于《河上公章句》来说,没有什么"为什么"。道之为道就是在诸如"无为养神,无事安民,含光藏晖,灭迹匿端,不可称道"之类的生存方式中被直接给予的。这样一种无"玄思理据"的对一切"经术政教之道"的"无、含、藏、灭、匿、不"的生存方式,实质上也就是弃绝世俗的生存方式,转而将自身无条件地托付给"道本身"的生存方式,亦即将自身无条件地向着"自然长生之道"或"不死之道"敞开的信仰生存方式。所以对《河上公章句》来说,道之为道不是不断"玄思"的结果,而是在"无条件"的信仰生存中被直接给予的。

然而,单单跨出第一步是不够的,或者说,仅仅生成一种"信仰的位格"是不够的。"弃绝世俗生存"并不意味着,被弃绝的世俗生存因此便消失了,不存在了。事情恰恰相反:被弃绝者始终作为被弃绝者而"存在",即始终作为不断需要的被弃绝者而到场,否则便"没有"作为弃绝的信仰之位格的"存在"。要担保经术政教之类的世俗生存方式始终不断地处于被弃绝状态,就是说,要担保并且维持住信仰之位格的"实际存在",就必须将"弃绝""无条件托付"等等刚性化,即将信仰生存方式组织化、仪式化、制度化等等,一句话,就必须将一种信仰的位格提升到一种"宗教的位格"。于是,《想尔注》刚好踏出了这第二步。

饶宗颐先生写道:"《想尔注》与河上《注》同主炼养之说。然河上仍兼顾老子哲理,及其文义上之融贯。《想尔》则自立道诫,自表道真,于老子哲理几至放弃不谈,即文理训诂,亦多曲解。"(第82页)饶先生的感觉和见解是很到位的。不过,这只是就对《老子》的"注"而言才是如此。问题在于,《想尔注》本质上就不是"玄思着的注",故而断然跳过"老子哲理""文义之融贯""文理训诂"之类玄思之道之于《想尔注》,就非但是自然而然的,更是《想尔注》能够"自立道诫""自表道真"所势在必行的。《想尔注》的"道",绝非注疏解之类的道,它只不过"借道""老子注"而已;倘若跳不出此"曲解"与否的注疏解之道,我们便已经真正"曲解"了《想尔注》,亦即错失了《想尔注》之为《想尔注》。

现存《想尔注》残卷,从《老子》第三章"不见可欲,使心不乱"开始,终于《老子》第三十七章"无欲以静,天地自止(正)"。虽然我们看不到《想尔注》对《老子》第一章的"注解"(这是非常遗憾的),但残卷中对"道"的刻画也足以显露"想尔之道"。粗略归纳起来,想尔之道大致有以下几个"理论规定"。

第一,至尊之道。如:"天地像道","道气在间,清微不见,含血之类,莫不钦仰"(第8页);"道至尊,常畏患不敢求荣,思欲损身"(第16页);"道者天下万物之本","道至尊,微而隐,无状貌形象也"(第17页);"道尊且神,终不听人"(第44页);等等。

第二,"气""精""神"之道。如:"愚者得车,贪利而已,不念行道,不觉道神"(第13页);"道气在间"(第8页);"微者,道炁清"(第16页);"道炁常上下,经营天地内外,所以不见,清微故也"(第17页);"道气隐藏,常不周处"(第19页);"万物含道精,并作,初生起时也","道气归根,愈当清静矣"

（第 20 页）；"不可以道不见故轻也，中有大神气"，"有道精，分之与万物，万物精共一本"，"所以精者，道之别气也"（第 27 页）；"朴、道本气也"（第 36 页）；"道人行备，道神归之"（第 43 页）；"道尊且神"（第 44 页）；等等。

第三，"吾"之道。如："吾，道也。帝先者，亦道也。与无名万物始同一耳"（第 7 页）；"吾，道也。我者，吾同"（第 16 页）；"吾，道也。观其精复时，皆归其根，故令人宝慎根也"（第 20 页）；"吾，道也，所以知古今终始共此一道，其事如此也"（第 28 页）；"吾，道也，同见天下之尊"（第 37 页）；等等。

第四，"一"之道。如："一者道也……一在天地外，入在天地间，但往来人身中耳……一散形为气，聚形为太上老君，常治昆仑，或言虚无，或言自然，或言无名，皆同一耳"（第 12 页）；"一，道也。设诫，圣人行之为抱一也，常教天下为法式也"（第 29 页）；等等。

第五，"真"之道。如："一者道也，今在人身何许？守之云何？一不在人身也，诸附身者悉世间常伪伎，非真道也"（第 12 页）；"贤者见之，乃知道恩，默而自厉，重守道真也"（第 13 页）；"能以古仙寿若喻，今自勉厉守道真，即得道经纪也"（第 17 页）；"道真自有常度"（第 19 页）；"真道藏，邪文出，世间常伪伎称道教，皆为大伪不可用"（第 22 页）；"今人无状，载通经艺，未贯道真"（第 23 页）；等等，等等。①

---

① 这里归纳的《想尔注》的"道"之特点，尽量不带入当代人用得得心应手的现成理论范式，虽然只是一种粗糙的"直接归纳"。不同的"角度"或"范式"，便会从同一个《想尔注》文本中归纳出不同的特点，如将《想尔注》的"道"归纳为"物质性的自然属性"与"神学化的主观神异之道"（参见梁宗华：《道家哲学向

尽管上面的归纳很粗糙，但这些"特点"也足以将想尔之道的"宗教性位格"发送出来。"至尊""神""精""吾""一""真"，这些词语究竟在"道说"着些什么呢？不错，它们只是环绕在"道"周围的一些"修饰语"。可是，正是这些"晕圈"式的修饰语使"道"成其为"想尔之道"。对于《想尔注》，"道"不是光秃秃的、通过"玄思"的过道才能把握的抽象的东西，毋宁说，在"至尊""神""精""吾""一""真"等直截了当的强烈呼唤中，"想尔之道"直接出场了，直接给出自身了。

说"道至尊，微而隐"，"含血之类，莫不钦仰"，"道尊且神，终不听人"云云；说"道人行备，道神归之"，"道炁常上下，经营天地内外"，"道气归根，愈当清静矣"云云；说"吾，道也"，"吾，道也。我者，吾同"，"吾，道也，同见天下之尊"云云；说"一者道也"，"一，道也。设诫，圣人行之为抱一也，常教天下为法式也"云云；说"乃知道恩，默而自厉，重守道真也"，"真道藏，邪文出"，"今人无状，载通经艺，未贯道真"云云；所有这些"云云"复"云云"，难道仅只是在"认识"抑或"解释"一种无论是"客观的"还是"主观的""道"吗？应该说，对想尔之道作这样的定位不成问题，只要我们站在且仅仅站

宗教神学理论的切换》，《哲学研究》1999年第9期）；又如从"神化老子之道""宣扬长生成仙""重视道诫"等等角度去归纳《想尔注》的"道"（参见钟肇鹏：《〈老子想尔注〉及其思想》，《世界宗教研究》1995年第2期），等等。笔者以为，想尔之道有多少个特点这不重要，不是事情的要害，要害是这些特点（不管是什么样的特点）对于《想尔注》以及道教史来说的"生存论意义"，后者才是真正值得思一考的。

在诸如"形而上"与"形而下"这样的认识论或"玄思"的立场上的话。但这种不成问题的定位本身便是最大的"问题",因为这种定位事实上已经解构了《想尔注》之为《想尔注》的真正本质,即遮蔽了《想尔注》作为五斗米道之实际生存之维这个"事情本身"。

假如我们向上述想尔之道的几个特点发问:为什么道"至尊"?因为"道者天下万物之本"也;此"本"是什么?"气""精""神"也,此"本"虽然"清微不见",但"道气在间","朴,道本气也","上下经营天地内外",而且"有道精",而"精者,道之别气也","精结为神也"(第9页,凡上文已引过者,均不再注页码);然而,所谓"精、气、神"又是什么?由于"诘之者所况多,竹素不能胜载也",故道"还归一"(第17页);那么这个"一"又是什么?"一者,道也",而又由于"一在天地外,入在天地间,但未来人身中耳",故"吾""我"也"道"也;为何这个吾、我即道本身呢?因为它即是"真道"或"道真",而"诸附身者悉世间常伪伎","今人无状,载通经艺,未贯道真";然什么又是"道真"呢?"道真自有常度,人不能明之"(第19页)。换一句话说,道"不可诘也"(第17页),因为"道尊且神,终不听人"也。

不难发现,我们的发问转了一圈又回到了原地。对于"道为什么至尊"这个问题,《想尔注》除了诉诸不同的"表象"外,其实什么也没有说。然当真什么都没有说吗?从"逻辑"或"理论"上讲确乎如此。可问题在于,《想尔注》之为《想尔注》实际上压根儿便不是"从逻辑和理论上讲"的。因此,《想尔注》

非但说了，而且已经说出了它"想尔"的一切。①

它究竟在说出着什么呢？"道"本身，更精确点说，在说出着"想尔之道"本身。

诸如"至尊""神""精""吾""一""道真""道意""道思"这类词，说的既不是某种客观的东西，也不是某种主观的东西的投射，毋宁说，这些词首先是"生存性"的，就是说，它们源始地是生存本身的道说。一种最流行的看法是，想尔之道"一方面保持'道'的部分自然属性"，"另一方面（也是最主要的方面）则更多地是把'道'宗教化、神学化，《老子》中本属客观自然的宇宙本源之'道'最终演化为有人格、有意志、有喜怒、有好恶、能够赏善罚恶、宰制人世的主观神异的'道'，化为无所不能的至上尊神"。②不用说，这是一种正确的观点。不过，说《想尔注》将《老子》的"道"改变成了一种有意志、有喜怒的"位格（人格）神"，这并没有触及这种位格神本身的生存论意义，就是说，并未揭示这种似乎明显"虚幻"的位格神"何以可能"？它打开了一种怎样的生存维度？这种生存维度的"实际"生存意义是什么？

一般说来，神之为神都是有"位格"的，不管是明显的还是

---

① "'想尔'一说仙人名，又说应为'想余'，乃张鲁化名，我以为'想尔'确系假托之名，其义径直是'思考就是了'，不必求之过深。"（《道教通论》，第393页。）笔者以为然也，不过"想"这里似乎不等于狭义的"思考"，尤其不等于"理性的"或"概念的"思考。

② 梁宗华：《道家哲学向宗教神学理论的切换——〈老子想尔注〉"道"论剖析》，《哲学研究》1999年第8期。再可参见《道教通论》，第394～395页；钟肇鹏：《〈老子想尔注〉及其思想》，《世界宗教研究》1995年第2期；等等。

隐伏的,^① 更精确地说,神之为神其实就是"意向性"的位格本身。大家知道,费尔巴哈在主－客对峙的框架下发现了位格神(上帝)的异化本质:"人的绝对本质、人的上帝就是人自己的本质。因此对象支配他的力量就是他自己的本质的力量","上帝的意识就是人的自我意识,上帝的认识就是人的自我认识","神圣的本质不是别的东西,就是人的本质,或者说得更好一点:就是人的本质除去了个别的、亦即现实的、肉体的人的限制,对象化了,亦即被看成和崇奉成另外一个与它不同的、独立的实体,因此一切关于神圣本质的规定都是人的本质的规定。"^② 然而马克思说费尔巴哈"致力于把宗教世界归结于它的世俗基础。他没有注意到,在做完了这一工作之后,主要的事情还没有做哪"^③。

---

① 当然,有的学者持相反的观点,认为中国的作为"天""道"的神,"并不是人格神或可以观念化的鬼神,而是天道时境本身的神性灵验……老子讲的天道也在某种意义上包含着非人格神的神性和从本根处泽福人生的神意……那能'乘天地之正,而御六气之辩,以游无穷'的入道者就是'至人'和'神人',具有天道的境域神性,而非'有为'的人格神性"(参见张祥龙:《海德格尔思想与中国天道——终极视域的开启与交融》,第380~382页,生活·读书·新知三联书店,1996年)。说中国的"神"通常(并非任何时候,如《想尔注》的"道意""道恩""至尊"等)不像西方基督教的"上帝"那样具有明显的"人"的属性(如上帝的"父"性,"子"性,"全知、全能","慈爱"等等),这大体上说得过去,但是由此而扩张成"中国的神不具有位格性"或"中国的神不是位格神"的观点,似乎不仅对"位格"一词作了强行的"概念性"囚禁,混淆了"信仰的位格"与"宗教的位格",而且正如前文所说,位格作为"关系"的存在,作为人的一种独特生存现象之聚集性绽出,恐怕乃是包括信仰之神和宗教之神的一切"神"所"共有"的生存现象。
② 费尔巴哈:《基督教的本质》,转引自《十八世纪末—十九世纪初德国哲学》,北京大学哲学系外国哲学教研室编译,第548页,第555页,第556~557页,商务印书馆,1975年。
③ 马克思:《关于费尔巴哈的提纲》,《马克思恩格斯选集》第一卷,第17页,人民出版社,1976年。

同样的道理，在揭示出《想尔注》将《老子》的"道"变成了一种有意志、有好恶等的"人格神"之后，"主要的事情还没有做哪"。如果说，一切神都是人之本质的幻化形式，那么这种作为"异化"或"虚幻"本身的位格神或神之位格，显现的就完全不是"认识"的意义域，而是"生存"本身的意义域，是人的某种可能的生存维度的敞开，亦即"信仰生存维度"的敞开。

就《想尔注》的独特性而言，它的"道"不仅显现出了一般的信仰生存的位格，而且显现或打开了"宗教的"信仰生存的位格。所谓"至尊"并非某种实质上"虚幻"的东西的外加属性，"至尊"就是朝向"至尊"的生存，就是"至尊"本身的生动到场；同样，所谓作为道的"吾""我"，也非某种外射的"唯我论"，而是"想尔之道"赤裸裸的存在性悬临。质言之，从"道至尊""吾，道也""一者，道也""道中有大神气""重守道真"等等说法中首先涌向我们的，与其说是《想尔注》作者关于"道"的看法、观念或诠释，不如说是五斗米道的"实际生活的湍流"本身；也就是说，在"至尊""吾""一""道真"等等词语中，一种独特的"道"聚集着直接给出了自身，更精确点说，一种收敛在这些词语中的独特生存方式直接给出了自身，这就是五斗米道独特的宗教信仰生存方式，亦即对"想尔之道"的信仰以及皈依。

即使是通常被认定为是《想尔注》中最具"实在性"的气，其实也与所谓"自然属性""物质性"之类的认识论规定相去甚远。这一点在《想尔注》那句最具标志性的话中展现得淋漓尽致："一散形为气，聚形为太上老君，常治昆仑，或言虚无，或言自然，或言无名，皆同一耳。"让我们在《想尔注》

的基本语境下对此话中的"一""气"和"太上老君"作一点简单的解读。

一散形为气,聚形为太上老君。由于"气"和"太上老君"都是被"散形和聚形"而成的,所以必须追问这个"散"和"聚"的发送者:何为"一"?一就是道(一者,道也);何为道?道就是气(朴,道本气也);故而一也就是气(因为"一"等于"道"等于"气",故而"一"等于"气")。既如此,从纯粹的逻辑上讲,说"一散形为气"就等于说:这个散形和聚形着的"一"其实一开始就是"气",然这样一来便成了"气"自身散形为自身,等于没有"散";或者说这个被散形而成的"气"其实一开始便是"一",然这样一来便成了"一",散形后仍为"一",也等于没有"散";概而言之,说"一散形为气"实际上等于什么也没有说。同理,说一"聚形为太上老君",似乎更不通,因为一之为一只能是对"多"的扬弃,只能是扬弃了的"多",因而"一"之本身便已经是"聚",故而便不可能"再聚"为太上老君,除非"一"一开始就已经是"太上老君",但这样一来又取消了"聚"本身。当然,我们也可以把这句话解释为:"一散形为气",然后"气"再"聚形为太上老君",这从"表象"上(对"气"的表象)讲倒是通了,但从"概念"上讲仍然不通,因为我们又回到了那个"等于什么也没有说"的理论困境之中。

然而,上面的推论显然是"文不对题"的。当《想尔注》说"一散形为气,聚形为太上老君"之际,断然不是在一种逻辑轨道上"想尔-注"着一与多、多与太上老君之间的某种"反思"

关系,而是一种从"老子"直接擢升到"太上老君"的"信仰";① 就是说,从这话那里迎面朝我们奔来的,乃是一种不断释放着自身的信仰之"存在",更准确地说,一种不断遣送着自身的宗教—信仰之生存。"一"不是一个"数字",更不是一个与

---

① 直接将"老子"提升到信仰的维度,并非始于《想尔注》。典型的有东汉明帝和章帝时益州太守成都人王阜作的《老子圣母碑》:"老子者,道也。乃生于无形之先,起于太初之前,行于太素之元,浮游六虚,出入幽冥,观混合之未别,窥清浊之未分"(《全后汉文》卷三十二,见严可均辑:《全上古三代秦汉三国六朝文》第一册,第652页,中华书局,1958年);以及《太平经》:"老子者,得道之大圣,幽显所共师者也。应感则变化随方,功成则隐沦常住。住无所住,常无不在。不在之在,在乎无极。无极之极,极乎太玄。太玄者,太宗极主之所都也"(王明编:《太平经合校》,第10页,中华书局,1960年)云云。粗看起来,说"老子者,道也"或"老子者,得道之大圣,幽显所共师者也",与说"一散形为气,聚形为太上老君"大意差不多,其本质都是"神化"老子。然若仔细思一考一下,两者间存在不应忽视的差别。"老子者,道也"或"老子者,得道之大圣,幽显所共师者也",这明显是对作为"人"的老子的信仰化:当我们问为什么老子乃"道也""大圣""师者"也? 这个"为什么"便已然撞碎在"道可道非常道"的深渊之中了;因此,作为"人"的老子一旦被提升为"道"本身,就已经弃绝了一切"为什么",就是说,就已经是"信仰的位格"。但是尽管作为道本身的老子没有什么实质性的道理可讲,然《老子圣母碑》和《太平经》仍然对作为道本身的老子描述性地讲了一番"生于无形之先,起于太初之前…"和"应感则变化随方,功成则隐沦常住…"之类的"间接的道理"。比照之下,《想尔注》就要直截了当得多:所谓"虚无""自然""无名","皆同一耳",即"太上老君"也。这是两种不同的信仰方式:对于前者,信仰老子是由于老子"生于无形之先,起于太初之前"或者"应感则变化随方,功成则隐沦常住",也就是领有道本身的源始性或创造性;对于后者,已扬弃了"老子是…故而…"这种相对间接的方式,演变为"…是'太上老君'"这种相对更直接的方式了。虽然同是对老子(道)的信仰,但从具体却间接的"老子—道"之命名到抽象却直接的"太上老君"的命名之微妙演变,若再联系《想尔注》这句话的整个语境(紧接着"皆同一耳",《想尔注》说:"今布道诫教人,守诫不违,即为守一矣;不行其诫,即为失一也"云云)以及其作为五斗米道直接宣讲的教义等等,《想尔注》聚信仰、教义、道诫、组织诸要素而禀有一种比个体的柔性的"信仰位格"更加强有力的社会的刚性"宗教位格",可以说是昭昭然显摆而出也。

"多"相对立的干瘪的"概念";一就是一的活生生存在,即朝向此至尊之一的实际生存。紧接着"皆同一耳",《想尔注》说:"今布道诫教人,守诫不违,即为守一矣;不行其诫,即为失一也"①(第12页)。这是对一之为一的最精确"注释",是信仰之一以及宗教之一不打折扣的直接给予。

但这并不意味着,"一"只是一个悬在远处孤零零的与人无关的东西:"一者道也,今在人身何许?守之何云?一不在人身也,诸附身者悉世间伪伎,非真道也;一在天地外,入在天地间,但往来人身中耳,都皮里悉是,非独一处。"(第12页)所谓"诸附身者"实即日常的在世生存本身,由于这种日常在世生存被判决为"伪伎"和"非真道",故而必须被作为道本身的"一"所清除,被一之实际存在"存在"掉。可"一"有此能力吗?有的。一之为一"非独一处",它虽然"清微不见",然"入于天地间","往来人身中",而且"都皮里悉是"。这就是说,"一"之本身便是弥漫四方的"气"。于是,"一散形为气"是矣。"一"把自己存在出来便是"气",而且因为"一"就是"道"本身,从而"气"就是"道气"。这种道气既非"物质的"东西,也非"精神的"东西,毋宁说是"信仰-生存之气":道气总被"诸附身者"、诸"伪伎"、诸"非真道"所遮蔽;而道气之为道气就是去"入于天地间",去"往来人身中",去解除"诸附身者"之遮蔽,而这种对日常生存方式的"解蔽",同时也就是道气本身的"生成",亦即对作为一种独特生存方式的"想尔之道"的无条件的皈依。所以,一或气"聚形为太上老君"。"聚形"这

---

① "道诫"或"诫"在《想尔注》中地位触目、意义重大,需专文讨论。

里实为"皈依"。对于《想尔注》来说,"一""道""自然""气""无名"等等"皆同一耳",这个"同一"绝非作为玄思对象的"间接同一",而是朝向太上老君的"直接同一",即直接的给予,直接的皈依。

"太上老君"乃张鲁时期五斗米道的最高神。作为最高神,它不应该只是一种表象的人造偶像。《想尔注》深谙此中奥妙:"道至尊,微而隐,无状貌形像也;但可从其诫,不可见知也。今世间伪伎指形名道,令有服色名字、状貌、长短,非也,悉邪伪耳。"(第17页)不能把上天入地、弥漫四方的最高神搞成一种有限的东西,这是一种颇有见地的"神学思想"。因此,皈依太上老君就不是去皈依一种有名有姓、有服色状貌的死的偶像,而是去向着此最高神活生生地"生存";而此最高神实质上乃是五斗米道生存方式的"聚形",因而说穿了,朝向太上老君或者皈依太上老君,也就是朝向或皈依到五斗米道"现实的"生存方式本身中去。这种生存方式已不仅仅是"信仰"的生存方式,因为它已经形成了比较完备的宗教性位格。

从张陵开始,"五斗米道已经有了道书、教义、教仪、组织和戒律,初具宗教规模"[①]。张陵后继者张鲁统治汉中垂三十余

[①] 参见《中国道教史》第一卷,第185页。据《道藏源流考》,《道藏》所收《赤松子章历》"卷三之六所录章表,尚是三张古科"(参见陈国符:《道藏源流考》,第360页,中华书局,1992年)。《赤松子章历》卷一曰:"太上垂慈下降鹤鸣山,授张天师正一盟威符箓一百二十阶,及千二百官仪,三百大章法文秘要,救治人物。天师遂迁二十四治,敷行正一章符,领户化民,广行阴德。尔后年代绵远,宝章缺失。今之所存,十得一二"云云。(《道藏》第十一册,第173页。)经后人整理过的今本《赤松子章历》记载了五斗米道的奏章科仪(如卷一论"章信",卷二介绍受道倍日、书符式、书章法、上章时日、神官、禁忌等等)。显然,五斗米道的这些繁复的"奏章科仪",已然是初步"宗教性的"。

年,"鲁遂据汉中,以鬼道教民,自号'师君'。其来学道者,初皆名'鬼卒',受本道已信,号'祭酒',各领部众,多者为治头大祭酒。皆教以诚信不欺诈,有病自首其过,大都与黄巾相似。诸祭酒皆作义舍,如今之亭传。又置义米肉悬于义舍,行路者量腹取足,若过多,鬼道辄病之。犯法者三原,然后乃行刑。不置长吏,皆以祭酒为治。民、夷便乐之"。①所谓"鬼卒""祭酒""治头大祭酒""师君""义舍"云云,显然早已越出了单纯个体(包括那种传统的师徒相授的小团体)的"信仰性生存"的边界,而生成为一种有组织、制度、戒律、礼仪等典型"社会共在"方式的一整套宗教-信仰的生存样态。

牟钟鉴说:"作为张鲁五斗米道理论著作的《想尔注》,在时间上比《太平经》晚,在空间上比《太平经》的面向范围小得多,不是'安王之大术',而是地方性著作,在根基上比《太平经》要实,不仅仅是一种理想方案,直接就是巴、汉五斗米道这一宗教实体的思想信仰和行为规范。"②的确,与《老子》之道、《太平经》之"太平气"、《周易参同契》的"作丹之意"相比,想尔之道要"实"得多。但是这绝不是说,后者在"思想"或"理想方案"乃至"信仰"的层面上比前者更"实",而是说也只能是说,后者在生成一种"宗教实体"上,更精确点说,在生成一种宗教-信仰的"现实"生存方式上,比前者更"实":它不像《老子》那样"玄之又玄",即使被卷入也只是陷入"惚兮恍兮,恍兮惚兮"的反思性的"理论"埋伏;它不像《太平经》那

---

① 《三国志》卷八《张鲁传》,第一册,第263页。
② 《道教通论》,第397页。

样作为尚未兑现的"神书",汲汲于付诸"实践";它也不像《周易参同契》那样笼罩在强烈的贵族－精英的氛围中,其"奥雅难通"的技术性内外丹道,等闲之辈难以问津。① 相比之下,《想尔注》确实更"实",这个"实"就实在《想尔注》本身是在五斗米道的教义、教规、组织和戒律等等中出场的,亦即在包括"信仰位格"在内的诸种"宗教因素"的存在性聚集中出场的,因而标志着一种成形的"宗教位格"的出场。

作为一种成形的宗教信仰之位格的聚集性出场,《想尔》之道乃是一个鲜明的路标:它标志着一种宗教信仰之位格的正式出场,就是说,标志着作为中国本土宗教的"道教"的正式生成。

需要强调指出的是,所谓"中国道教的正式产生",正如前文已指出的那样,绝不意味着在《想尔注》之前或者与《想尔注》同时就没有其他道经和其他道派了。道教产生的"时代问题",绝非一个现成的"事实问题",仿佛存在一个记录在案的道教之开端似的,而是一个先行的"理论问题"。换言之,倘若对宗教之为宗教或道教之为道教没有真正深入严格的"理论"界定,我们实际上是无法真正应对诸如"道教产生的时代"这样的"事实"问题的。凡是存在的,都是"产生"的,就是说,道教肯定有一个"产生"的问题。而道教作为一种宗教之"产生",

---

① 这恐怕也是《周易参同契》之所以在唐宋以后才真正流行起来的重要原因之一。没有为社会所承认的成熟和稳定的"官观道教",没有相当的"专业"资源(如知识、资金、实验条件等),要实施《周易参同契》的"作月之意"实际上是不可能的,更不用说"流行"。更为重要的是,没有哪一种宗教一"开始"就是如此"贵族化"或"专业化"的;宗教,宗教,其根本"实在"之指向始终是"上所施下所效也",是"教化""说教",就是说,是"济众大航",虽然一切宗教最终都会走向专业化和职业化的。

不是靠各"宗教要素"的外在凑集，而是看是否形成了一种活生生的"宗教位格"，或者说，是否有一种整体性的"宗教位格"活生生地直接给予出来，直接显摆出来。笔者以为，《想尔注》作为五斗米道自己制造并长期宣讲的活生生的"教义"，集各种基本的"宗教要素"于一身，从而直接显摆出与作为一种"宗教"的道教存在千丝万缕之勾连的"道书""道派""方士""妖巫""组织"等等的本质性区别。这种所谓"本质性"区别，说穿了就是"宗教"与"非宗教"的区别，进而也是一般意义上的"信仰"与"宗教信仰"之区别①，尽管以《想尔注》为标志的五斗米道的"宗教位格"尚只是基本成形，还远不是完善的或者说"正统的"。

总而言之，就道教史而言，《想尔注》乃是一个具有"划时代意义"的事件：与从《河上公章句》到《太平经》《周易参同契》等早期道教经典不同，《想尔注》第一次生成了一种严格意义上的"宗教的立场"；经过想尔之道的生存性构建，中国传统的神仙信仰已不再仅仅是一种个体性的柔性生存方式，而一跃成为一种组织化、仪式化、制度化，就是说，真正独立的"宗教信仰"性的生存方式。《想尔注》在道教史上的这种历史作用影响深远，尽管人们对之似乎估计不足。后来北魏寇谦之的所谓"清整道教，除去三张伪法"的道教改革，② 实质上首先是在分享已

---

① 一种"信仰的位格"可以仅仅是"主观的"或者"观念的"，至少它可以仅仅龟缩于"个体"的存在范围内；而一种"宗教的位格"则完全不同，它是包括信仰在内的教理、教规、行为、组织等诸要素"客观的"、直接现实的"社会共在"的给予性本身。
② 《魏书》卷一一四《释老志》，第八册，第3051页。

基本成形的宗教性位格的基础上才有可能。清整，清整，这本身就意味着首先要"有"道教，才有所谓清整的"存在"。《想尔注》正是第一次真正"有道教"的存在性标志。有没有道教，既不在于是否有震动朝野的、打着某种宗教性旗帜的社会运动，也不在于按"成熟道教"的现成标准去机械地对号入座，而毋宁说，有无道教的本质在于：某种社团的生存方式是否已经真正构成了某种宗教性位格的生存方式。宗教性位格的生成与否，这也许会为界说道教的产生或形成提供一个新的视域？

下篇 思，在栖居中鸣响

多少次,在教室的桌椅间:
什么样的山岭在那里?什么样的河流?……

——玛丽娜·茨维塔耶娃《新年问候》——

・在世之思意

金庸漫笔[①]

好几年前，出于纯粹的偶然，读了金庸的《笑傲江湖》一书。那是我平生第一次接触这位"真命天子"的武侠小说。可以毫不夸张地说，这是一次令我铭心刻骨的阅读经历：百无聊赖地一翻，继而投入，继而喘息，直至不折不扣的"灵魂出窍"！当我从那种如痴如醉的状态中醒过来时，才猛然意识到：时间依然不舍昼夜，空间依然横陈在前，人们仍然存在，我也仍然要吃、要喝、要睡。

金庸的大部分武侠小说都具有一种颠倒神魂的魅力，无论人们是否勇于承认这一点。

近年来，所谓"武侠小说"已经式微。这不奇怪，一如中山装、牛仔裤已经式微或必然要式微那样不奇怪。然而，金庸是例外，绝对是例外。这倒不是要强调金庸的"武"与"侠"写得特别的超凡入圣（虽然的确如此），毋宁是说金庸的书在最严格和

[①] 此文发表在《华人之声》（原《华侨世界》）1992年第3期（总第41期）上，后《成都晚报》和《德阳日报》等转载。

最深层的意义上讲，根本就不是通常所谓"武侠小说"这个词所能涵盖的，它已远远溢出了武侠小说的狭隘范畴。

武侠之于金庸，正像情爱之于曹雪芹，战争和政治之于罗贯中。换句话说，武与侠只是金庸小说外在的皮，有如情与爱、战争与政治只是《红楼梦》和《三国演义》外在的皮一样。在这张皮下面，在武与侠的深处，涌现着那流淌了数千年的中国的"文化血液"。

在金庸的书中，几乎荟萃了中国文化的全部表现形态：历史、政治、战争、武侠、语言、诗词、哲学、医学、宗教、道德、琴棋书画、风土人情等等，反正应有的都有。问题还不在于金庸有着如此深厚的中国文化功底，而在于这种种外在的文化形态，在金庸的魔笔下，通过武与侠的现身，被陶铸成为一个令人"叹为观止"的活的整体。

在这个整体的统摄下，一切都是"活"的。笔者从未去过华山，但在《笑傲江湖》中，笔者在不知不觉中已经踏遍了华山。这种"踏遍"是一种内在的"踏遍"，活灵活现的"踏遍"，因为笔者是在华山派首徒令狐冲的命运中去"踏遍"华山的。在金庸的书中，非但山川是活的，历史、政治、人物等等是活的，更为关键的是，作者、读者和作品本身全是活的。读金庸的书，没有作者与读者的分裂感，也没有作品与读者的外在感。一翻开金庸的书，读者与作者在呼与吸之间便消失在作品自身产生着的运动之中；随着这种产生着的运动的展开和深入，不但作者和读者甚至连作品以及"读本身"都统统融化在一种叫人透不过气来的"存在着"之中了。

这种在旁人看来已属走火入魔的"存在着"表明，金庸的书深深地切入了一种活生生的"存在",即我们自己的文化-生存状态。金庸写活了山川、历史、政治等等,那是由于他写活了中国文化传统;但其所以能写活中国文化传统,却不是由于他很能编一些令人想入非非的"白日梦",我们很喜欢去体验或消费这些"成人的童话",而是因为他的书使我们切己地经历着、分享着、占有着、延续着生存于我们灵魂深处的中国文化的生命形态。

"凡是有中国人的地方,都有人知道他的名字"。金庸拥有各种层次的"金迷":从学贯古今的教授学者到刚会汉字的中小学生。这些形形色色的"金迷"并不都是"嗜武如命"的人。实际上,生活在原子弹时代的大部分读者对古老的武侠之类的东西根本不感兴趣。作为武侠小说,金庸的书里充满了无数纯粹虚构的招式、剑术、轻功、内功等等(也许正因为如此,金庸的书被搬上银幕往往就显得外在乃至荒诞不经)。但是,所有这些似乎并未阻止各个档次的读者"堕落"为不可救药的"金迷"。金庸小说在古老的武与侠的框架内竟然拥有如此不可抗拒的美学魅力,蕴涵着如此不可思议的艺术张力,这本身就是一个值得深究的解释学之谜。

要解开这个迷,绝非区区数千字所能办到的。不过,笔者以为,要解释"金迷之谜",首先就必须超越所谓"雅-俗"的评价尺度。有人说金庸的小说是"俗文学",也有人说是"形俗实雅"。其实,俗也好,雅也罢,对于金庸的小说来说,只能是隔靴搔痒。作为评价的尺度,雅-俗概念是贫乏的,苍白的,它无法穷尽金庸小说的内在意义,更何况雅抑或俗从来就是历史的范畴。任何小说的美学价值和艺术魅力,既不取决于它的"雅",

也非取决于它的"俗",而恰恰是决定于它在雅与俗之间的内在张力;就是说,决定于它能否穿透自己的所写而切入支撑着这个雅与俗的文化－生存形态,进而使那种既特殊又永恒的生命境界达到某种涌动状态。

笔者以为,金庸小说根本的美学价值就在于此,它的那种席卷人心的艺术魅力也在于此。

贺　词[①]

今天，我非常荣幸地代表川大哲学系的全体同仁，以及所有"哲学栏"的撰稿同仁，衷心地祝贺"四川大学文科学报"创刊五十周年，并借此机会向文科学报的各位领导，各位编辑和各位员工，送上我们真诚的祝福和深深的谢意。

蔡元培先生说过："大学者，囊括百家，网罗众典之学府也。"如果说，大学乃这些"百家"，这些"众典"中的人文精神的聚集性出场的话，那么，"学报"便是这种人文精神的闪耀性吐露。"学报"乃大学的声音，大学的言说；作为思想及其学术的直接言说，"大学学报"因而是一个大学科学精神和人文精神的存在性签名。

毫无疑问，我们的《四川大学文科学报》是无愧于"四川大学"这个厚重的命名的。五十年来，无数的川大学者正是在它的召唤和护送下，酝酿、成长和最终走向事业的顶峰的。特别是近

[①] 这是笔者2005年7月9日在《四川大学学报》（哲学社会科学版）创刊50周年大会上代表作者和读者的发言。

年来,川大文科学报在国内同行中赢得了令人瞩目的成绩(省略)。这个地位与"四川大学"这所百年名校的分量是完全匹配的。

这是极不容易的。在此人心浮躁、世风虚滑的四面环绕之中,川大文科学报没有办成赚钱机器,没有滑落为见钱就发的刊物,而是始终持守着学报之为学报的根本,看护着思想的深度以及学术的广度,这不能不令人肃然起敬,让人倍感自豪。

孔子说:五十而知天命。何谓"知天命"?知天命不是一种老于世故的圆滑,也不是看穿一切后的无所作为,而是抵达成熟后的一种富有辉煌的本真生成态势。老子曰:大道泛兮,其可左右。所谓"知天命"者,就是统握并最终融身于这种"其可左右",这种沛然四溢的大道之历史运演之中。

值此川大文科学报年届"天命之年"之际,我以及我所代表的同仁们,在这里默默地、虔诚地祝福着。

命题采访

蜀道的精神内核是什么？
蜀道所具有的开放精神如何理解？①

（回应提纲）

引言：一个虔诚的思者便是始终置身于追问之中。要回应这个问题，首须审视这个问题。所以，我不得不冒昧地发问：这个问题本身能否成立？显然，这个问题本身已然预先假定了"蜀道"之存在，故而首先必须追问的就是：有无所谓"蜀道"？或者说，蜀道这个词究竟命名着什么？如果这个词命名的是一种特定的地域之道，那么我们就必须问：有无相应层面上的鲁道、豫道、京道、沪道等等？如果所谓蜀道不是在此种特定地域意义上讲的，而是对蜀人、蜀地的开放之道的命名，那么我们便要问：置身于全国开放之道的洪流之中的蜀道的特定意义是什么？

1. "蜀道"这个词的由来及其成形，我没有考证过。就让我

---

① 这是2009年5月作者接受电视台的命题采访时的回应提纲。

们从李白的名句"蜀道之难,难于上青天"开始思考吧。蜀-道,从构词上看,为明显的偏正结构。所以蜀道之为蜀道首先是"道"。道的本来意思是"道路"。因此,蜀之道,直接说的就是蜀(四川)之道路。蜀之道怎么了?难啊!有多难?难得来李白这样的大诗人在专门吟唱蜀道之难的《蜀道难》这首诗中竟然止不住三次仰天长叹:蜀道之难,难于上青天!这个千古名句把蜀道险恶无比的地理环境赤裸裸地端了出来:四面环山,急流险川,一夫当关,万夫莫开等等。实际上"难于上青天",已经道出了一切。

意味深长的是,人们从蜀道的这种外在的地理环境进而突入了蜀人内在的精神气质:蜀人因此而坐井观天,盆地意识、小富即安,闭关自守,不思进取等等。这种看起来"顺理成章"的解读,千百年来掌控着四川以外的人,也掌控着四川人自己的自我理解。

2. 然而,如此这般的思路是非常可疑的。在近代西方思想史上,关于地理环境与民族气质乃至国家的社会制度的关系,孟德斯鸠、黑格尔等思想家均有不乏深刻的洞察。但仍须发问的是:地理环境与民族气质或精神状态真有如此内在的血肉勾连吗?对此,我以为至少可以提出两个强有力的反驳性证据。第一个:众所周知,在近代以前,人类尚不知道地球是圆的,那时的所谓"世界"不过是各自独立自在的陆地板块。这意味着,这些在各自独立自在的陆地上生活的人,在地理上是完全封闭的,因而在精神、心理、观念、气质等等上就更是封闭的。对于这样的封闭系统,开放是如何可能的?从逻辑上讲,如果地理环境的封闭必然导致精神上的封闭,那么近代以前的世界就"永远"不可能开放！第二证据也是众所周知的：现代技术尤其是今天的网络技术，早已超越了一切崇山峻岭，急流险川。换句话说，如果四川人有诸如坐井观天，闭关自守等毛病，这与环绕他们的群山和急流、与不环绕他们的高原和海洋没有关系，至少没有内在的血肉勾连。所以，应该为我们的这些绿水青山，这些青山绿水"平反昭雪"！

3. 因此，封闭与否，开放与否，坐井观天与否，与我们坐拥的周围地理环境没有本质上的勾连。这类奠基在主－客二元对峙格局中的解读方式，实际上始终是一种表层的解读。套用电视剧《潜伏》里的一句话：有一种失败是占领，有一种胜利是撤退；于是我们可以说：有一种封闭，可能发生在高速公路的四通八达之中；有一种开放，甚至可能内涵于毫不起眼、质朴无华的斗室之中。——解读柏拉图"洞穴说"（……省略）。

4. 因此，封闭与开放，保守与革新，本质上乃一种在世方式。作为这种在世方式，蜀道之为蜀道，乃大道也。人们喜欢说：民族的，才是世界的。其实这话也可以倒过来说：世界的，才是民族的。也就是说，世界的，从而民族的，从而蜀道的。因此，如果要问"蜀道的精神内核是什么"，那么我以为，直接的回答便是：这种"精神内核"就是道本身。这就清楚了：为什么"蜀道之难，难于上青天"？因为蜀道实乃大道也，归于大道本身也。

蜀地山多水急，蜀人淡然休闲。作为一种在世方式，这使包括很多蜀人在内的人承受不了，故而有"少不入川"的说法。三年前，我的一个师兄到青城山来开会，我去招待他。他一见到我便说："我知道了：古人为什么会说'少不入川'！因为你们这里太舒服了，让人不想干事了！"我笑笑，没回应他。后来他回北京后来信感谢我。我回信说："古人是说过'少不入川'，但你不要忘了，古人同时也说过：诗人皆入蜀！李白、杜甫、苏东坡……没有见证过峨眉的雄秀、青城的深幽、剑门的险峻以及秦岭让人绝望的绵延，何以谈诗论'蜀道'！……"黑格尔评笛卡尔哲学（省略）故而我们有足够的底气说：蜀道乃诗人灵魂的故乡。为什么？因为在淡然休闲之间，在山多水急之间，在"一夫当关，万夫莫开"的雄奇险峻中，在"窗含西岭千秋雪，门泊东吴万里船"的收放自如之意境中，在"起舞弄清影，何似在人间"的亦真亦幻之中，质而言之，在涌逼而来而又席卷而去的"前不见古人，后不见来者，念天地之悠悠，独怆然而涕下"苍凉自由的千古吟唱之中，诗人们的灵魂安顿了，因为他们收到了存在本身的馈赠，他们抵达了真正自由的生存。

　　淡然休闲，处变不惊，泰然任之。这就是蜀人，蜀道。去年的"5·12"，可以说就是蜀道之为蜀道的一次辉煌的出场。去年在这块土地上被辉煌诠释的这种蜀道，其实就是我们民族的灵魂之道，也是更加阔大的人类的存在自由之道。

　　5. 至于这个问题的后半部分，这里只简要谈两点。一，开放问题。中国自鸦片以降，就开始开放。问题在于：如果我们只滞留在"这里开放一点，那里开放一点；或者这时开放一下，彼时又开放一下"这种层面上，那么"开放"就将是我们永远的命运。我以为，我们必须突入深度的开放，这就是让我们的存在本身真正敞开！如何将存在本身开放？于是，我们进入了第二点：持守道本身，即持守大道本身。"道"乃中国传统的基本语汇，是这个传统生存方式的存在性吐露，因而也是这个传统给予我们的根本性馈赠。那么，人们会问：什么是道本身？这个提问方式就有问题，因为道本身首先不是任何"什么"！不是规律，不是实体，不是本质。实际上，前人已然很透彻地领会了道本身：道本身就是"有容乃大"！（解释：道之为道的根本就是"容"，容乃道的活生生出场……）

我以为，开放之真谛，蜀道之真谛，民族乃至人类大道之真谛尽在于此。

会议发言提纲

"哲学与文化建设"[①]

破题：今年年会这个主题用一个"与"字把"哲学"与"文化"勾连了起来。这样做有合法性吗？比如我们可以问：a. 这样的题目与诸如"法学与文化建设""历史学与文化建设""文学与文化建设""宗教学与文化建设"这类题目在结构上是一样的吗？它们是同构的吗？它们之间的区别就是哲学与法学、历史学、文学、宗教学之间的区别吗？如果这样，b. 哲学与文化是一种比肩并列的空间－表象式的关系吗？就是说，一种文化没有哲学也仍然是或何以是一种文化吗？c. 又比如：何为"文化－建设"？文化建设与经济建设有无本质区别？文化－建设本质上就像建设一座立交桥那样吗？要回应诸如此类的问题，我们需要搞清楚类似这样一些问题：什么是哲学？什么又是文化？哲学与其他各种"学"的关系如何？没有哲学的文化意味着什么？没有

---

① 这是笔者2012年在"四川省哲学学会年会"上代表川大哲学系作的一个大会发言提纲。

文化的哲学意味着什么？将哲学或者文化作为"建设"这样的对象性活动来操劳又意味着什么？等等。要想在几十分钟内深彻地回答这些问题，显然是不自量力。我下面的发言只是企图摊出或者不如说力图将事情本身推入一种"思考的深度"，以期为诸位思考这样的问题提供某种回旋激荡的思想场域。下面我想简单谈两点。

一、哲学乃一种文化给出自身的最源始、最根本的方式，也就是现代汉语所谓"形而上的"给予方式；若用西语说，亦即"Metaphysical"（更质朴地说"后－物理的"或"超－物理的"）方式。这意味着，第一，只要一种东西被命名为文化，那就必然同时意味着：哲学在焉！（here there，everywhere!）不存在没有哲学的文化，仿佛哲学在这边，文化在那边，仿佛没有哲学，文化也仍然能独立自存似的（至于是什么样的哲学，那是另外一回事）。第二，这同时也就表明，哲学与文化的关系完全不同于像历史学、法学、宗教学这样的"学"与文化的关系。众所周知，我们所谓"哲学"的西语叫"philosophy"。很多事情的秘密都储藏在词语之中，因为词语乃"存在"之家园。

A. philosophy——来自希腊文，字面意思是热爱智慧。海德格尔说"哲学说希腊话"。我会进而说，哲学说西方话！据说是赫拉克利特的第一次说出这个命名的（他把那些认为一就是一切，一切就是一的人称为 philosopher）。因此，philosophy 不是知识，也不是今人说的"智商"，更不是一门"职业"。哲学作为一门职业或"学科"是近代的事，古代的 philosophy 是言行合一的，就是说哲学是一种生存方式，或者说一种朝向，一种生命姿态，就此而言，它更像艺术（我们看见头发比女的还长男人，我们就立马知道：艺术家来了！但今天的艺术其实也已经职业专业化了)。这种生命朝向在一个赫拉克利特的故事中鲜明地说了出来："进来吧，即使在这里，诸神也在场"。

B. 我们知道，中国古代学问中没有哲学这个词，当然更没有作为一门学科的哲学。中文"哲学"这个词来自"日文"对philosophy的翻译。应该说，将philosophy翻译成"哲－学"是比较靠谱的："哲"说的是聪明、有智慧，如哲人；但从字面上讲，philosophy的本然意义不是"学"，没有"学"的意思。英文中"学"一般由后缀"…ology"来表达，意思是"关于…学"，如：biology（生物学）、geology（地质学）、ideology（观念学——今译为"意识形态"）等等。因此，哲学之"学"乃是一种派生的东西！但"学"字却很容易将人引入歧途：仿佛"哲学"是与比如"数学""化学"比肩并列的一种"学"似的。因此，哲学不是一个学科，甚至不是"文科"（social science——在某种程度上解释了现行学科分类体系的困惑：为什么"哲学"竟然是一个"门类"！），而是人生在世的根本的生命朝向，亦即热爱智慧或自我超越的生命姿态。这种生命朝向作为一种文化最源始的给予方式，虽然总以弥漫的方式在暗处，但却始终作为"灵魂"或"精华"而牢牢掌控着这种文化的根本运演方式。

二、这种所谓"生命态势"究竟是一种怎样的生命朝向呢？源头在苏格拉底那里：未经审视的人生是不值得过的。我们太容易将这句名言锁死在某种人生格言或道德教化上了，虽然这样的意向并没有错。无论从苏格拉底个人的人生道路（转向）上讲，还是从这句名言本身所说出的意向上讲，这话展显出的都是一种别具一格的生存论意向：examined life，即审视的人生，反思的人生，就是说，过一种或跨入一种自我-反思性的生活。那么，过一种自我反思性的生活意味着什么呢？意味着任何时候都不能止步于当下世界的现成给予性，而要从宽度和深度两个向度上超出它。显然，这种生命朝向打开的是一种最根本的、最"人性的"（自我超越）生存可能性。那么，这种自我反思性的生存可能性是怎样运作的呢？基本样态仍然在苏格拉底那里。苏格拉底以"我知道我无知"的虔诚姿态，无孔不入地追问，从而开启了今天我们所谓"哲学"的方式。什么是哲学？一言以蔽之：哲学就是始终置身于追问之中，或者说，始终生存在追问的生命态势中。追问引发智慧，追问使思想燃烧。

一个搞技术的与哲学不相干的乔布斯说过一句可能会让我们惊讶的话："我愿意拿我所有的科技去换取与苏格拉底相处的一个下午。""与苏格拉底相处"意味着什么？意味着很难受，因为苏格拉底之为苏格拉底，意味着问（ask），而且意味着"追问"（question 本来就有"怀疑"之意）。这种追问，上天入地地追问，往故来今地追问。一个人、一个民族如果没有这种追问，他可能有一切"学"，但肯定没有活生生的作为智慧的"哲学"。哲学就是这种对追问的守护。那么哲学或智慧究竟怎样实现这种守护？哲学之追问不是问这问那，不是问"你吃饭没有？你有女朋友没有？"；也不是问"三角形内角之和等于多少？为什么等于180度？"；甚至也不是问：3+2-5是不是等于0啊？宇宙是不是起源于一次大爆炸啊？人是什么？人为什么是理性的或劳动的动物？这样的问（ask）尚不是追问（question）：你一问，答案立刻奉上；即使是诸如"人是理性的动物吗？"这样的问，虽然已具有追问即怀疑的意味，但仍不过是对现成存在者的某一种现成性的怀疑，而并不怀疑其现成性本身，这种怀疑的归属通常不过是另外一种现成性，就是说仍然奠基在现成存在者的现成性上。作为现代哲学标志的笛卡尔式的怀疑，恰恰是对一切现成给予性的怀疑。就是说，真正的、源始的追问或怀疑，就是追问或怀疑出一切现成存在者的现成性之外去！当一个人经验到这种笛卡尔式的怀疑之际，或者说置身于这种追问状态之中的时候，你的"我思故我在"中的"我思"，也就是所谓"本真的自我"就苏醒了，涌动了。这就是前面所说的那活生生的思想的燃烧，那燃烧着的思想本身。因此，哲学之问乃"根本"之追问。所谓"根本"是说它发生于存在者之现成性之外，亦即现成知识终结处。追问之为追问，思想之为思想，不是对任何现成存在者的现成发问，不是关于任何现成存在者的现成知识；现成知识终结处，作为智慧的涌动之源的哲学才开始，才可能开始。换句话说，哲学追问一切可能的"前提"，包括以哲学的名义给出现成的"哲学知识"。哲学之为哲学，实现自身于永不停息和永不可挡的对前提的追问之中。于是，哲学兑现了对所谓"根本之问"守护，从而构成为赫拉克利特所说的"永恒熄灭着又永恒燃烧着"的智慧的河流，永恒放出着自身又永恒收回着自身的智慧之源。

相比而言，我们的文化太强调灌输，更精确点说，太侧重接受现成的东西（圣人的教诲、先王的道统、祖先的礼仪、客观的真理、刚性的规律等等）。孔子告诉你：有朋自远方来，不亦乐乎？孟子告诉你：何必曰利，亦有仁义而已矣。老子告诉你：道可道也，非常道也，名可名也，非常名也。庄子告诉你：至人无己，神人无功，圣人无名。当然，尚有屈原在发问，而且是发的

"天问"！然诸如"遂古之初，谁传导之？上下未形，何由考之？……薄暮雷电，归何忧？厥严不奉，帝何求"这样的发问，与其说在追问，不如说在要求自我决断。中国近代史虽然经历了翻天覆地的变迁，但却没有真正经历过西方近代那种笛卡尔式的深度的思想性追问。基本上只有诗人的富有激情然缺乏严格性的怀疑：五四对中国传统的怀疑，如鲁迅的"不读中国书"……"文化大革命"后，北岛《回答》一诗也代表了我们这代人的怀疑：我来到这个世界上，只带着纸、绳索和身影，为了在宣判之前，宣读那些被判决的声音：告诉你吧，世界，我－不－相－信！如果你脚下有一千名挑战者，那就把我算作第一千零一名。我不相信天是蓝的，我不相信雷的回声，我不相信梦是假的，我不相信死无报应……

不能说，中国文化传统中没有追问的维度，但作为一种生存方式的追问，确然不是我们文化的基本构成方式，或者说，它始终被强行扣留着。如果说，philosophy 乃一种文化给出自身的最源始、最根本的方式的话，那么我以为，作为一种生存论姿态的追问意向，就必须贯透到整个"文化建设"中去，解构那种拘留，让那蛰伏在我们文化中追问的生命洪流，释放出来，构建并成形起来，也就是说，让我们当代的中国文化，真正生成一种禀有深度追问意向的生存论位格。而所谓 philosopher（我们叫"哲学工作者"——"从事哲学工作的人"？把哲学作为像"麻辣烫"那样的对象来操劳的人？要成为一个真正的 philosopher 是很难的，因为他必须有能力穿透赫拉克利特所谓的"一"与"一切"。当真是：不同的命名，意味着不同的"在世界中存在"！)，不过是这种追问意向的守护人而已。作为守护人，他必须虔诚地献身在根本之问的绵绵深流之中,因为只有置身于如此的生命意向之中,思想之为思想,才会真正穿透我们,从而哲学之为哲学,才会真正给出自身,而同时作为一个 philosopher,他才真正承担起了他的天职。

最后,请让我以 2010 年给川大哲学系新生的迎新词中的一段话来了结我的发言:

作为大学里的一个"专业",哲学乃不可或缺的形而上之事业;作为智慧的涌动之源,作为开启"认识你自己"、见证自由的生活方式,哲学乃是人生中很稀罕的活动。稀罕的才是真正值得珍惜的。如果一个人的人生道路上、一个民族的文化传统中,挤满了形而下的打折货,不再有对深邃的、高贵的和神圣东西的起码向往,那便意味着人性的荒芜和文化的没落,因为人之生命的意义和尊严,已经荡然无存,而文化传统之价值和辉煌,已经岌岌衰微。

谢谢诸位同仁。

思想与学术的争执一则[①]

××先生大鉴：

非常感谢贵刊的效率、严谨和法度。

本无须再说什么，但"匿名评审"中那些貌似内行、实则只是由其现成的概念框架而来的四面透风的无思评审，触发了思本

[①] 此"争执"是由拙文《"跪着感恩"与"站着证明"的生存论区别》引发的，此文后来发表在《四川大学学报》（哲学社会科学版）2016年第4期上。2013年，我曾将此文投给某刊物。就像时下流行的刊登规则一样，该刊物将拙文交由"外审专家"评审。最终拙文没有通过评审。承蒙总编善意，将专家"评审意见"转给了我。看过评审意见后，对这类在学术圈子中进进出出的所谓"专家评审意见"深感震惊。这类完全无思或不思的"意见"，当真是与"真理之路"相对峙的严格意义上的"意见"！然它们却又草菅了多少追问着的灵魂？我自己也在这所谓的"评审专家"的圈子中，常常不禁如此自我叩问。现在非但论文的刊发与否，而且博士论文的通过与否，都由这些所谓"外审专家"来裁定。这看起来"客观"，其实只不过是一个以"互为专家"的方式放大了的"主观"圈子，就是说，只是一种自欺欺人。更要命的是，"外审"意味着刊物或博士点单位自己不承担责任，因为都可以推给"外审专家"一了百了。这种不可思议的方式，怎么可能担保自己"产品"的质量？基于这些困惑和感触，故将笔者给总编的回信收入这里。由于此信所触及问题的意义溢出了具体的经验层面，故而隐去了刊物和总编的实名。

身的回响。虽然任何"评审"总是一开始便设定了评审者对于被评审者的优先地位,但作为结果的"评审本身"本质上从来就是双重的:一方面被评审者(文本)被裁定,另一方面评审者(文本)同时也被它的裁定本身所裁定,亦即评审者在裁定被裁定者之际也裁定了自身,尽管这后一方面由于其占据形式上的优先地位从而通常被假定为也占据着实质上的优先地位。更具体点说,任何评审都禀有至少双重的结果(中间状态略去不谈):要么评审者(文本)切中了被评审者(文本)的要害,所过之处被评审者纷纷瓦解;要么被评审者(文本)的境域(Horizon)超出了评审者现成固有的视域,而"形式上的优先地位"迫使后者强行将前者逼入自己能掌控的分类框架,从而在对被评审者的裁定中反倒只是裁定了自己的思想质态。看看上世纪90年代以前那些让今天的我们感到脸红的关于柏拉图、康德、黑格尔、胡塞尔、海德格尔等思想家的著述的评判吧。这里绝不是要把我自己与这些哲学大师们相提并论,我还不至于热昏如斯。我只是一个虔诚的思的跟随者。但对那些没有耐心真正沉潜到思的深处场域去恭谦地倾听一番,却又喜欢依凭自己的"自然思维"(胡塞尔用语)随意指点江山者,实在是如鲠在喉,不吐不快。

下面简单为拙文辩护几句,并以此来表达我对贵刊的敬意。

1. 拙文的论题收缩得很小:只是企图在"现象学"的深度上说出"跪着感恩"与"站着证明"之间的生存论区别。评审者说这只是"宗教哲学的常谈"。诚然如此。但是,第一,不知评审者所谓的"宗教哲学"究竟指的什么?是对"宗教"的哲学式研究(如这样,那就应该是"哲学研究")?抑或是被海德格尔质疑为"一种木制的铁器"宗教哲学(《形而上学导论》,第9页①)?的确,"宗教哲学"是一个歧义丛生的概念:"宗教"是一种信仰性的生存现象,而"哲学"则是一种认识性(理解、证明、演绎、归纳等等)的生存现象。作为信仰,宗教之追问是有"信仰"这条底线护卫着的;而哲学作为对而且只对"自明的东西"之彻底追问,是没有某种宗教信仰之底线的。如此一来就必须追问:这两者是如何或是在什么意义是共属一体的?第二,退一步讲,无论评审者的"宗教哲学"概念隶属上述哪一种,都与拙文了无关系,因为拙文的运思地带,既不属于对哲学的宗教性研究,也不属于对宗教的哲学性研究,反倒恰恰是要扬弃或解构那种随身携带着的"学科范式",从而力图真正赤裸裸地"思"入"宗教信仰之实事"。第三,所有的"研究"("对象性"的研究,一切"研究"都是对象性的)都必然会遗忘这种"常谈",一如遗忘作为常谈的"存在"那样。更为刚性的反驳是:克尔凯郭尔的这句话之所以能从"常谈"中脱颖而出,正在于它让这种"常谈"达乎了语言,达乎了言说。换言之,我们通常抵达不了的,正是这个"常谈"的存在深度,否则,克尔凯郭尔的这句话也不可能成为"名言"了。

2. 评审者说拙文是"借助现象学的知识基础对'跪着感恩'的内涵进行阐发"。"现象学"是一种"知识基础"?谁承认的?公认的?英美语言哲学也取其为"知识基础"吗?即使在"现象学运动"内部,我们也最多只能在胡塞尔的意义上可以这样说,而且如果现象学只是"知识基础",它在胡塞尔那里就寿终正寝

---

① 海德格尔:《形而上学导论》,熊伟译,商务印书馆,1996年。

了，因为众所周知，胡塞尔现象学所追逐的恰恰是"无前提"或"无基础"的实事本身。在我看来，在海德格尔存在之思深度上的"现象学"（这个"学"字往往将人引入歧途），不仅不是什么"知识基础"，甚至说它是一种"现象学方法"都已然是一种衰变。毋宁说，它是而且只是一种别具一格的运思方式，这种运思方式废黜了西方传统的那种根深蒂固的对象化的思考方式，虽然这并不能排除人们依然能够以后一种方式去"研究"前者。故而拙文并不是要"借助…"去"对…的内涵进行阐发"，仿佛"跪着感恩的内涵"已然现成摆在那里，等着你去"阐发"似的。毋宁说，拙文只是力图在"思"中去说出或通达那喷涌着的跪着感恩的"现象"，至于是否通达，那是由文本自身的张力来裁定的。

3. 评审者敏锐地领会到："这篇文章实际上涉及'宗教现象学''宗教哲学领域''神学领域'。"的确如此，这是由拙文论题的"张力"决定的，但作为一篇几千字的小文章，拙文无意也不可能去专题性地触碰如此大的专题域。不过，有至少两点需要指出。第一，所谓"宗教现象学"绝非一个像社会学、历史学等那样的"学科"，而只是一种在我看来最具前景的"运思方式"，就是说，"宗教现象学"只代表以一种"彻底的"（真正的哲学不过就是彻底的思考而已）运思方式去进入"宗教现象"。第二，最重要的是，一篇文章的成败关键不在于它"涉及"多少多少对象性的事质领域，更不在于它是否满足人们习以为常的"分类"习惯，而在于它是否触及它所论及的"事情本身"，进而是否打开着、拓展着这个"事情本身"。我以为，此乃真正的"现象学"之灵魂。这种现象学之魂，坦率地讲，尚远在评审者可能的视域之外，故而其"评审"便只好在学科的现成分类框架下东奔西突。

4. 评审者说："克尔凯郭尔的思想带给基督教思想史以新鲜活力的，则在于信仰就是危机。20世纪神学史的一个重要贡献，就在于格外重视危机之于信仰的'实事'意味。在现如今这21世纪，如果想从现象学角度对克尔凯郭尔的思想进行阐发，无论如何都不能忽视这一背景。当所作的阐发与这一背景出现明显扞格的时候，则必须对这一段基督教思想史进行回顾。""蒂利希的信仰概念是动态的，绝非单纯的充实。'危机'之于蒂利希的信仰观而言，也是极其重要的。"虽然这明显只是评审者独特的一种观点，但我仍大致同意这两段评论的基本意向。但有一个重大疑惑和一个根本区别。

第一，我不知道评审者说的"明显扞格"在哪里？当一个终有一死者向着所信仰的无限者生存之际，说"信仰就是危机"是切中了信仰之实事的，因为对人来说，死与永生可以说是永恒的"危机"。然如果"危机"这个词不是在这种最广的意义上说的，而是狭义上说的，即说的是某种"严重困难的关头"（总不能说永恒地处在这种"关头"吧），那么危机便只是一种特殊的生存现象，远不足以说出信仰现象。当一个人正在虔诚地跪着感恩之际，评审者能够说：由于"信仰就是危机"，而这个人没有危机，所以他就不处在一种信仰性的生存状态吗？！而且，一个处在危机状态的人，并不必然就产生或皈依信仰，比如，某种科学危机、政治危机乃至人生危机等等。很显然也很遗憾，评审者在这里犯了一个不该犯的刚性的逻辑错误。

第二，对现象学的"充实"的领会，拙文与评审者之间存在着根本的区别。关于这个词的学术涵义,在拙文第7页的注释中已给出了基本信息。这里要触及的是"思-想"。评审者说:"蒂利希的信仰概念是动态的,绝非单纯的充实。"这个说法令人惊讶:难道"充实"是静态的?!如果充实是静态的,我们便绝对无法领会卡尔·巴特那句话:"我们只能每时每地、每地每时重新信仰"!要说动态,那么"充实"就不仅是动态的,而是"动态本身"!也难怪,只能在"动态"与"静态"的对子中思考问题的人,其实是领会不了"充实"这样的现象学"概念"的。拙文用"充实"这个词,是想说出:信仰是一种"自足的"生存论现象(这种"自足"作为"存在"本身,既是最丰沛的,也是最"空虚"的——对于对象性的概念思维来说,这种"空洞之极"的句子几乎是无法领会的),它不依赖认识论上对象性的"证明"行为而"存在"(这也正"解释"了克尔凯郭尔的那句名言)。至于当一个人或一个集团或一个民族在被某种信仰"充实"之际,不涉及这种"充实"是否起因于某种"动态的""危机"处境,因为正如拙文所说:"所谓'信仰到场'是说,感恩者之感知、理性、观念、功业、现实、理想、荣辱等等,一句话,所有世间之牵挂,均在朝向被感恩者之际被统统葬入信仰,就是说,他整个的'自我'已被完全彻底地托付给了对上帝的信仰。"(这是以基督教为例)如果我说,评审者并没有真正领会现象学意义上的"充实",这应该不是对评审者"独断的"裁定吧。

另外,评审者对克尔凯郭尔、蒂利希和卡尔·巴特等人思想的"总结性"结论,是有深度的,但绝不是唯一可能的解释。评审者对这些结论性解释的信心,从评审者上下文的话语来看,应该是来自这个理念:"必须对这一段基督教思想史进行回顾。"此乃一个传统的学术生存方式，本未可厚非。然这里需要指出两点。第一，任何对历史的回顾，都有两个层次：一个是作为"历史学"之对象层次上的回顾，一个是作为"哲学"即思－考层次的回顾。就哲学而言，前一种回顾往往看起来"丰富具体"，但就哲学而言，却是最"空洞"的，所以海德格尔说："哲学领会存在问题的第一步在于'不叙述历史'"（《存在与时间》，第 8 页①）；"一切历史学都是根据它们被当代所规定的关于过去的图景来计算未来。历史学是对未来的不断摧毁，是对那种与命运之到达的历史性关联的不断摧毁"（《林中路》，第 343 页②）；"唯在对'历史学上的东西'的直接跳跃中，才生成历史"（《哲学论稿：从本有而来》，第 12 页③）。的确，只有在"自然思维"掌控下的"历史回顾"的学术方式终结处，真正的思才开始，才可能开始。从最严格的意义上讲，真正的哲学劳作，首先就是要从那种貌似在"搞哲学"而其实不过是一种历史学性的劳作的方式中破围而出。第二，虽然我对评审者对克尔凯郭尔等思想者的总结性说法抱有高度的尊重，但我必须说，它们只是评审者与这些思想者对话的结果，绝不是也不可能是能够裁决一切的盖棺定论。事实上，在现象学、哲学阐释学已然成为思想界的"解释学处境"的今天，任何盖棺定论的意向都是思想上幼稚的显现。

5. 最后谈谈对拙文细节的评审。第一，关于克尔凯郭尔名言的出处。首先感谢评审者指出这一点。实际上，我很想注

---

① 海德格尔：《存在与时间》，陈嘉映、王庆节译，商务印书馆，2018 年。
② 海德格尔：《林中路》，孙周兴译，商务印书馆，2017 年。
③ 孙周兴、王庆节主编：《海德格尔文集·哲学论稿：从本有而来》，孙周兴译，商务印书馆，2014 年。

明这话的原著出处，但我的确没有找到。我是从 Rober. Solomon 著的《大问题》(*The Big Question*) 的第三章第二节间接引用的。由于这个原因，加上是名言，我就干脆不加注。虽然评审者提供的英文著作也非克尔凯郭尔的原著，但这无疑是拙文的一个刚性的瑕疵。再次感谢评审者。第二，关于"海德格尔的 Zeitigen 一词"。说 Zeitigen 是"海德格尔的"，明显是成问题的。Zeitigen 并非海德格尔独创的专业术语，就仿佛是"拓扑""函数"之类的专业术语一样。毋宁说，作为一个普通的德文词，它只是被海德格尔的独特运思激活了（类似的情况数不胜数：存在、此在、生存、世界、在世界中存在、世界世界着、领会、死亡、良知等等）。海德格尔的著述之所以在愈来愈深阔的领域中回荡不息，就在于这些日常词在其独特的运思中重新是其所是地诉说并且庇护入这种诉说。因此，根本就不存在评审者所谓的"拿来""借用"这回事情！到场、此在、在世、死亡等这些词，何须"拿来"?！它们向来就已经在那里，区别只在于：在那里它们是在涌动着地诉说，还是在干瘪的概念性地表－达？评审者说："能不能用这个词来表示上帝的'到场'，这其实是需要论证的，不是简单地把这个词拿来就可以的。"这句话已经泄露了评审者全部的底牌：论证，论证，还是论证！以这种概念性的思考态势，很难设想除了字面含义之外，我们能够本真地领受遮蔽在"站着证明上帝的存在与跪倒感恩是非常不同的"这句名言深处的那喷涌着的"思想实事"。此时此刻，我有足够的理由怀疑：评审者是否进入了拙文的基本意向？因为拙文尽力想说出的恰恰是：信仰现象（例如跪着感恩）无涉论证现象。同样，zeitigen 这个词也是自足的,无涉"拿来表达"之前论证与否,区别只在于:它是被概念性地"使用",还是在思之游戏中自由地吐露自身。

6. 最后,我想强调地说:上面的辩护绝不是要说,拙文是没有"缺陷"或"不尽如人意"的地方。没有一篇文章敢说没有"缺陷"或"尽如人意"。就此而言,我要再次真诚地感谢评审者,他既让我自觉到了拙文的种种缺陷,也给了我更深入地切入实事本身的机一会。

再次谢谢总编先生,尤其感谢您将评审者的"意见"公示给作者,感谢您读完这个辩护,如果它有幸被读完的话。

顺颂

商祺!

余平　顿首
2013 年 3 月 21 日

汉语人文学术写作终生成就奖评语①

李学勤先生的质朴文字,穿越半个多世纪的历史起伏,带出了近当代中国学术的基本尊严:敬业、专业、独立。李先生的著述,视野宽广,其论域所及包括古文字学、文献学、考古学、甲骨学、年代学、简帛学、历史学、哲学、宗教学等等。李先生不仅禀有诸如"既不能是保守的只有文科的文化,也不能是一种单纯的只有科学技术的文化"(《中国古代文明十讲》,第30页②),"把中国古代文明放到整个人类文明历史的背景中去考察、理解、比较和估价,从而作出具有理论高度的贡献。这是我长期企望的目标"(《走出疑古时代》自序③),"讲门户实在要不得。我觉得我们写学术史,一定不要这样"(《走出疑古时代》,第10页)这样清楚开阔的思路和理念,更为难能可贵的是,这种兼容并包的理念在李先生那里,已然构成了一种践行着的真切学术姿态。

---

① 这是2013年我为"汉语人文学术写作终生成就奖"写的评语。该奖是由四川大学哲学研究所发起建立的。这个奖的影响及意义,历史会作出回答。
② 李学勤:《中国古代文明十讲》,复旦大学出版社,2003年。
③ 李学勤:《走出疑古时代》,辽宁大学出版社,1997年。下文凡引此书,只注书名和页码。

譬如，关于郭店楚简《老子》，李先生的观点在"论郭店简《老子》非《老子》本貌"一文中表达得简洁明确："我个人的意见是，郭店简《老子》在章数和章次上，都不是当时《老子》的本貌"；"我接着想说的是，简本《老子》有些与帛书本、今传本突出不同的文句，未必是《老子》的本来面目"云云（《中国古代文明研究》）。这个观点与以楚简本为"本貌"而引出的种种"惊人之误"和"惊人之讹"，进而顺势喊出"重写老子其人，重释《老子》其书"（参见《楚简老子辨析》，第30~40页，第6页①）之主张，如果不说是针锋相对，无疑可说是相去甚远。然而，在为尹振环的《楚简老子辨析》一书作的序中，李学勤先生却写道："就我来说，尹先生的作品使我印象最深刻的，是他对《老子》一书锲而不舍，做出多角度、多层面的探讨，并能及时追踪最新发现，进行系统的解剖分析，不愧为专门之学。实际上，尹振环先生几十年来，不曾在学术性质的岗位上，却能以大年有成，取得如此受人瞩目的成绩，岂不使像我这样的所谓专业人员惶惭？"（参见《楚简老子辨析》序，第3页）这样的胸襟和气度，令人不禁对老一辈学者肃然起敬。

当我们读《古文字学初阶》《中国青铜器的奥秘》《比较考古学随笔》《中国古代文明十讲》的时候，当我们读《东周与秦代文明》《中国古代文明研究》《走出疑古时代》的时候，作者深厚扎实的国学功底、开阔丰富的知识修养，以及心无旁骛的专业精神和虚怀谦和的学术姿态，从文本的四面八方涌向我们。所谓

---

① 尹振环：《楚简老子辨析：楚简与帛书〈老子〉的比较研究》，中华书局，2011年。下文凡引此书，只随文注主书名和页码。

"汉语人文学术写作终生成就奖"之于李学勤先生,实至名归焉。

然而,就在我们被如此这般的涌动裹挟着而自以为由此便突入了"历史"之际,一种来自我们自身之"历史深处"升起的一连串追问却挥之不去:这就是"历史"?更确切点问,历史就是由历史学、考古学、文献学等等"多学科"搞定的"过去了的事实"?如果动物只是消亡,而人则有历史,那么,这个"有历史"是怎么可能的?就是"有"那些"过去了的事实"?我们离"历史"到底有多远或多近?"时间上"越久远的东西就越具有历史性?倘若如此,那当我们说"……具有重大的'历史意义'"时,难道说的是具有"重大的""久远的时间性"?若不是这样,那究竟何为"历史"?如果人有历史,那么我们是如何赢获我们自己的"历史性"的?是通过像历史学这样研究"过去"的学科吗?究竟是历史学才使我们拥有了历史性,还是恰恰相反,仅仅因为我们的"存在"本身向来就是历史性的,像历史学这样研究历史的学科方才成为可能?我们时代切中的或者不如说"被抛入"的通达历史之"历史可能性"是什么?是冷静、客观地将留传下来的支离破碎的东西整理得井井有条?是对发掘出来的东西进行系统的、多学科的"科学的"研究?

海德格尔写道:"一切历史学都是根据它们被当代所规定的关于过去的图景来计算未来。历史学是对未来的不断摧毁,是对那种与命运之到达的历史性关联的不断摧毁。"(《林中路》,第302页[1])"唯在对'历史学上的东西'的直接跳跃中,才生成历

---

[1] 海德格尔:《林中路》,孙周兴译,商务印书馆,2017年。

史。"(《哲学论稿：从本有而来》，第14页。①)这是我们不能不严肃对待的两个极具思想震撼性的判决。深入展开这两个判决的思想性内涵不是这里的任务。下面简要地谈两点。

第一，无论是"我注六经或六经注我"的史学理念，还是"多学科工程"的科学理念，其本质都在于将历史本身作为"对象"来处置。尽管这种对象性地掌控历史的意向无可厚非，而且因此赢获了很多实证成果，但由此也导致了对历史之历史性的双重遮蔽：1. 始终在"对象"中来照面的"历史"遮蔽在其作为对象的对象性上，也就是说，时间性的历史恰恰总是作为无时间的对象被通达的。2. 将历史研究化为对"事实"的对象性研究，在遮蔽"历史本身"的时间维度之际，也悍然抹去了研究者自身的时间境域，换句话说，历史作为对象在遮蔽自身的历史性的同时，也遮蔽着进行对象化的"主体"的历史性，亦即遮蔽着上述海德格尔所说的"当代之规定"的历史性。这种双重的遮蔽意味着，不仅"过去的图景"而且"未来的图景"都不过是被遮蔽着的作为"当代之规定"的历史性的现成复制品而已，而这种被遮蔽着却又不断出场着的当代历史性，因而是对作为可能性的"未来"的"不断摧毁"。

第二，绝非历史学才将历史的历史性带给我们，毋宁说，只是因为历史是对可能性生存的追问着的种种决断的场所，而人就以这种历史性的方式"存在"，诸如历史学这样的以历史本身为研究对象的学科方才可能。然而，历史本身对于历史学的优先地

---

① 孙周兴、王庆节主编：《海德尔格文集·哲学论稿：从本有而来》，孙周兴译，商务印书馆，2014年。

位却并不是要说,像历史学这样的对象性研究不重要,相反,由于是我们自身的历史性才塑造了如此这般的历史学,历史学乃是我们自身历史性最根本的"自觉"方式,因而历史学组建自身的基本意向、它所携带的基本理念以及它构造对象的基本方式和运思方式等等,对于我们的历史性生存亦即"生成历史"或"开始历史"来说,都具有与众不同的重要性。

不言而喻,以上两点都不是针对李学勤先生本人是否赢获"汉语人文学术写作终生成就奖"而发的,而是由这个奖作为一件"思想的实事"所引发的思本身的回响。

"后记"之思①

　　如果说，真正的哲思总是在通常不该发问的地方起而发问，总是凭空无端的追问，那么，这里首当其冲的显然便是追问：何为"后记"？一般现代汉语词典的解释是：写在书籍、文章等后面的短文，用以说明写作目的、经过或补充个别内容。应该说，这类种加属差的定义式解释无可厚非。然仍须不妥协追问的是：那个后记之"后"究竟在说着什么？仅仅是说的一个现成的空间位置（"在书籍、文章等的'后面'"）？若如此，则"后记"与"前言"就没有本质区别，因为所谓"写作目的、经过或补充个别内容"也完全可以写在书籍、文章等的"前面"。事实上，我们也常常首先读甚至只读好些书的前言与后记。显而易见，这个后记的定义并没有说出后记的"后记性"。

　　何为后记？后记者，"豫章故郡，洪都新府"之诗－思态势

---

① 此"后记"本为拙著《神仙信仰现象学引论——对几部早期道经的思想性解读》的后记，但由于此"后记"触及"思"之"深海"即"历史性"问题，而且也标志着"思"所抵达的一个位置，故又将之收入"在世之思意"。成书时有改动。

也(王勃:《滕王阁序》)。后记说的是"后-记",就是说,后记说着"由……而来及其向……而去"。

作为由……而来,后记当然首先意味着一种"结束"。本书由博士论文而来,尽管随着这些年思想的纵深推进,文本被不断修改乃至重写,但其内容、行文、意向、结构、注释特别是细节分析等等,已经命运般地嵌进了作为博士论文的"过去"。此时此刻,后记着的此在,似乎确实可以说:十多年来对"信仰"的思想冒险已然了结。然而,真的过去了?不存在了?过去,一直不断过-去着,亦即以过去的方式离开着从而存留着,以由……而来的方式袭来着从而在场着。时间,更精准点说,时间本身,绝不可能是任何意义上的"对象性"存在,因为那样的话,我们就不可能"有"时间!因为时间已然从"我们"这里剥离了出去,仿佛我们开始可以"没有时间地"面对时间,然后才出发去攫取时间似的。本真的或源始的时间,是经历性的或生存性的。任何一个"此在-现在",从来都不可能是一个空洞的几何点,而是在由……而来中释放出来的。当我说"十多年来对信仰的冒险已然了结"之际,并不意味着这种冒险从"我"这里彻底地脱落出去,退化为一种摆在那里的对象性存在,恰恰相反,在冒险了结之际,它以离开的方式持留着,以被拒绝的方式开放着,以"了结"的方式被经历着,被生存着。"被经历着,被生存着"是说,后记着的此在,在由……而来的总已先行延展之中充实着自身,聚形着自身。但是,这种不断先行延展着的由……而来是怎样到来的呢?由于后记着的此在始终处在"现在-尚未"的生存可能之中,亦即始终以"将在"的方式生存着,所以由……而来的"曾在"或持留,便只能以向……而去的"将在"或筹划或预

"后记"之思 | 285

期的方式到来，或者说，曾在不断将自身递予将在而赋形为现在。过去不是完成了的东西，而是被经历为曾－在或现在－不再；将来不是永不到来的现成的东西，而是被生存为将－在或现在－尚未；现在也不是一个光秃秃的点性的东西，而是被生存为在"曾在着的将在"中或持留着的预期中的"当前化"。生存着的现在，前牵而后挂，而在这种前来后往的当前化中，后记着的此在才形成为自己的"历史性"，更精确点说，在此前牵后挂的当前化中，后记着的此在之历史性或历史性的此在方才"到时"。

何为历史？这其实是一个很艰深的发问，一个思想必须经过千山万水，才会真正产生以及需要应对的问题。这里，敢竭鄙诚，恭抒陋思。

无论"历史"这个词有多少种含义，如"过去之事"、"出自过去的渊源"、与自然相区别的"精神－文化领域"、"流传下来的事物本身"，以及作为历史学的研究对象的"历史"等等（参见《存在与时间》，第428~429页[①]），这些涵义本质上都奠基在对时间的领会之上。若直截了当以命题式的方式来表述，那么我们可以说：历史的本质是时间，时间的本质是时间性，时间性的本质是到时，而到时的本质则是"有终性"。因此，历史之历史性说的就是时间的有终性，一如海德格尔所说："本真的向死存在，亦即时间的有终性，是此在历史性的隐蔽的根据。"（《存在与时间》，第437页）流俗的时间是被"看到"的时间，亦即对象性的时间。这种时间，若用黑格尔至为彻底的思辨的话说，不

---

① 海德格尔：《存在与时间》，陈嘉映、王庆节译，生活·读书·新知三联书店，2012年。下文凡引此书，只注书名和页码。

过是扬弃了的空间,是"那种存在的时候不存在,不存在的时候存在的存在,是被直观的变易"(参见《自然哲学》,第 48 页[1])。作为这种"在别物中即在自己中"(参见《小逻辑》,第 207 页[2])的被直观的变易,时间于是便是真正无限的,而这种在否定之否定之中赢获的"真无限",其"作为时间的时间……本身是永恒的东西,因而也就是绝对的现在","具体的现在是过去的结果,并且孕育着将来。所以,真正的现在是永恒性"(参见《自然哲学》,第 49~51 页,第 55 页)。"被直观的变易",意味着时间的对象化,意味着时间从"直观者"的脱落,就是说,意味着"被直观"的时间没有也不可能切入此在之生存本身。"绝对现在"的时间,意味着经过否定之否定的思辨过滤后,作为"别物"的过去和将来,均被吸收进了"具体的现在",因而它们作为对现在的"限制"就被解除了,故而"现在"便成了作为"永恒性"本身的绝对或无限的时间。

然而,无限时间或时间的无限性说的什么?说的当然是对时间之有限性的扬弃,而扬弃了有限性意味着时间成了无始无终地一面逝去又一面到来的"现-在"序列:每一个过去都是过去了的现在,每一个将在都是尚未的现在。这种两边都望不到头的作为"现在-实体"的无限时间,不仅由于在其否定之否定之扬弃中抹平了一切,从而使得一切均有时间,也就是说一切均没有时间,因为一切都被埋葬在作为永恒性的"现在"之中了。更为要命的是,扬弃时间的有限性,就扬弃或更确切地说遮蔽了时间的

---

[1] 黑格尔:《自然哲学》,梁志学等译,商务印书馆,1980 年。
[2] 黑格尔:《小逻辑》,贺麟译,商务印书馆,1980 年。

时间性，亦即遮蔽着时间的"到时"或"产生"（Zeitigen）本质。时间性根本不是作为永恒的存在者，"时间性不存在，而是'到时候'"（参见《存在与时间》，第374页）。时间之到时，说的是有限性，而且是有限性本身的直接生成或直接给予。而无限的时间要么寂然不动，要么永不到时，因而与源始的时间性无关。因此，无限的时间或作为永恒绝对的现在－时间，是反－历史性的，或者退半步说，是非－历史性的。但吊诡的是，形形色色的历史学领会、追求和处置历史的根本方式，恰恰就是奠基在这种对象性的"永恒－现在－时间"之上的，故而海德格尔的判决一针见血："永恒化作为追求，始终是历史学之主宰地位的后果，是一种表面上献身于历史的对历史的逃避。"（《哲学论稿：从本有而来》，第584~585页①）

　　源始的或本真的"历史"，从来就不是在"时间之流"之中的编年史，也不是由历史学、考古学、文献学等等"多学科"搞定的"过去了的事实"。然而，当我们拦截住这种对"历史性"的庸常领会，一种从我们自身之"历史深处"升起的一连串追问就挥之不去："历史"这个词究竟在说着什么？如果动物只是消亡，而人则有历史，那么，这个"有历史"是怎么可能的？就是"有"那些"过去了的事实"的前后相继？我们离"历史"到底有多远或多近？"时间上"越久远的东西就越具有历史性？倘若如此，那当我们说"…具有重大的'历史意义'"时，难道说的是具有"重大的""久远的时间性"？若不是这样，那究竟何为

---

① 孙周兴、王庆节编：《海德格尔文集·哲学论稿：从本有而来》，孙周兴译，商务印书馆，2014年。下文凡引此书，只随文注书名和页码。

"历史"？如果人有历史，那么我们是如何赢获我们自己的"历史性"的？是通过像历史学这样研究"过去"的学科吗？究竟是历史学才使我们拥有了历史性，还是恰恰相反，仅仅因为我们的此在本身向来就是历史性的，像历史学这样研究历史的学科方才成为可能？我们时代切中的或者不如说"被抛入"的通达历史之"历史可能性"是什么？是冷静、客观地将留传下来的支离破碎的东西整理得井井有条？是对发掘出来的东西进行系统的、多学科的"科学的"研究，从而通过将"我们的历史"推向更遥远的过去来召唤和赢获"当下"的自豪感之类？

如果说，活生生的本真历史不是由"过去"组成的编年史，那么，信仰的历史就更不是关于"过去了的"各种人物和各种流派及其外部活动事件的汇编。宗教信仰之历史或宗教信仰之"实事"，甚至压根儿就不可能是任何"对象性"的存在，因而根本就不可能靠搜集堆砌众多的事件和史实、梳理规整边边角角的文本和史料、面面俱到地考证人物的生平和功业、前后相继地铺陈教派的形成和传承等等这些"外在"的方式来通达。作为典型的意向性生存，信仰之"历史"亦即信仰之"实事"有三种基本的到时方式：信仰一般的到时方式（如《河上公章句》），宗教－信仰的到时方式（如《老子想尔注》），以及宗教－信仰－神学的到时方式（如《抱朴子内篇》）。这些历史性的到时方式作为人之此在的一种可能的生存方式，虽然别具一格，卓尔不群，然向来总在历史学沉重的肉身之中隐而不彰。

海德格尔写道："一切历史学都是根据它们被当代所规定的关于过去的图景来计算未来。历史学是对未来的不断摧毁，是对那种与命运之到达的历史性关联的不断摧毁。"（《林中路》，第

302页①)"唯在对'历史学上的东西'的直接跳跃中,才生成历史。"(参见《哲学论稿:从本有而来》,第14页。)这是我们不能不严肃对待的两个极具思想震撼性的判决。深入展开这两个判决的思想性内涵不是"后记"所能完成的任务。这里简要地谈两点。

第一,无论是"我注六经或六经注我"的史学理念,还是"多学科工程"的科学理念,其本质都在于将历史本身作为"对象"来处置。尽管这种对象性地掌控历史的意向无可厚非,而且因此赢获了很多实证成果,但由此也导致了对历史之历史性的双重遮蔽:1. 始终在"对象"中来照面的"历史"遮蔽在其作为对象的对象性上,也就是说,时间性的历史恰恰总是作为无时间的对象被通达的。2. 将信仰-历史研究化为对"事实"的对象性研究,在遮蔽"信仰-历史本身"的时间深度之际,也悍然抹去了研究者自身的时间境域以及信仰境域。换句话说,信仰-历史作为对象在遮蔽自身的信仰-历史性的同时,也遮蔽着进行对象化的"主体"自身的信仰-历史性,亦即遮蔽着上述海德格尔所说的作为"当代之规定"的信仰-历史性。这种双重的遮蔽意味着,不仅"过去的图景"而且"未来的图景"都不过是被遮蔽着的作为"当代之规定"的信仰-历史性的现成复制品而已,而这种被遮蔽着却又不断出场着的当代信仰-历史性,因而是对作为可能性的"未来"的"不断摧毁"。

第二,历史本身或活生生的历-史,"先于历史学所可能进行的专题化,而且是这种专题化的基础"(参见《存在与时间》,

---

① 海德格尔:《林中路》,孙周兴译,商务印书馆,2017年。

第 425 页)。绝非历史学才将历史的历史性带给我们,毋宁说,只是因为历史是对可能性生存的追问着的种种决断的场所,而人就以这种历史性的方式"存在",诸如历史学这样的以历史本身为研究对象的学科方才可能。正如海德格尔所说:"这里处处正在发生着的,乃是那始终处在单纯历史学东西之视域以外真正存在着的历史,因为这种历史不是重现过去之物,毋宁说,它在所有方面都是横溢将来的契机。"① 当然了,历史本身对于历史学的优先地位却绝不是要说,像历史学这样的对象性研究不重要。相反,由于是我们自身的信仰-历史性才塑造了如此这般的历史学,历史学乃是我们自身信仰-历史性的最流行也最自然的"自觉"方式,因而历史学组建自身的基本意向、它所携带的基本理念以及它构造对象的基本方式和运思方式等等,对于我们的信仰-历史性生存亦即"生成-历史"或"开始-历史"来说,都具有与众不同的重要性。何况诚如海德格尔所说:"我们几乎不能摆脱历史学,因为我们已然再也估计不到,历史学以多样隐蔽的方式在多大程度上控制着人类的存在。'现代'并非偶然地把历史学带向真正的主宰地位。"(《哲学论稿:从本有而来》,第584 页)但是,信仰-历史之核心,或者说,信仰-历史之"实事",既不是一系列平面展开或凌乱堆积的偶发事件,也不是被历史学过滤后的那种连贯系统的对象性的编年实体或逻辑实体,而是活生生的存在之"发生",亦即伴随着有限的时间性之"到时"而来的存在之闪耀,意义的喷涌。如此这般活生生的闪耀和

---

① Heidegger. *Contributions to Philosophy-From Enowning*, p. 7. Translated by Parvis Emad and Kenneth Maly, Bloomington Indiana University Press, 1999.

喷涌，不仅发动、开启和维持着某种信仰性生存的"无蔽"领域、表象方式以及"合法性"秩序，而且也从根本上决定着这种信仰－历史的开端、兴盛及其衰亡。

往思如烟。写后记就是为了"了结"那如烟而去的"往思"。然，流逝不仅已经意味着存留，而且也已经意味着这种存留以预期或筹划的方式，绵绵奔袭入当下。故，真正的后记在接住存留之际已然迎向一种到达，亦即已然进入一种更为辽阔的历史性－开端。

我知道，正像存在从存在者的簇拥中闪耀照面那样，思想挤过学术的过道破围而出，要么，引发各种"自明的"裁夺蜂拥而至，要么，一如雨水落入沙漠……但时间智慧的权杖，总会划破学术沉重的肉身，馈赠出思想轰鸣的时机……

・课桌间的解蔽时刻

哲学系本科新生致辞[①]

诸位同学：

当你们跨进四川大学哲学系的门槛之际，你们的人生便来到了一个黄金般的十字路口：你们将留在川大的是18岁到22岁的黄金岁月；在这里，你们或者会重新赢获一个深度的自我，或者实质上什么也不会发生，只不过在大学以及哲学的泡沫中喧嚣了一番而已。"十字路口"便意味着决断，对你们自己的人生作负责任的决断。而决断又意味着借以决断的种种根据、理念、原因、理由等等的现身出场。这些簇拥在这个十字路口的东西，说到底无非就是关于大学和关于哲学的种种现实、理念、见解、理由、看法等等。因此，我以为，"大学"与"哲学"，这两个名词命名着你们当下的根本处境。那就让我们接受这两个命名的邀请，来作点简单的回应。

[①] 此乃笔者2010年9月为四川大学哲学系本科新生作的"迎新词"，后应《教育家》杂志的要求，以《智慧就应该这样显现——余平给四川大学哲学系本科新生的开学致辞》（此标题为编辑取的）发表在该杂志的2014年第9期上。

何为大学？蔡元培先生说："大学者，囊括百家，网罗众典之学府也。"大学乃这些"百家"的诞生、持存和辉煌之家园，乃这些"众典"的酝酿、成形和闪耀之疆域。大学之为大学的生命表现无非是：思想及其学术。在这里，人文精神以及科学精神存在性地吐露；在这里，你可以上天入地，纵横古今；你可以专注奥秘，潜心思辨；你可以严谨地反躬自省，深度地重塑自我。因此，作为大学中的一个真正的学子，我以为，最根本的就是要做到两条：第一条，以思想及其学术的方式生活，并以学子的良知守护之；第二条，牢牢地记住第一条。

人们常说一句话："上大学是我的梦想。""梦想"这个词很深奥哦。诸如那些"我梦想当一名医生或飞行员"之类，那些"我梦想拥有宝马、别墅"之类，其实都配不上"梦想"这个词。你当下甚至永远够不着的，才是真正的梦想，故而才只能：在梦中想想。这就是说，一个人只有在过滤掉种种流俗的观念、动机、习俗、得失、利害等等之际，你的梦想才会真正腾空而起，从而持续不断地以"梦想"的方式召唤着、指引着、并塑造着你的当前。作为这种超越性的根本家园和疆域，大学因而是纯洁的、神圣的。

然而，诸君不是正美美地坐到了四川大学的教室里了吗？就是说，你们不是已把作为梦想的大学兑换成了硬邦邦的现实了吗？是的。但我要说，你们目前只不过费劲挤进了大学愈来愈沉重的肉身，离作为梦想而引领着你们的大学之魂，尚相隔着万水千山。诸位也许会说：你是不是太夸张了！那就让我向诸位发一问吧。你们为什么上大学？尽管有不同的表达，然说到底不外乎就是：让自己成为人才，从而获取一份尽可能好的职业。在此人人想致富、个个争富豪的强大世风的牵引之下,这种从"胎教"就已经筹划成形的生存方式和理念有错吗?没有。但正是这些不言而喻的方式和理念使得你们与大学之魂咫尺天涯。

年年都有新生进大学,同时又有老生出大学。处在此一进一出之间的我,常常叹息不已:很多人满怀着梦想跨进大学,出去的时候已经没有了梦想,在就业、考研、出国、收入、婚姻、房车等等"现实问题"的强力挤压下,他们风华正茂、意气风发的青春之魂,他们指点江山、激扬文字的昂扬气魄,已悄然魂飞魄散,因为他们终于"百炼成钢"。

更为严峻的是,诸位不仅踏入了川大,而且踏进了哲学系。几乎每一届哲学系的新生都如此告诉我:接到"四川大学"的通知书时开始向光明升腾,一瞥见"哲学系"三个字马上就开始朝黑暗坠落;继而置身于父母、老师、同学、亲戚、朋友、朋友的朋友的千篇一律的对话中:"川大?不错!哲学?哦,哲学,嘿嘿"那口气洋溢着人们最冷漠的同情,那语调表述着最让人难受的怜悯。最后,拖着不那么轻盈的步伐走进了川大,遇见其他专业的同学问:你学什么专业的?支支吾吾地曰:我…公管…学院…当真连面对哲学的勇气都已丧失殆尽。

然而,在此我要向诸位发第二问:你们知道这个令你们沮丧、令你们饱受痛苦的哲学是什么吗?初高中学过一点点?恐怕轮到在场的哲学系同仁们发出"哦,哲学?嘿嘿"的声音了。如果你们实际上根本不知道究竟何为哲学,怎么会为之沮丧、为之痛苦呢?显然,这种沮丧和痛苦如果不是哲学带给你们的,那就只能来自由你们的父母、老师和亲朋好友组成的亲友团持有的"关于哲学"的各种不证自明的印象和看法。可是,亲友团就知道哲学是什么吗？当然不会比你们知道得多。这样一来，那你们的沮丧和痛苦难道是幻觉？不。在你们以及你们的亲友团的种种关于哲学的印象或看法中，有一个大致可以分享一下的"正确"的概念：无论哲学是什么，哲学肯定不是一种技术或一门手艺。哲学学的什么？搞不懂。学了哲学出来干啥？不知道。有没有哲学公司？没有。面对未来如此的不确定性，你们无法解除掉自由的包袱而定位自身，于是沮丧之，痛苦之。

看来，我们不得不再次叩问：哲学，它究竟是什么呢？这个问题太大、太厚重了，绝非几个定义或者几次演讲就能打发的。我这里以英国前首相撒切尔的一个观点作为切入点，来旁敲侧击一下这个问题。

撒切尔说过一句让我们中国人很受刺激的话，她说：中国并不可怕，因为中国人没有思想。这里无意去讨论这个很深、很复杂的大专题。中国人没有思想吗？这首先取决于"思想"二字说的什么。什么是思想呢？这又是一个这里无法展开的大专题。我上学期在川大的"人文大讲堂"作过一个稍微专门一点的讲座，题目叫"哲学与思想"。下面让我从中捡出一个相关的话题来简单谈谈。

思想之为思想，不是对任何现成存在者的现成知识，可以这样说，现成知识终结处，思想才开始，才可能开始，因为如果一切都已被现成的知识瓜分完毕，哪里还可能有思想立足的空间？因此，思想就是思出知识之外去，就是去"思想一番"。怎样才能"思想一番"？经过对现成知识的悬置、扬弃而返回到作为智慧涌动之源的哲学。迄今为止的人类历史告诉我们，思想总是以哲学的方式显现。那么，所谓"哲学的方式"又是什么？就是构造、成形并维持在最深度、最彻底的追问态势之中。

真正的哲学就是问,就是入地上天地问,往古来今地问。我们汉语本身有时候很透彻,让人顿生一种自豪感,比如这个"问"字。《说文解字》的解释是:问,询也,从口,门声(询,本义为请教、考查)。从这个字的结构上看,问由"门"和"口"构成。门意味着中间—通达,亦即这边与那边、外面与堂奥、不知道与知道、不懂与懂、不领会与领会等等的激荡、回旋、引发和朗照。所以,问之为问,就是在门口,存在于门口,就是"叩其两端而竭焉",就是在门口的这边与那边"存-在",也就是在"空空如也"的道与可道的"中间"存在。这个所谓"中间的存在",就是通常所说的智慧,就是所谓的哲学之思。所以,问点燃思想,使思想燃烧。

一个人、一个民族如果没有这种问,他可能有一切"学",但肯定没有活生生的作为智慧的"哲学"。哲学就是这种对问的守护。那么哲学究竟怎样实现这种守护?哲学之问不是问这问那,不是问"你吃饭没有?你有女朋友没有?";也不是问"三角形内角之和等于多少度?为什么等于180度?";甚至也不是问诸如"人是什么?人为什么是理性的或劳动的动物?"之类的问题。哲学之问乃"根本"之问。所谓"根本"是说它要问出一切存在者之现成性之外去。说得通俗点,哲学追问一切可能的"前提",包括以哲学名义给出的现成的"哲学知识"。在永不停息和永不可挡的对一切可能的前提的追问之中,哲学实现了对"根本之问"的守护,从而构成为赫拉克利特所说的"永恒熄灭着又永恒燃烧着"的智慧的河流,永恒放出着自身又永恒收回着自身的智慧之源。因此,只有虔诚地献身在这种根本之问的绵绵深流之中,哲学之为哲学才会真正穿透我们,思想之为思想才会真正造访我们。

诸位同学:

站在这个黄金般的十字路口,你们理应有决断人生的勇气。

大学,本质上不应该是高等职业技术培训学校,不应该仅仅是就业的廉价入口。就业筹划,小也;人生最大的筹划就是让自己作为富有自由以及尊严的人而重新诞生出来。面壁四年图破壁。这个"壁"难道不首先就是那种围浸着你们的与时俯仰、人云亦云吗?在此举世嚣嚣、实用至上之世风的四面环绕之中,你们能否决断人生破"壁"而出呢?你们,当然还有我们,能否历史性地应答那作为梦想之大学的不息召唤呢?

哲学,这个让你们在不幸之中方才有幸被抛入的"高山之巅与冰雪之间",不应该被开初的沮丧和痛苦所遮蔽,也不应该仅仅被作为与其他诸如数学、物理学、管理学之类学科比肩对应的哲-"学"。作为大学里的一个"专业",哲学乃不可或缺的形而上之事业;作为智慧的涌动之源,作为开启"认识你自己"、见证自由的生活方式,哲学乃是人生中很稀罕的活动。稀罕的才是真正值得珍惜的。如果一个人的人生道路上挤满了形而下的打折货,不再有对深邃的、高贵的和神圣东西的起码向往,那便意味着人性的荒芜和没落,因为人之生命的价值、意义、尊严和辉煌已经荡然无存。

17世纪日本的俳句大师芭蕉吟唱道:

> 这条路,无人行,在这个秋日黄昏。

这个放眼望着这条路说"这条路,无人行"的人,恰恰正是行路的人；而且，这个面临着这条无人之路的人，已然作出了摄人心魄的冷峻决断：这正是我的路，我必须走这条道。

其实，这也就是思想之道、哲学之道。

谢谢诸位！

学院硕博士新生致辞[①]

各位硕士生、博士生：

首先，请允许我代表公共管理学院全体老师，祝贺你们经过数年一路跋山涉水，今天终于正式跨进"研究生"的人生阶段。

如果说，真正的思－考总是在通常不该发问的地方起而发问，那么，这里首当其冲的显然是：何为研究－生？研究生当然应该是处在"研究"状态的学生。然而，何为研究？或者说，研究何以可能？阿伯拉尔说：怀疑把我们引向研究，研究把我们引向真理。显然，这个逻辑是：怀疑——研究——真理。而且显然，这个逻辑意味着：怀疑是研究的前提，而研究则是真理的前提。这个逻辑若以否定的方式说出，其意思就更加咄咄逼人：无怀疑就谈不上研究，也就无所谓真理。既然怀疑如此根本，那我们便不得不进而追问：何为怀疑？真正的怀疑不是通常说的"疑惑""不相信"，不是由不知道什么或想知道什么而来的 ask，因

[①] 这是笔者 2014 年 9 月为学院硕博士新生作的开学致辞。

为这样的问一旦发出，要么答案立刻奉上，要么答案伺候在旁，就是说，这样的问虽然已拥有怀疑的意味，但说到底仍不过是依据某一种现成性而来的对另一种现成性的怀疑，其本身仍然奠基在现成存在者的现成性上。真正的问是追－问，是 question（question 本来就有"怀疑"之意），亦即是对作为研究和真理之前提的追问。这种追问，无孔不入、不依不饶地追问，彻头彻尾、穷根究底地追问，最终问出一切现成存在者的一切可能的现成性之外去。一个大学，一个研究生，如果没有抑或丧失了这种追问，她－他可能有一切"学"，但肯定谈不上真正意义上的"研究"，因为答案或明或暗都已然有了，压根儿就没有研究或者不研究这样一回事情发生。因此，研究之为研究，实现自身于永不停息和永不可挡的对前提的追问之中。普罗泰戈拉说："大脑不是一个要被填满的容器，而是一个需被点燃的火把。"追问点燃思想，使思想燃烧。

研究生，不是去拿一个比学士高一个或两个等级的学历牌子，而是应该响应"研－究"的召唤，突入人生中的一种独特可能的生命朝向，亦即生活在一种彻底追问的生命态势之中。从根本上讲，所谓大学，真正意义上的"现代大学"，就是让这种追问的生命态势得以蕴育、展开、闪耀和千姿百态的专门场域。置身于这种研究的态势中，我们于是才有可能踏上一条真理之路。真理不是一种知识性的技巧，也不是这样那样的道德教化，当然更不等于一门手艺。毋宁说，真理乃一条道路，一条追求着才可能向你显现出来的道路。毋庸置疑，这绝非任何意义上的一条现成道路，因而不要奢望凭借你的天才运气，抑或某种抢先持有的价值优先势位，可以清场封路。作为道路，真理是一条去蔽－开启的道路,而且是不断地、层层地去蔽-开启的道路。

要真正进入这条追问-研究-真理之道,需要的远不仅仅是当代人最倚重的所谓"智商"或经人才市场塑造过滤后的"能力"。作为一种只有在彻底追问之存在态势中才会蓬勃升起的生命意向,更需要的是两种存在性的品格:(1)虔诚;(2)决断。追问之开启,首先就要有勇气突破那个从四面八方软禁着我们的人云亦云、实用至上的生存可能,而投身并始终维持在对"事情本身"的虔诚之中。只有虔诚献身于事情本身的绵绵深流中,真理之为真理,才有可能真正穿透我们,造访我们。置身于这种虔诚的生命姿态当中,我们其实就已然被推入了"决断"的生存状态,尽管我们通常难以自觉领会到这一点。2010年秋,我在给哲学系新生的迎新致辞的结尾,引用了17世纪日本的俳句大师芭蕉的名句:

> 这条路,无人行,在这个秋日黄昏。

只有一个永远行走在路上的人,才能说出"这条路,无人行";而这又意味着,这个面临着这条无人之路的人,已经投身于一种凛然决断的生存状态:这正是我的路,我必须走这条道。

作为研究生,一旦你们的人生-此在跟随着这种虔诚中的决断,作为学生的你们,就不仅能真正脱胎换骨,而且由此,也真正赢获了作为自由以及尊严之人的存在性命运。

谢谢。

学院毕业典礼致辞[1]

（对不起，我讲四川话，因为它更真切。）

请允许我代表公共管理学院全体老师，最后再喊你们一次：同学们！

同学，大学－同学，这远不仅仅是一个标签式的称呼，而是一种命名，一种对人生中最丰沛、最华丽、最蓬勃张扬、最千姿百态的生命姿态的命名。命名在呼唤。唤向哪里呢？唤向江安河边，荷花池旁；唤向A座B座，三教四教；唤向上铺下铺，书店操场；当然，也唤向同桌的你，唤向热恋－失恋－暗恋的靓女和帅哥……一句话，唤向这个明天你们便只能在回望中称之为"母校"的地方：川大故校，往事如烟。但我不得不说的是，这个地方，永远不会"过去"，而且必将默默伴送着你们的一生。

蓦然回首，大学岁月，悄然而逝。是的，每年的这个时刻，我都有点"兰亭已矣""盛筵难再"的感伤。感伤不单单是生命

---

[1] 这是笔者2014年6月在学院毕业典礼上的欢送致辞。

的叹息,更是生命将自身的由…袭来的"曾在",递往向…涌去的"将在",从而把我们送入存在辽阔的近旁。正是在存在之辽阔或辽阔之存在之中,才有你们的"穷且益坚,不坠青云之志",也才有我们的"老骥伏枥,志在千里",就是说,才有生命本身的沉稳和张扬。

你们来了,又走了,不带走一片云彩。但是,你们带走了望江楼旁的灵气、锦江河畔的智慧。这种灵气和智慧赋形于你们,一如你们也赋形于它们那样。挟拥着这个与你们共属一体的"川大魂魄",你们踏向四面八方,指点江山,驰骋天下;你们奔入大江南北,叱咤风云,建功立业。你们梦寐以求而来,跃跃欲试而去。

你们来了,又走了,没留下一砖一瓦。然而,即便你们离开,也有一种"东西"在离开之际留了下来:灵魂,你们的灵魂以离开的方式,留存在了望江边一个叫"川大"的那片云彩间、那片地带中。无论你们怎样转身远去,纵然直抵天涯海角,这片云彩、这片地带,也会千回百转地涌向你们,滋润你们,守护你们。

你们来了,又走了。作为你们的朋友,我的"临别赠言"是汪峰摇滚荡气回肠的轰鸣:就在这刺骨而凛冽的大风中,你会听到我赞美未来的呼喊……也许征程的迷惘会扯碎我的手臂……虽然失败的苦痛已让我遍体鳞伤,可我坚信光明就在远方,就在远方……

你们来了,又走了。作为你们的老师,我们的"临别承诺"是齐秦款款诉说余音绕梁的吟唱:当你觉得外面的世界很精彩,我会在这里衷心地祝福你。每当夕阳西沉的时候,我总是在这里盼望着你,天空中虽然飘着雨,我依然等待着,依然等待着……

谢谢。

哲学系复系 60 周年暨独立庆典致辞[①]

首先,请允许我代表川大哲学系在职的全体教师,向自 1959 到 2019 的所有出席的和缺席的川大哲学系的学生,在静默数年后重新呼喊你们一声:同学们!

今天,我们从四面八方返回到"四川大学哲学系"这个命名下,赶来见证一个独特的历史性时刻:经过二十多年的漂泊流浪,我们四川大学哲学系,终于又重新作为哲学系,挺立而出,并以此挺身站立,站进自己的六十寿诞。

此时此刻,哲学在场,我们在场。

一个甲子,一次循环。经此循环,川大哲学系步入"六十而耳顺"的地带。"耳顺"不是随波逐流,逆来顺受,无所作为,而是在经受"不惑"和"天命"的挣扎和曲折之后,进抵真正自由之辽阔存在。因此,耳顺意指着一种存在的辽阔态势:任凭它

[①] 这是笔者 2019 年 10 月在四川大学哲学系复系 60 周年庆典上作的致辞。成书时有增改。

四面楚歌,纵然已走投无路,然,吾,恰恰就在此四面楚歌和走投无路的纵深埋伏中泰然奋起。

哲学,作为现代大学里的一个"专业",乃不可或缺的形而上之事业;作为智慧的涌动之源,乃人生中一个很稀罕的赠礼。哲学既不是在实用性的逼迫下产生出来的一种偶发的行当,也绝非可以从对各种知识-观点前赴后继的翻译、梳理、注解、复述、改写等等中随便可获得的东西;毋宁说,真正的哲学,总是击中那从暗处投递而出的当下-发生,进而将自身收入那开端性的深渊之中。若以我们母语的语词来说,哲学的王国,乃道之王国。而一旦我们决断性地投入这个"大道泛兮,其可左右"的王国,就不得不迎向并承担着那自远古蜿蜒而来的高贵命运:"朝闻道,夕死可矣。"

诺瓦利斯说:"哲学是真正的乡愁,一种随处都要回家的冲动。"不言而喻,这里的乡愁,说得当然不是对那个承载着那山、那水、那事以及那人的某个现成空间处所的思念,因为这类对故乡的肉身之思念,是可以通过抵达被思念者而了结掉的。但是灵魂,那在死亡预期中生存着的赴死者的灵魂或精神,却只能"独在-异乡为异客",只能"望故乡渺邈,归思难收"。灵魂的故乡,始终是辽远的,始终以离去的方式到来。这意味着,我们命定被思-乡的冲动所驱赶,因为这是来自存在深处最隐秘的召唤。扎根在人性深处的哲学,源出于此召唤,发动以及响应此召唤,并因此一次又一次地将我们投进那浸透着无声泪水之乡愁的滚滚涌临之中。

在此隐秘渴望的驱赶下,诸位同学拂去种种在世的尘埃,为了各自心灵深处的乡愁,舟摇摇以轻扬,风飘飘而吹衣,归去来兮！我知道，你们中的很多人，已离开川大哲学系久矣，甚至大部分同学与哲学已经相距遥远。然，无论你们怎样转身离去，但纵然千里烟波，纵然暮霭沉沉，那也不过是哲学性乡愁千姿百态的归来方式。只要你真正抵达过哲学星汉灿烂的天－空，那便已然开放出思想的荡荡苍穹，终生享有着存在的概念性创建威力的馈赠。

荷尔德林说："从单纯的知性和理性之中还产生不了哲学，因为比起知性和理性的关于对象性东西的分析和综合等认知来说，哲学要来得更多。"这个隐匿在人性的深海始终以"尚未"的方式出场的"更多"，其实就是作为超越本身的哲学运思，亦即作为一种指引着－让敞开的独特劳作。如果这种独特的哲学劳作，乃是从一切现成性崛起的一种卓越的运思力量，那么，这本身就构成为一种本质性的存在尺度：一个民族如何对待哲学，这已然径直界定出该民族自身的存在地带。无论多少时代过去了，多少时代将会来临，也无论我们怎样盛装艳抹，历史如何动荡起伏，但只要人作为人而存在，其在大地上的栖居，本质上就是思性的。只有根本上盘桓在这种思性的开放之中，我们才会被带向生命之价值、意义和尊严的近旁。

诸位同学：

此时此刻，哲学在场，我们在场。凭此在场，我们站入四川大学哲学系的历史性事件之中。作为这个历史性事件的见证者，我们在怀想中眺望。回顾历史的沉浮得失，六十年过去了。当我们回望历史之际，历史也凝视着我们。在这种回望－凝视的回荡中，发送着我们的决断及其命运。在此发送中，我们卷入、承担和创建着下一个六十年。今天在场的诸位同我一样，都是在川大哲学系逗留过、沉思过和奋起过的一员。此情此境，我们远眺并祝福着她的下一个甲子。我相信，那定然是"层峦耸翠，上出重霄，飞阁流丹，下临无地"的一个甲子。是的，我们中的很多人那时已然离场远去。但，只要哲学性的乡愁还在，哲学的思脉还在，人性的尊严还在，我们就会越过肉身的天堑，从比远方更远的远方，不绝如缕地奔袭而来，融入那思想的悠悠鸣响之中。

谢谢诸位同学！

余 平

2019 年 9 月

我的大学教-学理念[①]

五分钟，我以掠过的方式谈三层意思。

大学的品格

一个大学凭什么走向辉煌？并且维持住这种辉煌？不是靠那高耸的大楼和气派的校园，而是靠那始终震荡不息的科学精神和人文灵魂。一个"university"与一个"school"和"colleage"的根本区别在哪里？不在于有无所谓的"大师"或是否研究所谓的"高深学问"，而在于 school 和 colleage 本质上立足于知识-技术的输入输出的教学理念，而 university 则立足于人类文明核心的传承和创造的理念。大学的教学理念，绝非一种"主观"的东西，毋宁说是大学的存在性品格，这种品格使它显现出一种独特的生命姿态，这就是追问的生命姿态。

追问的生命姿态

说得通俗点，大学里师生的与众不同之处在于：他们本质上以追问的方式生活。我常对本科生说：一个读了四年大学，但从

[①] 这是笔者在四川大学 2015 年第二届"卓越教学奖"评审会上的五分钟陈述。成书时有增改。

未经验过追问的思想质态的学生，实际上只是渡过了一个"后高中时代"。为什么鲜见我们中国人问鼎诺贝尔科学奖？不是因为我们的钱不够人不多，不努力不聪明。那个苹果的创始人乔布斯也许无意间命中了事情的玄机。他说："我愿意用我的全部技术发明去换取与苏格拉底相处的一个下午。"（众所周知，苏格拉底献身于追问的生活方式，最后肉身成道，从而奠定了西方人的根本运思方式。）与苏格拉底相处一个下午干什么？进入苏格拉底式的追问状态，重新打开更广阔的创造空间。因此，一个真正意义上的大学，不单单是获取某种谋生手段的场所，更是让这种追问的思想质态得以蕴育、展开、闪耀和千姿百态的专门场域；一个真正意义上的大学教师，也不仅仅是传授给学生某种现成的知识和技能，而是以一切可能的方式把学生护送入追问的思想状态，使他们作为思考的主体重新诞生出来。普罗泰戈拉说："大脑不是一个要被填满的容器，而是一个需被点燃的火把。"追问点燃思想，使创造性喷涌。

大学教师的天职

作为大学老师，我们终究绕不过去的问题是：大学教学的根本是什么？我们怎样领会这个问题，就怎样自我塑形着作为教师的我们。于是我们发问：大学教学就是一碗接一碗灌向学生的"心灵鸡汤"？或者是龟缩在PPT中的现成东西的重复播送？不，不是。大学教学的灵魂，是师生一体虔诚地突入追问的思想状态，从而共同见证"真理"的源始发生。"共同见证"就是"切己"，切己就是击中，击中"大学－教学"这个事情本身。

诚然，作为老师，我们传道、授业、解惑。但是，思想源起于疑惑，就是说，真正的解惑者自身一定置身于更深的疑惑之中。至于授业与传道，《老子》的名言"道可道非常道"，已经苦口婆心地劝说两千多年了。对于现代的民族国家来说，大学意味着它的创造性润育于斯，它的梦想成型于斯，它的命运也决断于斯。这又进而意味着，一个大学教师的职责，不是以传道、授业、解惑的方式去终结问题，而是去不断重新打开问题，不断去重新开显新的思想地平线。这样一种生存性位格，就是现代大学的灵性与魂魄；而始终以学者的良知守护这种位格，就是我们的根本天职，亦即我们作为大学教师的价值和尊严的活生生出场。

在这种天职的统摄下，大学的课堂，就不再局限在那几十或几百平米的空间内，也不会终结于庖丁解牛的那种技巧之道，而是卷入更辽阔的思想大道，进而在人性的深处持续地激荡、回旋和鸣响。这种在思想的召唤中蓬勃发生着的大学教学，就会一如《左传》"季札观周乐"中所说的那样："美哉，渊乎，泱泱乎，荡荡乎，大风也哉！"①

---

① 五分钟陈述结束后，按评审规则进入评委的提问环节。一个评委提问道："你说的东西很玄，我们听不懂。还是回到评奖文件上的问题上来：你认为'什么是师德'？"其实是一个可以有深度的问题，但在当时的"解释学处境"下，没法从容和彻底地进入这个问题。这里就借此机会多说几句。所谓"师德"不是或至少不等于一个"道德"概念。一个人投身教师的职业，从满头青丝干到一头白发，做到了所谓"春蚕到死丝方尽，蜡炬成灰泪始干"，就是一个有"师德"的老师吗？不一定，因为谁不是从满头青丝到一头白发？从事什么职业不是最终抵达蜡炬成灰始干？师德之为师一德，不是道德一般，而是教师之道德；而教师之道德，说的不是教师作为人的一般的道德，而是得一道，即进入教师之道。这意味着，一个有师德的教师，就是一个始终持守着教师之生存方式，或者说始终守护着教师之位格的人。教师之位格说着什么？海德格尔说得好："真正的教师以身作则，向学生们表明他应学的东西远比学生多，这就是让人去学。教师必须比弟子更能受教……如果教师与学生之间的关系是真诚的，就绝不会有'万事通'发号施令和专家的权威影响作威作福之地。成为一名教师，才是更高的事务，这与当一个有名气的大学讲师或教授完全是两码事。"（见海德格尔：《什么召唤思？》）换言之，一个真正有师德的教师，不是一辈子辛辛苦苦将自己现成的知识重复输出，毋宁说，是始终劳作在重新"学习"之道上，从而不断让自己重新敞开，就是说，不断重新去"成为一名教师"。

哲学系本科考题一份①

一 理解与反思：（30分）

哲学家们只是用不同的方式解释世界，而问题在于改变世界。

马克思《关于费尔巴哈的提纲》第十一条

---

① 这是一份四川大学哲学系本科一年级《哲学通论》的考题。很值得追问的是：什么样的考题才是真正"哲学的"考题？是因为它出自哲学系老师之手？还是它由其内容为公认的"哲学行话"（概念、范畴、观点、言述方式等等）而被担保？抑或是由于它剑指那些有或明或暗现成答案的哲学史知识以及"关于"哲学的种种自明理念？这些问题恐怕不是轻而易举就能应对的。任何考题都溢出其所指内容而裹有着某种意向性指引（"人文学"尤其明—显），这种意向性指引既显现着命题者自身的位置，也作为追问向着被命题者召唤。一个真正的哲学考题应该怎样召唤呢？就是说，它应将考生唤向哪里呢？唤向海德格尔说的真正"哲学一番"的区域，亦即唤向由"哲学"这个词向来命名着的地带。这是怎样的一个区域或地带呢？有一个词在说话，一直在提—醒着我们说话：meta-physics。哲学考题不能止步于"physics"的位置（这个位置绝不仅仅是作为一门"物理学"，毋宁说是以物理学方式进入事情的所有"学"），而是途—经"physics"而抵达"meta-"（在⋯之后或超越）的区域或地带。严格地讲，哲学（philosophy）就是这个"meta-"，真正的哲学劳作，就是这个作为"阴影王国"（黑格尔语）的超越本身，就是"存在"于这个"meta-"的地带之中。窃以为，一个真正的哲学考题，不在于它是谈论亚里士多德的潜能还是康德的先验，是关于黑格尔的绝对

1. 理解：你怎样理解马克思这里的"解释世界"与"改变世界"以及两者的关系？

（10分）

2. 反思：按照你上面的理解，"解释世界"相对于"改变世界"而言是不重要的吗？或者前者是"手段"后者是"目的"吗？难道事情不是这样：人类若要更好地"改变世界"，首先就必须更好地"解释世界"？马克思这里的"而问题在于改变世界"的深度意义是什么？

（20分）

（参考文本："社会生活在本质上是实践的。""直观的唯物主义，即不是把感性理解为实践活动的唯物主义，至多也只能做到对'市民社会'的单个人的直观。""旧唯物主义的立足点是'市民'社会；新唯物主义的立足点则是人类社会或社会化了的人类。"马克思《关于费尔巴哈的提纲》第八、九、十条）

二 领会与思－考：（30分）

哲学通论这门课的参考书之一是罗伯特·所罗门著/张卜天译的《大问题》(*The Big Questions*)。

还是关于胡塞尔的悬搁，而是它是否、能否将考生带向乃至逼入"meta-"的地带；从具体的"操作"上讲，就是尽力将考生从其"现成知识"或"现成答案"或"自然思维"处挤出，从而暗示或敞开某种思－考的空－间。我说以上这些，绝不是要"暗示"我的考题出得好，那也太没追求了嘛；作为一个自认为的"虔诚思者"，我只是力图显－明：真正的哲学劳作，其实是无孔不入的，并因此却又是很稀罕的。

1. 领会：按你的领会，什么是"大问题"？

（10分）

2. 思-考：依照自然的领会，"大问题"就是除开"小问题"以外的问题吗？如这样，那么：a. 请界定"大问题"和"小问题"；b. 请思-考：如果一边是"大问题"，另一边是"小问题"，那么所谓"大问题"就无疑是相对的；而一旦"大问题"只是"相对的"大问题，那么这是否就意味着其实根本上就无所谓"大问题"？c. 请阐述"大问题"与"小问题"的关系。

（20分）

三　论证：（40分）

论大学精神

（参考性提示：1. 何为"大学"（university）？与中小学相比，大学之"大"的本质是什么？2. 何为"大学精神"？作为一个"现代"概念，其精髓是什么？3. 在1和2的基础上，进一步展开和证-明你对大学以及大学精神的见解，从而充分显示你对问题之领会的纵深推进。）

走向《存在与时间》（讲座提纲）[①]

（讲演提纲）

解题：我今天讲座的题目是"走向《存在与时间》"。这里要特别强调的是，我用的是"走向"而不是"走进"。企图在一个讲座的幅度内"走进"《存在与时间》，无疑就是一个笑话！所以，我下面的讲座，只能力争为那些对海德格尔思想感兴趣的同学作一个浮光掠影的外围铺垫，希望由此对这些同学发生切实的触动。

我的演讲分为三个方面：

1. 海德格尔其人其事；
2. 《存在与时间》内容掠影；

[①] 川大哲学系每年要为本科学生开设"思问系列讲座"，每个哲学系教师都义不容辞（轮流讲）。2013年（6月）这个系列讲座大的主题为"经典著作介绍"。这是我的讲座题目的提纲。成书时有较大改动，但仍保留"讲座提纲"的基本形式和节奏（如作为讲座"提纲"的"不完整性"；引文均未注明出处；上下文转渡的突兀性；因预留给临场演讲发挥空间而频繁使用省略号、括号和破折号等；为力求讲演效果而扣留思想的深度和密度以及牺牲学术细节的铺展等等）。

3. 《存在与时间》中的良知之思。(时间也许不够,随遇而安吧。)

导言:海德格尔曾在讲亚里士多德时,用了一句精心雕琢的话来介绍他:"这个人生下来,劳作过,后来死了。"这话显然是说,一个思想家的生平对于思想本身来说,应该也可以忽略不计。但若我们今天介绍海德格尔,也用这样一个句子似乎是了结不了的,因为近在咫尺的海德格尔不仅是上个世纪最大的思想家,不折不扣的"著作等身"(近百卷),而且其作为"常人"的私生活为人诟病,关键是在第二次世界大战期间又卷入了纳粹运动(1933—1934年当了十个月弗莱堡大学的纳粹校长,1945年以后似仍百般狡辩等等)。然而,当我们千回百转地力图挤进《存在与时间》这个文本本身之际,竟会脱口而曰:文本之外皆浮云!作为《存在与时间》的作者,这个人生下来,劳作过,后来带着他在世的荣辱,随风而去了。但作为上世纪横空出世的思之巨著,《存在与时间》不但还在说话,不断重新朝我们说话,而且其卷起的思之风暴,上通远古的召唤,下袭当下的"在场"。(其实,与海德格尔30年代以后近40年的著述相比,通常被认定为其"代表作"的《存在与时间》,无论就其篇幅还是就"思"之严格性、深彻性等来说,它都只是海德格尔漫长思途中的"过门",并不具有被强行赋予它的优先地位,尽管哲学史家们总会把海德格尔之思钉死在这本"代表作"的十字架上。)因此,下面我所谓"海德格尔其人其事"以及"《存在与时间》内容掠影"云云,都只能在围绕作为一个"思想的事情"的《存在与时间》来展开。

由于此演讲直接指向"思想",因而势必引向"幽深"。这意味着,此演讲不准备向诸如"深入浅出"之类的流俗意向妥协,虽然"演讲"通常因其固有的时-空限制总会让"事情本身"搁浅在流俗的视域内……所以,我要预先请求大家谅解我这个演讲中有时不那么口语化的表述。

一 海德格尔其人其事

1969年,汉娜·阿伦特在庆贺海德格尔80岁生日的专文《马丁·海德格尔80岁了》中写道:"如同柏拉图的著作在千年之后仍向我们劲吹不息一样,海德格尔的思想掀起的风暴,也并非起因于某个世纪。它来自远古,臻于完成。此一完成如同所有的完成一样,又归于远古。"所谓"海德格尔的思想掀起的风暴",从形式上讲开始于《存在与时间》。1927年海德格尔在胡塞尔主编的《哲学与现象学研究年鉴》第8期上首次发表了《存在与时间》,海德格尔于是一举成名。实际上,在《存在与时间》出版之前好多年,海德格尔这个名字早已不胫而走,甚至人们私下里已把海德格尔称为当时德国哲学界的"秘密国王"。阿伦特曾这样描述道:"人们在传说海德格尔时非常简单:思又复活了!过去时代的、相信早已死亡的思想财富又进入了言说,如此这般言说出来的东西与人们在怀疑中猜测的东西大不相同。还真有一位老师,也许可以在他那里学到思。"

阿伦特这两段话说得极为精准,当真是海德格尔的红颜知己(海德格尔说:"你在切中我的思想方面强过所有人。")。让我围绕这两段话来作一点阐释。

解释1. 所谓"风暴"的说法,来自海德格尔1933年的校长就职演讲"德国大学的自我主张"。在这个讲演的最后,海德格尔引用了柏拉图《国家篇》里的一句话:"所有伟大的事物都矗立在暴风雨中。"(我看到过的中文译本对应的这句话译得要平缓得多:"一切伟大的事业都有风险。")人们可以轻而易举地就把这话与作为"纳粹校长"的海德格尔勾连起来(如很多海德格尔的传记作者和学者)。这里我不想也不可能去介入这样一个很大的学术专题。(又是这个作为纳粹的直接受害者的犹太人阿伦特,对此说道:"海德格尔介入国家社会主义这种问题,根本就不是讨论讨论便可以澄清的问题。我们不能因为这个问题便贬低他非凡的思想成就。")我这里只专注于阿伦特的这个特定的说法,也就是这个阿伦特的"Da-sein"。

显然,从句子的纯粹字面即可确定,此"风暴"不是"政治风暴",不是"经济风暴",甚至也不是"学术风暴",而乃是:"思想风暴"。于是我们能够听懂阿伦特的这句话了:"思又复活了!过去时代的、相信早已死亡的思想财富又进入了言说。"这就是说,在海德格尔这里,思想复活了,思想又开始诉说。然而,如果我们足够虔诚和仔细,那么这话中仍有一点让人困惑,甚至有点让人不寒而栗:为什么"思想财富"被"相信早已死亡"?!

海德格尔在《阿那克西曼德的箴言》中说过一句话:"存在者簇拥着存在,使存在走投无路。"宇宙没有任何缝隙("万事万物""万象纷呈""天外有天""整个宇宙""无限分割""物质不灭""能量守恒"等等),到处都是存在者,存在当真无处容身。宇宙已经被存在者"客满"。与此遥相呼应的是知识的"客满状态":一切都已经被无孔不入的现成知识所解释

（注意，这说的不是知识已经在经验层面解释了一切），因此无论思想去哪里都注定会被"客满"的知识所谢绝，虽然看起来"空房"尚有很多，但所有的"空－间"都早已被知识所强行预定。黑格尔曾经说过："人之异于禽兽是因为人有思想。"这话早就该修改了（比如修改为"人之异于禽兽是因为人有知识"），因为"思想""早已死亡"，至少可以说，被称为"思想"那种东西，其实一直处在被谢绝的四处游荡之中，最多偶尔"幽现"客串一下而已。

海德格尔说，西方形而上学遗忘了存在（Sein, Being），故而必须"唤醒对存在本身的重新领会"。这话说的绝不是：一种叫"存在"的重要东西（存在者）被遗忘了，所以必须将其从视域之外拖入视域之中来。一种东西如果存在，即具有"存在性"，就必然以这样那样的"广延性"来提交自身（笛卡尔），否则我们就会说"它不存在"，所谓"眼见为实"是也。正因为"存在"总不也从不可能以"眼见为实"的方式来提交自身，所以它命运般地"被遗忘"。然而，这却又绝不是说，被遗忘的存在与我们处于一种可有可无的外在关系之中，就像一个被遗忘的杯子与我们的关系一样（这又将"存在"作为了"存在者"——存在的"存在者化"当真阴魂不散！）。不。海德格尔说：我们总是已经处在某种对存在的领会之中了，或者说，人之为人，就是总已领会着存在的"Da-sein"。作为为存在而存在亦即生存着的Da-sein，完全不领会存在是不可想象的，因为这样的人没法"存在"！问题在于，这种"自然的领会"不仅没有达乎专题，而且总是以空间表象即以"眼见为实"的方式被领会的，就是说，总是以不断遗忘或不断遮蔽的方式被领会的。一言以蔽之：存在被

"自在地"领会着,但却没有达乎思想-言说。只有在思想中,存在才可能发送出来。

这就是阿伦特所谓的"思想风暴"。《存在与时间》不过是这场风暴的正式序幕而已。被海德格尔掀起的思想风暴击中的,岂止是阿伦特,它也击中了当时作为年轻人而后来成为"大家"的很多人。海德格尔的学生中有:伽达默尔、贝克尔、弗里茨、考夫曼、汉斯·约纳斯、斯特劳斯等等。这些人后来基本上都成了响当当的一方诸侯。这场思想风暴掠过之处,好些几千年来根深蒂固的教条自行解构,好些被视为毋庸置疑的东西纷纷瓦解。让我引用几个著名人物的描述。

首先是胡塞尔(复杂的师生关系……)。胡塞尔曾说德格尔是个"现象学天才";"现象学,我与海德格尔而已也"。1919年胡塞尔在向那托普推荐海德格尔时说:"在过去的两年里,他是我最有价值的哲学伙伴,作为大学教师和哲学方面的思想家,我对他的印象可以说是好得无以复加,并对他寄予很大的希望……海德格尔,一个冉冉上升的人物。"……现象学词条、《存在与时间》题献等等……两人在"思想"上分道扬镳(其实,两人一开始就不同道!)——但胡塞尔实际上也受到海德格尔的反影响……胡塞尔是值得自豪的,因为海德格尔最开始的老师是里凯尔特,但相比胡塞尔,后者真是过眼云烟!至于海德格尔对胡塞尔的"背叛",我想亚里士多德的那句名言已说出了一切:吾爱吾师,但吾更爱真理……

伽达默尔。"与海德格尔的相遇对我来说意味着完全动摇了我从前所有的自以为是","海德格尔的出现,不只对我,而且对那时的整个马堡来说都是一个决定性的事件。他那种一语道破的思想力量，语言表达的朴素力量，发问时极端的简洁性，使像我这样一个或多或少能玩一点范畴和概念的人无地自容"。伽达默尔说他"是在碰到海德格尔之后才真正懂得哲学，才真正开始从事哲学工作的"。

斯特劳斯。"我记得1922年他给我的印象，当时我作为一个年轻的哲学博士第一次听他讲课。在那以前，和德国不少同时代人一样，我受韦伯的影响特别大，因为韦伯毅然地献身于理智诚实，因为他热情地献身于科学观念……在我看来，比起海德格尔，韦伯在精确性、试探性与天资方面简直像个'弃儿'……海德格尔发动的思想革命，唤醒了我和我们这一代。我们目睹，自黑格尔以来，世界上还不曾有过这样的现象。海德格尔在极短的时间内就成功地废黜了德国那些根深蒂固的哲学派别"；"我们恐怕必须做出相当大的努力，为理性自由主义找到一个坚实的基础。只有一位大思想家能帮助身陷智识困境的我们。但有个大麻烦：我们时代唯一的大思想家是海德格尔……海德格尔区分了思想家与学者：大思想家直面问题，不屈从任何权威；学者则谨小慎微，持守法度……我知道我充其量是个学者，绝大多数自称为哲学家的人其实只是学者"云云。

理查德·沃林。"有意忽略海德格尔对西方形而上学传统的严峻挑战而从事哲学研究，那将是'幼稚地'使哲学研究处于危险之中。"什么危险？至少是这样的危险：沉陷无思状态，低水平重复等等。

解释2. 所谓"来自远古，又归于远古"，这话听起来似乎在说海德格尔的思想风暴源于苏格拉底－柏拉图甚至前苏格拉底时期，最后又回归于这个几千年前的时期。但这里的"远古"绝非流俗时间上的久远,而是"存在"作为"时间"深度上的久远或古老。作为时间的存在,向来已经一直聚集着地敞开着自身,因而同时又遮蔽着自身。所以说它古老,比一切远古都更远古。在聚集性的时间中到达的存在,一旦达乎言说,就是"思",从黑暗涌袭而来的思。作为在时间的聚集中绽放的思,就像存在一样,并非什么"新东西","也并非起因于某个世纪",而是"来自远古",并且作为敞开着的完成,绽放的同时又消散,就是说,又"归于远古"。思想闪耀,而且仅仅闪耀。这种作为存在之到达的闪耀诚然很辉煌,然正像一切辉煌的闪耀那样,它也立刻归于黑暗,沉入幽暗的深渊。

解释3. 我的思想经历。从黑格尔到海德格尔:大学……沦陷于黑格尔哲学,在"醉醺醺"的思辨中东奔西突,无路可往……80年代末,不期而遇《存在与时间》……于是,思之风暴滚滚而来,其威力掠过之处,留下一地黑格尔哲学的碎片,最后整个西方形而上学被连根拔起……《存在与时间》在几千年形而上学的十面埋伏中,活生生杀出了一条出路。可以毫不夸张地讲,这是西方哲学史上一次壮丽的"思想日出",如果不说是第一次的话。就我个人来说,经历了《存在与时间》的思之闪耀,这种闪耀就一直在我此在的思路上回荡不息。

最后,我要引用《海德格尔传》的结尾来了结所谓的"海德格尔其人其事"。在1928年马堡大学的课堂上,讲课前,海德格尔对马克斯·舍勒的去世,说了一句思意悠悠的话:"哲学之路又一次重归黑暗。"我要说,思闪耀过了,哲学的天空又一次次地坠入了存在者的"客满"状态。

二 《存在与时间》内容掠影

1. 《存在与时间》的中文翻译情况简介（从陈嘉映到熊林……）；《存在与时间》国内外的研究情况简介。推荐几本相关的中文参考书：张祥龙、黄裕生、张汝伦等等。但这里必须强调：正如海德格尔在谈到对尼采的研究时所说的那样："谁如果不具备思想的勇气和毅力，去深入研读尼采本人的著作，他就用不着去读关于尼采的什么著作了。"同样，要想走进《存在与时间》，唯一靠谱的道路，就是直接去读《存在与时间》本身，不管是什么译本。

强烈建议：围绕性地读几本《存在与时间》之前的书，如《时间概念史导论》《对亚里士多德的现象学解释》《现象学的基本问题》等等。

2. 《存在与时间》乃"残篇"。内容大致如下……精彩的篇章有……

为给诸位一个具体的印象，剩下的时间我专题地谈谈《存在与时间》中的"良知之思"。

三 《存在与时间》中的良知之思

1. 由《孟子·尽心·上》引发。孟子曰："人之所不学而能者，其良能也；所不虑而知者，其良知也。孩提之童无不知爱其亲者，及其长也，无不知敬其兄也。亲亲，仁也；敬长，义也；无他，达之天下也。"《孟子·告子·上》，孟子曰："恻隐之心，人皆有之……非由外铄我也，我固有之也，弗思耳也。"……

2. 良知一词的词源一瞥：汉语和英语的字面解释……

3. 正面讨论：见我的论文《海德格尔的良知之思》（看时间定详略——以雨果的《巴黎圣母院》为引线……）

4. 启示。良知的生存论意义：作为此在，没有人能独霸良知的最高法庭，以为自己总是拥有良知上的优先地位：他可以根据某种自以为是的现成标准抨击一切，而自身却居然可以"合法"地置身事外。这种上帝的位格或者圣人的位格，乃是一个标准的神话。从根本上讲，我们每个人永远都是两手空空！因此，我们必须也只能每时每地、每地每时地重新"朝向良知"，即以自由之身把"没有良知"这回事承担起来，从而以良知的方式生存。这种生存方式乃最底层或最源始的"人性"，因为它守护着人之为人的底线，践行着人生存论上的"自由"。这个层面一旦缺席或被遮蔽，人便从自己的"人性"中跌落出来，成为某种独特的现成存在者，虽然就连这种跌落而成的现成存在也是自由的见证（人可以成为一种机械的、现成的存在者）。

海德格尔的良知之思令人惊讶。这种惊讶并非由于其理论或观点的新颖性或颠覆性，而是因为海德格尔的良知之思在解构了一切良知假设和道德教条之后，真正让良-知在存在的深度上作为人最切己的生存现象赤裸裸地袭击着我们的此在。很明显，由海德格尔的良知之思所打开的这个新局面，隐含着各种良知理论和道德学说最终都不得不应答的某种咄咄逼人的意义态势。（譬如，由这种良知之思而来，我们不得不追问：何为我们自己也归于其中的"知识分子"？知识分子通常被看作一个民族的"良知"，但这绝不是因为他们武装着各种知识，并由于这种知识装备而天然坐拥着某种优先的道德位格……从本质上讲，所谓知识分子,不过是良知的守护者,就是说,他们以自己各各独特的劳作,倾听着来自人性深渊的良知的呼唤,承担着"没有良知"或"愿有良知"这种自由的命运……)

思与诗的风云际会①
——由研讨海德格尔的《语言》引发而来

刚才诸位对这个文本的谈论,触及很多要点和难点,我大致记录下来了。我们只能一个一个地去进入,后面我会一一回应,谈谈我自己的领会。但我强烈地感到:诸位的思绪有消散并淹没

---

① 海德格尔的《语言》《物》《阿那克西曼德之箴言》《无蔽》等文本,是所谓"后期海德格尔"的标志性文本,自然成为我的硕博士研究生的必读文本,我自己也因此而获得了不断重读这些文本的机会。每学年一次的重读,让我不断"去蔽"性地经验着由罗兰·巴特投递出的晨钟暮鼓:"只有重读,才能避免重复;那些不重读的人,就只好到处去读同一本书。"我的研究生课堂,以阅读文本为轴心,每一个学生都必须切己地讲出自己的阅读经验,而作为老师的我也只是一个阅读参与者。数年下来,由阅读文本衍生出好些相关话题域。通过与每一届学生反复在这些话题域中的现场对答,在我这里逐渐形成了一些独特的"现象学运思"的话题,如:对"高速公路"的现象学分析,对"绝望""节日""下雨",以及对"川大校训""单位""战线"等等的现象学分析。解除四面环绕这些话题域的概念性冻结,我称之为"课桌间的解蔽时刻"。由于本书交稿急迫,无力从容地收拾这些话题,只好留给下一次书写的机一会了。阅读《语言》,势必绕不开对"诗"以及其他艺术形式的现象学思考。下面的文字就是这类思考的片段之一。从口头言说转渡成书面言说,当然会失去口语所特有的生动、灵活、具体以及当场相互激发等等优势,但也会赢获书面语所拥有的庄重、严谨、绵长、深思熟虑等特质。所以,下文均按"文章"的基本要求展开,比如加了引文注释和解释性注释,文字上也依书面书写的方式作了调整和润色等等,但也尽量保留了一些课堂口语的语感。

于这些要点和难点之中的态势。因此，我现在想先以我的方式，给大家铺张出一片领会的境域，以期诸位由此起跳，进而真正切己地去经－验思想的深渊。

《语言》一文，就像《物》《筑·居·思》《无蔽》等文本一样，是海德格尔"后期"的巅峰之作，它们是如此"巅峰"，以至于我们甚至不能粗暴地称它们为"哲学论文－著"，而应更精准地称之为思之作品，而且是经典的思之作品。

通常的"哲学论文－著"，沦陷于被其在世之筹划和意向及其思考方式规定着的由考证、释义、摘引、译介、复述、改写、归纳、推演、证明等等方式组建而成的学术性通道之中。这条学术性的通道，毫无例外地剑指这样那样的"对象性－实在"，这不仅是因为只有在赢获了显摆成型陈放在那里的"对－象"之际，方才排除掉"主观性"而抵达其密不透风的"实在性"；更重要的是，由这种不可阻挡的对"对象性－实在"之追逐而成的基本在世方式，在构建起现当代人根本的"共在"生存方式的同时，也全覆盖地穿透人类所有可能的认知－践行领域，最终进化为永远抢先伺候在场"公认"的根本意向性尺度，尽管这个无孔不入的尺度通常是在暗处释放自身的。

我这里并不是要说，这种对"对象性－实在"之追逐是"错的"或"不应该的"。不，它恰恰是"正确的"和"应该的"，因为所谓"正确"和"应该"正是也只能是源自这个"对象性－实在"，没有后者，在逻辑上就谈不上"公认"的前者。这里我要说的是，这种其实在黑格尔那里就已经被证成了的"对象性－实在"（故而海德格尔说黑格尔为"在思想上了解了思想史的唯一一位西方思想家"①。——这里无力去展开这个专题),其引发的事情在于:它给我们时代统摄一切的技术性解蔽方式作了根本性奠基,② 将包括"万物之灵"的人在内的万物推向在对-面的"实在",从而使它们在逻辑上彻头彻尾地裸露在"比一千个太阳还亮"的认识之光的探照之下:只有尚未认识的,没有不可认识的。于是,万物丧失了自己的隐私权,其"存在"坠入彻头彻尾的"集-体"之中。

作为一门学科的哲学,以形而上学为灵魂,行走在后-物理学(Meta-physics——这个词本身就在说话,而且已经是"形而上学"的自我介绍。③)或超…学的道上(在物理学的位置,几乎可以放入一切"学",故我们才有比如数学哲学、化学哲学、美哲学、历史哲学、宗教哲学、政治哲学、法哲学、管理哲学等等)。所谓哲学论文-著,无疑也走在这条道上,就是说,它们以突入诸种"经验"或"唯理"之学随身携带着的"阴影的王国"(黑格尔语)为其本质。当然了,这不排除也排除不了哲学本身在哲学的名义下衰变为大学里的众多"学"之一,比如各类"哲学史"的研究之学,以及在"实用"视域下对各种各样的"主义""学派""思潮"等等的专题研究之学。无论作为具有"普遍"渗透力的形而上学(即总是可能"在…之后"),还是作为一门独特的"人文学"(甚至众多"文科"之一),哲-学都与其他所有的"学"一样,沐浴着普照的认识之光,行走在以穿透

---

① 海德格尔:《林中路》,孙周兴译,第339页,上海译文出版社,2005年。下文凡引此书,只注书名和页码。
② 可参见海德格尔的《论真之本质》《技术的追问》等文本。
③ 参见海德格尔《形而上学是什么?》一文。

存在的一切幽暗、并将一切存在聚焦收拢成绝对透明可数的存在者为目-的之道上，只不过哲学在所有"学"的方式中是最激进的，因为它促逼着切进认识的"阴影王国"，从而将这个持续倒退着的王国不断剥离出来带向绝对的光明之中。

然而，将幽暗带向光明有错吗？谁胆敢说这一切有错吗？没有，没有谁在对或错这里纠缠。我们的问题守候在这里：这种对象性的绝对光-明，或这种在绝对光明照耀下的对象性-实在，难道不是在强力注销了光明自身所拥有的"浩瀚的自行遮蔽"之际，也悍然抹灭了"存-在"的丰富性？哲学论文-著作为这种对象性-实在的纯粹概念性言说，乃是最深入和最精确的表达，因为哲学表达最彻底地挤干着言说中的非概念水分。① 为什么哲学论文-著都是"枯燥的"？就对象性-实在来说，哲学表达的枯燥性乃是一种正面现象，因为只有在逻辑指引下清晰明-白的表达，才会精准地击中对象性-实在，才是真正实现了的表-达。但是，一切获取从来就不是"免费的"，都是要付出代价的。哲学性言说付出了什么代价？这就是自因于概念性思维的代价，止步于概念性表达的代价：思考越来越被压缩为一个由日常的实用性担保的"专业"；思考所征用的专业术语在学科壁垒的相互隔绝下，越来越苍白贫血；作为专业术语的词语，也沉陷于赤裸裸的概念-表达，从而退出了活生生的"说话"，越来越沉-默-寡-言。正是在这个意义上，我说像《语言》这样的文本，不是通常意义上的"哲学"文本，而是思之"作品"。

---

① 回忆一下上个世纪那些所谓"强逻辑实证主义"吧。其实，近代以来哲学的这种澎湃汹涌的概念性意向，已经在自然科学尤其是数学那里以堪称完美的方式被"充实"了，海德格尔所谓"哲学在科学那里完成了自身"是矣。

何为"思"？何又为"作品"？对这两个问题海德格尔均有专文道说，① 这里不可能去展开。我这里要说和能说的是这样三层意思。

1. 思之作品不是或不等于一堆概念性骨头，尽管我们通常总可以把它搞成一堆概念性骨头，比如以概念性思考方式强行将海德格尔的文本特别是"中后期"文本同化进自己的概念性场域（如什么什么"主义""流派"，什么什么"观点""理论"以及什么什么"结构""逻辑"等等。其实这远不只是海德格尔文本的命运，所有艺术作品的命运也大抵如此，这是由形而上学之"决断"规定的）。但这绝不意味着，思之作品没有概念性表达，毋宁说，它掠过了概念的界限，路过了语言的表－达，从而走进"存在"本身的丰富性。

2. 所以，思之作品绝不会止步于与对象性的绝对光明机械对应的表－达。思之作品作为"作品"，它让语言自己说话，让语言自己时间性地亦即"到时"性地说话，并且于这种说话闪耀之际又将之隐回进词语的幽暗之中，保藏之，静候着活生生说话的重新涌临。最经典的例子莫过于我们正在读入的这个文本的标题：语言（当然，还有《物》《筑·居·思》《无蔽》《词语》等文本）。一个突兀而来的"语言"，一个赤裸得让人有点手足无措的词语"语言"。完全没有道理嘛，因为这样的"标题"完全不符合我们通常对哲学文本的基本阅读期待嘛！哲学文本的标题通常要么直接摆出要论证的专题或观点（如大多数专业刊物发表的

---

① 前者可参考《什么叫思想》《什么召唤思》《哲学的终结与思的任务》等文本；后者可参考《艺术作品的本源》《诗中的语言》《荷尔德林与诗的本质》等文本。

哲学文章），要么至少直接亮出自己的基本论域（如《纯粹理性批判》《逻辑学》）。对此，海德格尔本人已有深刻解说：

> 对语言的思考和讨论就意味着：给出一个关于语言之本质的观念，并且恰如其分地把这一观念与其他观念区别开来。我这个演讲仿佛也要做同样的事情。但本演讲的标题并不叫"论语言的本质"，而只是叫"语言"……我们并不想为了强使语言被先行的既定观念所把握而攻击语言。我们不想把语言之本质降低为一个概念……
>
> 探讨语言意味着：恰恰不是把语言，而是把我们自己，带向语言之存在的位置那里：亦即我们自己聚集入那源在（Ereignis）之中。①

语言之"存在"的位置在哪里？显然不在各种"关于"语言的观点、理论、学说中，而就在语言"自在"的说话之中。如果说，每一个存在者比如面前这个茶杯都具有自在之物资格的话，那么语言及其每一个字－词也无疑拥有自在之物的资格。根本有别于关于语言的对象化思路，海德格尔这里要做的不是语言的"为我"的存在，而只是要沉－思语言，也就是思入语言的"自在存在"，从而也让作为绽放着的此在的"我们自己"，汇入那源在之发生之中（Ereignis）。但作为语言之自在的"说话"，并不是任何意义上的对象性－实在，因而不能为任何空间性的"表象"所攫获；它只在时间之到达之际袭来，在聚集性解蔽之际光－临，而且同时又总是已经扭身而去，自行回隐入词语的庇护之中。

---

① 海德格尔：《在通向语言的途中》，孙周兴译，第1~2页，商务印书馆，2015年。第二段译文与孙周兴的译文差异较大，是我参考英译本译出的。下文凡引此书，只注书名和页码。

由此，我们已不难领会海德格尔这个标题的思意了：那个横空而来的词语"语言"在说话，非概念式地说话，自在地说话。所以作为历史性的"我们"，要做的不是用这样那样的概念性表达去切割、搅动乃至败坏词语"语言"的自在，而是逗留并守护在词语"语言"的说话的位置那里；故而海德格尔只是柔软而又饱满地摊出：语言。这是真正沉思着的"绿色"标题，也是我所谓思之"作品"的非表达性标题：语言。

3. 思之作品不是凭借着某种经验抑或先验的概念性场域，在某种辩证抑或非辩证的逻辑套路下，将对象性－实在拖入某种系统抑或不系统的概念性表达。思之作品作为"思"，它缄默地倾听着从四面八方凭空袭来的"存在"之声，并逗留在此持续的涌临中；但思之逗留却绝不会让此"持续的涌临"塌缩为任何形式的概念性表达，而是在接住存在之到达之际，"始终保存着涌现的本质可能性"，虔诚地守护着"自行遮蔽着"的"光明中的辽阔"；[①] 在此保存和守护中，思在迎接着存在之丰富性的同时，也将自身送进辽阔，从而在那源在（Ereignis）之中回荡不息。令我惊讶的是，最经典的例子同样莫过于我们正在读入的这个文本中的两个让我们困惑不已的句子：

> 语言是：语言，说话。语言说话。 （Language is—language, speech. Language speaks.）[②]

[①] 参见海德格尔：《演讲与论文集》，孙周兴译，第296页，第302页，生活·读书·新知三联书店，2005年。"光明中的辽阔"是我参考英译（an expanse in brightness）而来，中译原文为"光明中的浩瀚之境"。下文凡引此书，只注书名和页码。

[②] Heidegger. *Poetry*, *Language*, *Thought*, p. 191. Reprinted from the English Edition by Harper & Row Publisher, Inc. 1975. 下文凡引此书，只注书名和页码。

这是"哲学"在说话吗？"哲学"是这样说话的吗？有这么"哲学"的！不要急嘛，海德格尔并没有肇事逃逸，倒是恭候在这里：

> 语言本身就是语言。受过逻辑训练的心智能够计算一切，因而最为盛气凌人；它称前面这种话是毫无内容的同义反复，仅仅把同一回事情说上两遍——语言是语言，这如何让我们深入呢？但我们并不想深入更远的地方。我们唯求仅此一次便达于我们已经居留的所在。①

语言本身就是语言。语言说话。这就是斗胆从"哲学"中奋起的"思"的句子。一切句子都是表达。这两个句子亦然。可它们表达出的却是：不表达，就是说，它们拒绝表达，进而拒绝沿表达而来的一切"深入"。可是其实，它们不过是挡住了对"实事本身"的概念性表达，而在我们习以为常的概念性表达落空之处，事情本身已经风起云涌：语言本身是：语言；思本身也已经引而不发：语言：说话。于是，我们被带向倾听，从而卷进语言朝我们自由地闪烁着的诉说。

为了呼应诸位对文本的概念性阅读诉求，我把截止到海德格尔具体读解格奥尔格·特拉克尔的《冬夜》一诗之前的文本思路，以"关键词"推进的方式，给大家作一个尽量"清楚明白"的简要提示：

只要人成为人，就会遭遇语言——所以我们要沉思语言——要沉思的是而且只是"语言本身"——而语言本身只是语-言；

---

① 《在通向语言的途中》，第 2 页。

语言说话——由此，沉思语言便意味着去通达语言之"说"——语言之说不等于表-达——那么，在何处去寻找这种不等于表达的"说"呢？——在"所说"之中，最好是到"纯粹所说"中去寻找——而"纯粹所说乃是诗歌"，尽管这种纯粹所说向来总是不断向"表达"蜕变，就是说向来总是去寻求"表达"的庇护——于是，我们被带到了格奥尔格·特拉克尔的《冬夜》一诗的面前——诗之说乃是"命名"——命名不是表-象和表达，命名在召唤。

好了，思路的刻画就到此为止。在这条思路中，最奇怪也最具思想含量的问题是：沉思语言之"所说"，怎么会扯到诗歌那里去了？哲学与诗歌、沉思与吟咏，它们能否以及如何相遇？海德格尔读-解过很多古希腊的哲学残篇，而他自己曾留下了一个标准的"残篇"，题目很大，叫"哲学的本质。"这个文本凌空而来的第一句就是："我们将自身置入哲学对诗歌的关系中，这就叫作懂得哲学的本质。"[①] 我们目瞪口呆。这可以说是海德格尔所有耸人听闻的话中最耸人听闻的一句话（我们知道，海德格尔说过很多耸人听闻的话，如什么"西方哲学史就是一部遗忘存在的历史"了，什么"科学不思"了，什么"语言是存在之家"了等等）。这让我们这些弄哲学的人，情何以堪！这句话引发的话题作为一个严肃的哲学专题，不是我们这里能够应对的。下面我要做的，不是去评述海德格尔这句话的是非曲直，而是力图去见证思与诗究竟是怎样风云际会的。所谓"见证"，说的不是某种事前或事后追加的无关痛痒的、对两者关系这样那样的解释，而

[①] 王炜编：《熊译海德格尔》，熊伟译，第245页，同济大学出版社，2004年。

是如海德格尔所说："'见证'一方面意味着一种证明；但同时也意味着：为证明过程中的被证明者担保。"[①] 所以接下来，我们要通过思与诗相互的对话和激荡，在诗歌的吟咏中去见证作为思的哲学之"本质"，同时，在哲学的运思中去见证作为吟咏的诗歌之"本质"。

在海德格尔的上述思路中，最能激发思的是这两个句子：诗之说乃纯粹所说；诗之说是命名，命名在召唤。要见证这两个句子之"所说"，这要求我们必须真正聚－精－会－神地逗留在词语之说的不断到来之中。我将完全避开特拉克尔的这首《冬夜》，因为那不仅太容易使我们依赖海德格尔的读解，继而将之冻结成板结化的概念性解读，从而抹去思的到达性涌动，而且也太容易让我们产生一种印象，仿佛只有《冬夜》这首诗才是"纯粹所说"，才是"命名"，才"在召唤"。

下面我选一首中国诗，一首与海德格尔完全无关的中国古代诗，而且是一首有点文化的中国人都耳熟能详的诗，这就是唐代大诗人李白的《静夜思》。这里要预先申明两层意思。哦，又要"预先申明"，大家要忍耐一下思本身的曲折辽远。第一，我们接下来要做的事情，不是去追逐对李白诗的来自某一个角度的"解释"（比如所谓"哲学－美学的角度"——什么是这样的角度？携带一堆现成的概念骨头吗？荒谬。何况，只要是"一个角度"，就无法担保自己在所有角度中的优先性，"普遍的"也不行！），也不是在众多"鉴赏"的四面环绕之中，寻求一种标新立异的矫

---

① 海德格尔：《荷尔德林诗的阐释》，孙周兴译，第38页，商务印书馆，2014年。下文凡引此书，只注书名和页码。

情鉴赏,尤其不是企图借助"海德格尔哲学"去将自己重新安顿在"唯一正确的"解释或鉴赏上,因为一切这样的追求,说穿了都不外乎是在逃避一件事情,亦即逃避诗歌的"纯粹所说",逃避被由此而发生的"真理时刻"当场击中。所以第二,下面我不会去纠缠有关这首诗的一切"存在者层面"或经验层面的东西,比如什么《静夜思》写于什么时间、什么地方啦,① 还有什么写作背景啦、李白的诗人成分啦(所谓"浪漫主义诗人")以及李白所有的写月诗、唐宋所有的写月诗-词、中国古代所有的写月诗-词-曲(所谓"互文性")等等。② 我也不会去旁征博引,或

---

① 据考,此诗写于深秋的阴历九月十五日前后的扬州旅馆!哇塞,我真是服了!但是,扬州本人没有去过,阴历九月十五相当于阳历的几月几号本人搞不清楚,此诗是一气提笔呵成还是反复修改也无从得知(据说按北宋影刻本,此诗的书写是:床前看月光,疑是地上霜。举头望山月,低头思故乡);哦,还有李白当时入住的那个旅馆的那个房间能否被月光照到"床前"以及那个旅馆现在是变为了30层的高楼还是高速公路的一角,这一切本人和诸位统统都不知道。但本质的不是这种"不知道",而是:这些东西与我何干?与这首诗之吟咏何干?海德格尔一语破的:"知晓一首诗歌,即便知晓其最深入的细节,也并不意味着:立身于作诗的力量之域。因此我们必须不把诗歌仅仅作为现成在手的读物来看待。诗歌(Gedicht)必须发生转变,作为作诗(Gichtung)显明而出。"(海德格尔:《荷尔德林的颂歌〈日耳曼尼亚〉与〈莱茵河〉》,张振华译,第23页,商务印书馆,2018年。)一旦"立身于作诗的力量之域",诗歌作为诗-歌,就进入本己的"诗歌时间",就是说,诗歌作为"作诗",在自由域中发生出来,鸣响起来,而那些"最深入的细节"在这种发生和鸣响中,随即灰飞烟灭。

② 李白是"浪漫主义"抑或"现实主义"与这首诗何干?李白的其他写月诗与其他诗人的写月诗,对于这首诗的当场发生着吟咏来说,始终是外在的、次要的。要言之,这首诗之外的,皆为噪音和浮云。但我却并不是要说,一切对这首诗的学术性解释(如对它的美学的、历史学的、语文学等等的研究)都是无用的,不,它们毫无疑问都是"有用的",只不过它们并不发生在诗本身的吟咏领域。因此,所有这些反思性的解释,一如所有对吟咏的讲解那样,都只能是辅助性的,亦即辅助着诗之倾听者向诗之吟咏不断地"还原",否则,就会喧宾夺主,败坏诗之吟咏的当场击中。

思与诗的风云际会

者去显摆在这两首诗的"专题"以及整个"文化"方面的修养；诸位不需要统一地去专门准备什么，也不需要去强行发挥我们这类人所欠缺的"想象力"。所有这一切都应该被"悬隔"，都必须在我们入思之际放在门外。那我们就什么都不做吗？当然不是。我们要做而且只做的是：守住诗歌自己的说话，在与诗之说风云际会之际，捍卫诗歌本身的说话。"捍卫"这个重词已经预示着，思－诗只能从词语－表达的十面埋伏中踽踽前行。好了，让我们去拜会《静夜思》。

静夜思

床前明月光，
疑是地上霜。
举头望明月，
低头思故乡。

诸位不觉得奇怪吗：这首每一个字的能指和所指都熟知无碍、每一个句子都清澈透明、每一层涵义表达都畅通无阻的五言诗，按理说人们应该无话可说。但围绕着它，古往今来的人却已经说了很多，而且无疑还会继续说很多。这种现象的产生不外乎来自两个方面。一是这首诗拥有了"千古思乡第一诗"的品牌，在其强大的品牌效应下，其"清新朴素、简单明白"的风格，又恰好对应于我们"诗中有画，画中有诗"的表象一切的根本意向，并正好迎合了我们用"丰富的主观想象"去充实空虚文字的美学－鉴赏诉求。另一方面，正如一切伟大的品牌最终都奠基在其"本真存在"上一样，这首单朴的小诗能够穿过不同时代、不同文化和不同人群而影－响不绝，那当然一定是它时间性地涌临着我们,到来性地触动着我们。于是,我们便来到了事情的风口:究竟是什么时间性地涌临着、触动着我们?最切近的道路当然是直接听入这首小诗的吟咏。需要再次申明的是:下面的言说既不是"更好的"诗歌鉴赏,也不是"更正确的"审美解释,而是思与诗的风云际会,并由此引向那源在-发生(Ereignis)。

首先迎面而来的自然是标题:静夜思。哦,这是李白要描写自己在一个"安静的夜晚产生的思绪"。类似这样来自字面的无障碍"理解",一出步就背弃了诗之为诗,背弃了诗成就自身的吟-咏。"安静的夜晚",这是每一个人都曾拥有的现成经验;由此而生出浮想联翩的"思绪"或"思念",也是每个人都有过的现成经验。这都没有问题。问题在于这种解释-理解引出了我的解释-理解的困惑:静夜思三个字如果是李白要"表达"自己在某时某地一个"安静的夜晚产生的思乡情绪",那我同情性地向他致敬,但我也不得不向他说:不好意思,你产生思绪的那个地方我没去过,那个一千多年前的"处境"也已不在了,因而你的这个"静夜思"封死于你自己的"主观表达"内,它实在触动不了我,因为今天的我倘若产生了类似李白那样的情绪,不会去搞什么"静夜思",而是马上直接开车回"故乡",从而了结思乡之情。如果情况相反,静夜思三个字是来提现大家共有的现成经验的,这意味着,"静夜思"是靠"我们的主观经验"才充实的,但在我们的现成经验被取走后,这个"我们"就空了,就是说,我们已经不可能被触动了;更为关键的是:这个"我们的经验"与人家李白何干?他为何要为千年后他人的经验买单?

任何一首诗,如果它自闭或衰变于为一种表-达,那就意味着它没有召唤或不再吟咏,就是说,作为诗-歌,它已经没有了

"呼吸",即使它的肉身涂满了节奏、格律、风格等等保护层,也改变不了什么。李白这首诗这么有名,我想肯定谱成了曲,于是上网查了查(我不敢说查完了,但这无关紧要)。结果很耐人寻味:除了谷建芬谱曲的那首外,其余的都像儿歌;关键是那种基调简直就是标准的表－达的基调。按理说,诗词入歌应该更容易伸展出词语的召唤性来,但让人彻底服气的是,这些"歌"居然把这首诗可能的召唤完全"唱"成了表－达,这些"旋律"已经将"歌词"的召唤消费殆尽,使之塌缩成了一种共识性的表达。听这首谱成曲的《静夜思》,完全就像看我家对面以及斜对面邻居门前的春联:红冠酬德颂瑞兆,玉踪飙威守平安;积善人家庆有余,向阳门第春常在。于是我终于觉悟到,这首诗其实一直在拒绝着我们,而且是双重的拒绝:它的那种一下子就坐实的表达面,拒绝着任何多余的解释,因为它已经一眼见底;将自身冻结在表达面上,这又等于说,它拒绝时间性地吟咏,拒绝到来性地歌－唱。

对此困境,我们似乎无能为力。猛然,一个声音闪耀着贯穿我们:诗之说乃纯粹所说。愈是伟大的诗歌,就愈是超越其可能的现成经验位面,而显现自身为一种不断当场重新发生的"纯粹所说"。诗,本质上"存在论"地歌唱。就是说,它的不断重新当场发生着的"纯粹所说",始终不等于作者以及读者的"已是"或"曾在",始终多出或溢出他们现成的"审美"经验,而且诗作为歌唱,恰好正是这种"多出"。不消说,任何诗都有表达,并且这种对象性的表达还庇护着诗的纯粹所说。然诗之为诗,绝不会止步于词语的表达,而是一路无痕地掠过其表－达而转入其到来着的呼唤之中,一如泰戈尔吟唱的那样:"飞鸟已经掠过,天空不留痕迹。"

故而,当"静夜思"三个字大气庄重地迎面而来之际,若我们仍裹足于诸如"安静的夜晚产生的思绪"这样轻飘飘"正确的"表达性共识上,那就既对不起李白的吟咏,更贬低了诗之为诗。作为诗题,静-夜-思乃是纯粹所说。作为纯粹所说,这三个字本质上不关涉作者-读者的某种表象-表达的经验状态,而是始终以放空着一切现成性的方式"存在论"地重新吟咏;更精确地说,它们总是以欠缺着自身的方式持续涌动着地吟咏,尽管这种"欠缺着的自身"却又总以吟咏之完成的冷却形态封闭在"静夜思"三个字的表达之中。海德格尔所谓的"开端性的完成"是也。① 因此,作为纯粹所说,"静夜思"这个收缩了的标题反过来拆解自身为:…静…夜…思…;这意味着,每一个字都由此而进入开放着的自身,都在不断重新到来。所以,我们必须退回到每一字的到-来中去,亦即返回每一个字所携带着的消息或音信中去。

静…静…静…。诗之说乃是命名,而命名在召唤。静,命名静,召唤静的到场。这说的是召唤"静止不动"到来?静,会意字,由青和争相会而成。《說文》:"静,審也,从青,爭聲。"徐鍇《繫傳》:"丹青明審也";王筠《句讀》:"采色詳審得其宜謂之靜";"人心審度得宜,一言一事必求理義之必然,則雖繇勞之極而無紛亂,亦曰靜"。② 这就是说,静这个字自身携带着的

---

① 参见《在通向语言的途中》,第7页。
② 参见〔汉〕许慎撰、〔清〕段玉裁注:《说文解字注》,第215页,浙江古籍出版社,1999年。为显汉字原意,下文涉《说文》《段注》等保留部分繁体。——编者注

"基因"性涵义是：青色鲜明而争先而出；烦劳之极而求无纷乱。倘若将"静"仅仅理解为"静止不动"或"安静无声"这类衰变的现成存在状态，我们就势必错失活生生的静，从而势必困惑于"这里的黎明静悄悄"，困惑于"静静的顿河"，乃至困惑于在一片喧嚣声中的那个"安静"的呼唤。所以，静，如果不是"最高的动荡"的话，那也必定是"扬弃着的动荡"；作为这种动荡，源始位面的静，只能于动荡不已的"烦劳之极"中，经过不断"争－求"之后才可能不断抵达。于是，若"静"的召唤击中我们，那涌动不已的此－在（Da-sein）就会被带入：静……

夜…夜…夜…。作为纯粹所说，这个字说的显然不是经验上的"今夜"或"昨夜"，也不是说的概念上的与"白昼"相对的"夜晚"，"夜"本身不在任何现成的经验状态上说话。《说文》："夜，舍也。天下休舍也"；《段注》："休舍犹休息也。舍，止也"。夜，天下休舍也。这是何等的精准：作为命名着的呼唤，夜所吁请的不是经验上"你的今夜"或"我的昨夜"，而是"天下－休舍"；而作为这种呼唤，夜就是将"天下"亦即在世之繁忙唤向"休舍"。这样的领会同诸如"与日或昼相对的一段时间"之类的解释相比，毫无疑问要源始得多。所有相对于"白昼"的"夜晚"，只有在首先作为"休舍"的时候才是其所是，否则那些生活在北极南极的人，有几个月就会没有相对于"白昼"的"夜晚"，或者没有相对于"夜晚"的"白昼"，可他们却不可能没有作为休舍的夜晚。所以就根本而言，夜之为夜，就是对休舍的命名，召唤休舍的到来。但休舍尚需要召唤吗？它不是自然而然便会到来吗？人作为生物存在体、休舍作为生物学意义上的"睡觉"是自然的，但人作为始终以"在世"之方式前牵后挂着的"赴死者"，实在是必需来自"休舍"的呼唤，因为且不说那些汲汲于利害得失、功名利禄的无休无止，即便在那些看起来不得不生物学地"休息"的时候，我们其实也总是"夜不能寐"：要么"梦里不知身是客""梦断秦楼月"，要么"今宵酒醒何处""梦游天姥吟留别"，直至最后的"家祭无忘告乃翁"。人，作为始终牵挂着的此在，本质上就是"不夜"的存在。于是，夜作为命名着的召唤，把我们的此在从在世无尽无休的牵挂中唤向：休…舍…

让人惊讶的是，不知不觉中我们已被叠加地召唤：先是"静"，继而是"夜"。这是共属一体的召唤，其意向强有力地把我们的此在从"剪不断，理还乱"的在世生存中唤回。唤向何处？唤向"思"。实际上，如果我们的此在当真从在世的牵挂中被唤出，我们就已同时被送入了思；也就是说，倘若我们真正听见了"静"和"夜"的呼唤，那么我们其实就已然进入了"思"。思这个字远不是说的我们今人所谓的"思维""思辨""思想""思考""思绪""思念""思议"等等，后者本质上乃是奠基在"知、情、意"的现代分类框架基础上专题性的"思"，比如"思维""思辨""思考"等通常指称概念性活动，而"思绪""思念""思议"等则指称情绪性活动。《说文》："思，容也。从心，囟聲"；①"容，盛也"；"盛，黍稷在器中以祀者也"；《段注》："凡深通皆曰睿"；"思者，以其能深通也"。这种"容""盛纳""深通"之思，这种"美哉，思而不惧，其周之东乎""思深

---

① 有些字典将"容"解释乃至直接修改为"睿"，如谷衍奎编《汉字源流字典》："《说文·思部》：'思，容（同睿，深思）也。从心，囟声。'本义为深思。"这也许是这样一个见证：任何字典都是"当下的"解释。

哉，其有陶唐氏之遗民乎"（《左传·季扎观周乐》）之思，这种"诗三百，一言以蔽之，曰：'思无邪'""学而不思则罔，思而不学则殆"（《论语·为政》）"见贤思齐焉"（《论语·里仁》）之思，乃是比一切概念之思更源始更丰富的生存论现象。作为这种生存论现象，思，宁静地溶解掉我们日常在世的顽固牵挂，徐徐地穿透着我们，充实灌注着我们，从而将我们的此在卷入从存在之深渊蜂拥袭来的"源在"之持续去-蔽之中：思…思…思…

话行至此，我感到突然如临深渊：静…夜…思…区区三个字而已！然而当它由"静"入"夜"再入"思"之际，我们的此-在就被从在世之牵挂中带出，卷进那自周遭凭空涌起的"敞开与遮蔽"之争执；静…夜…思…这听起来由高到低的吟咏，在缓缓隐没之际方才掉头奔涌，浩浩荡荡，震颤不已。在此召唤的护送下，我们的此在终于可以迎向此诗之"正文"的歌唱了：

床…前…明…月…光…疑…是…地…上…霜…

我在字与字之间加进省略号，① 是力图阻挡种种可能的现成化领会，恢复或释放词语的命名力量，至少预防我们止步于诗句的表达面：床前——明月光，疑是——地上霜。这两个句子表达的是诸如"明亮的月光洒在床前（或窗户上），好像地上泛起了一层霜"这样的意思。"鉴赏"的人们不好意思停留于如此清淡的表达，通常会运用自己的"能动丰富的想象力"将之充实"完形"。比如说："诗人做客扬州的那天深夜，不能

---

① 这是"空间性"的书面暗示方式，而"时间性"的口语方式，字与字之间则以长音暗示。

成眠,短梦初回,继而起床看月;诗人朦胧地乍一望去,在迷离恍惚的心情中,真好像是地上铺了一层白皑皑的浓霜"云云。如此这般的"主观联想力"真让人羡慕啊!很多鉴赏辞典干脆为我们这类想象力匮乏的人配上"诗意图":在一间简朴风雅的屋子内,李白坐在床上或站立在窗前,飘飘欲仙地看着窗外如霜似的明月。当真"顾客是上帝"啊!其实,这种现象本身就是意味深长的:画面与表达面交相呼应,相互提携,进而直抵那"共识性"的对象性-实在。然而,画面般的共识倒是被表象-表达赢取了,可作为"读者"的我们却总是空洞的,因为不仅被表象-表达者始终在街对面,而且我们的表象-表达已经被"共识"取走了:李白倒是起而伫立窗前,而我们却最多伺候在旁。作为吟咏的"床前明月光",于是衰变成了一间任谁都能随意进出的精心装饰的星级茶楼,尽管茶客熙熙,然人一走,茶就凉。是的,我们总可在各人不同的当下表象中去反复充实我们的共识,可正因如此,诗歌-词语本身却已经缄默不语了,因为我们的表象-表达强行查封了词语的命名-召唤,直接堵死了诗歌的吟咏;这进而又意味着,我们的此在事实上并未真正进入诗-词本身的说话,就是说,并没有在这种召唤着的命名中作为"源在"而活生生发生。

《说文》:"牀(床),安身之坐者。"床,乃前面所说在世之人"休舍"之器具也。故"床"作为命名,与前面的"静"和"夜"乃互相映射的"休舍"之召唤,只不过"床"明确拥有可感的外型而已。

前,本字为"歬"。歬,会意字,甲骨文和金文一样,上部是一只脚趾朝上的脚(止),下部是一条船(舟),会脚站在船头前进之意。《说文》:"歬,不行而进谓之歬。从止,在舟上。"很明显,前这个字是动词,它说的不是总是摆在那里的"方位",而是"前-进",一如海德格尔所说:"前(Vor),就是进入那个最切近的东西之中,我们不断地向它急促地行进,而当我们看到它时,它又总是重又与我们相疏远。"① 因此,所谓"床前明月光"中的"床前",就不是指某个现成的空间位置,而是指持续地"进入"或"袭向"在世之人的"休舍"。

明,也是个会意字,甲骨文和金文皆会光明、明亮之意。《说文》:"朙,照也。从月,从囧。明,古文朙,从日。"需要注意的是,所谓"会光明、明亮之意"的说法,已经有名词化、现成化的倾向,因为"光明、明亮"通常会被领会为某种摆在那里的一种现成状态。还是《说文》来得精准:明,照也!

月,象形字。《说文》:"月,闕(缺)也。太陰之精";徐鍇《繫傳·通論》:"闕,虧闕也";《釋名·釋天》:"月,闕也。滿則闕也"。很多字典在解释这个字时,都会说:"本义为月亮",这就是说,月,名词,对应于一直存在在那里的那个独特的存在者。我们当然不能说这样的解释错了,但这明显是现代人的"存在者"思路。对比一下古人的领会吧:月,亏闕也,满则闕也。这种亏闕不是名词性的现成之闕,而是动词之闕,就是说,月,始终以闕之方式朝向满而"存在"。这说的是一种独特的存在方式,这种方式与始终以亏欠的方式在世的自由存在者——人,何其暗合!古人为什么如此钟爱吟咏亏闕之月?他们为什么很少去歌唱圆满的太阳?假如我说:"房前太阳光",似乎就没有多少

---

① 《在通向语言的途中》,第98页。

"诗意"。太阳光照进的是人们的在世操劳,而月光照入的却是人们的休舍之夜;在太阳下面,人们最可能因其在世之操劳勾连而"共在",而在月亮下面,人们最可能抖落满身之尘埃而"独在"。是这样吗?不知道,我不想解释这个事情,我只想引发一个"思"的事情。

光,会意字。《说文》:"光,朙也。从火在人上,光朙意也。"光,明也;明,照也;故光、明皆是:照也。那么,何为照?《说文》:"照,朙也。从火,昭聲。"不用说,我们陷进了一个循环。在此循环中我们似乎无路可去。然"决定性的事情不是从循环中脱身,而是在恰当的方式中进入这个循环"①。这个"恰当的方式"在哪里呢?就在"光→明→照→光"这个循环的"纯粹所说"之中。(在网上看过一篇颇有才气的文章,题目是:"静夜,思不静"。② 其中有这么一段:"'光'字之前的三字'前明月'中,均有一'月'字,且三个月字的字形依次扩大;这样,月光便如涨潮般将聚集的能量一波又一波推向后边的'光'字,并由此散出——床前明月光!"我以为,这种从汉字特有的"象形"本身拥有的基因意义而来的领会,③ 已经擦挂到词语的"纯粹所说",因为我们被词语本身之说引入某种切己的在场充实,尽管它本质上还置身在"美学"概念的管制之中,④ 而且在

---

① 海德格尔:《存在与时间》,陈嘉映、王庆节译,第179页,生活·读书·新知三联书店,2000年。译文稍有改动。下文凡引此书,只注书名和页码。
② 《南腔北调》2017年第5期。
③ 我用"基因"这个词只是企图突显其"源始性"。严格地说,这个词是应该打叉的,因为它势必引起误读:仿佛所谓"基因性涵义"是某种现成给定的"本义"。
④ 如:"三个月字的字形依次扩大",不过是"纯形式"审美概念的实行,而所谓"涨潮般…""由此散出…",则依赖于标准的"表象-表达"。

"学术上"也有显在的瑕疵。①）换句话说，正是在这些词语之吟咏循环着闪烁之际，才有我们的此在真正的听入和共鸣，进而才有自足之生命意义的猛然击中、自足充实以及沛然流溢。

现在来看第二个诗句：疑是地上霜。我们还是首先退入这个诗句每一个字的说话中去。

"疑"这个字，应该是最没什么"疑"的。甲骨文看起来像是一个人面部朝左，张开嘴，犹豫不定。《说文》："疑，惑也"；"惑，亂也"。故疑，迷乱、困－惑也。

最可疑的是第二个"是"字。这个句子太像、哦不、简直就直接是我们当代人的句子："疑是⋯"就如我们今人说的"以为是⋯""好像是⋯""怀疑是⋯"等等。"是"字在这里被自然流畅地转渡成了现代汉语中的系词"是"。我查了一些翻译成英文版的《静夜思》，也基本上将这里的"是"译为"to be"：I suspect it to be hoary frost on the floor; I wonder if it's frost aground; Could there have been a frost already? And wondered if it were not the frost on the ground; I wonder if that can be frost on the floor? 诸位知道，自海德格尔的 SEIN UND ZEIT（英译为 BEING AND TIME）被翻译成中文以来，关于系动词

---

① 且不说北宋蜀刻本的"床前看月光"中没有三个"依次扩大的月"字，就是通行本也没有"三个月"。把"前"字下部的"月"算进去，很牵强，因为"前"是个会意字，从甲骨文、金文到小篆，其本字均为"歬"。"前"是楷书的写法，"这是因为经过隶变以后，小篆上部的'止'变成了两点一横，下部的'舟'误成了'月'字。后来在'月'旁再加个'立刀'，就变成了'前'"（参见左民安：《细说汉字》，第 447 页，九州出版社，2005 年）。左先生的见解尚可商榷，但将"前"算成一个凑数的"小月"（若无这三分之一"小月"的垫底，所谓"一波又一波的涨潮"似乎便涨得别扭了），乃一个"学术瑕疵"则无疑也。

"是"（Sein，Being）的翻译场就硝烟弥漫，比如海德格尔此书究竟该译为《存在与时间》还是《是与时》云云。我这里无意也无力于此争论。我关心的是汉语"是"这个字的源始意义域。是，会意字。金文从日，从正，会日中端直之意。《说文》："是，直也。从日、正"；"直，正见也"。《段注》："以日爲正则曰是。从日正會意。天下之物莫正於日也。"一般释此字的"本义"为：端直或正确。引申义有：认为正确；合适；存在；肯定判断；代词（这、此）等等。甭管这个字会的是"日"与"正"还是"日"与"止"（也有认从"止"即脚，走，即行动之意①），值得关注的是：汉语的"是"字源始地是个"会意字"。所谓会意，一种造字法，指把两个以上的字素合起来，表示一种新的、通常是较抽象的意义。这意味着，它不像"象形字"和"指事字"那样是直接充实的，它的"所指实体"是由会－意而间接充实的。这等于说，作为会意字的"是"依存于被会意的"日"和"正"，而且依存于对这两个字本身的再释义。就道理而言，会成怎样的"本义"以及多少"引申义"这是不确定的，那是由实际生活的"语用"决定的；但有一点是确定的：古汉语中的"是"字不直接等于西语中的系动词（如英语的"to be"，德语的Sein），尤其不等于西化了的现代汉语中起纯语法功能的"是"字。现代汉语将西语的系动词与"是"字配对，并凸显其纯语法功能，如在句子"这是一个苹果"中，"是"只起连接主宾词的

---

① 曾与"是论派"的熊林教授讨论过"是"的"会意"问题（就是他将 SEIN UND ZEIT 翻译为《是与时》）。他认为这个"止"乃"手足"之意，而手－足进而意味着"在世操劳"，故而"是"说的是太阳（日）下面人的在世生存（止）。这是我听到过的"是论派"最具解释学空间的领会。

思与诗的风云际会 | 349

作用。当然了,"是"字在现代汉语中的语意并不局限于此(一般的《现代汉语词典》都会列出十多种语意),但其他派生义本质上均奠基于其"系词"的"本义"。

够了。穿过了上面不算短的词源学过道,至少有这样几个见-解显现了出来。第一,"疑是地上霜"中的"是"字,不等于现代汉语中的判断性系词。李白这里不是处在一个"是"之判断的困惑中:这地上的到底是月光还是霜?换言之,"疑是"之"是"不关涉于一种系词性的现成状态(月光或霜)。当然了,我们可以像很多"鉴赏家"那样,根据这个句子的表达面或其他什么考证之类,"主观地"推断李白写这个句子时正处于这样的困惑当中。可我始终搞不明白的是:1. 他困惑于此是他的事,问题是我完全不可能对此困惑:月与霜乃两种完全不同的感-觉,开什么玩笑!2. 如果我也恰好处在"月"抑或"霜"的困惑中,那与千年前的李白何干?一如李白的困惑没我什么事那样。找眼科或神经科医生去。3. 关键是:困惑于此的"诗意"何在?这种判断性的系词困惑,其"诗意"何以可能?!第二,但我这里不是要说,"疑是"之"是"不具有任何系词的意义,仿佛它是另外一个词似的。我们须要消解的,是将这个字粗暴地定位在空洞的语法性领会上。其实,现代汉语能将"是"与西语的系词配对,那是基于它禀有门当户对的系词基因,虽然是"引申义"。在古代文献中,"是"作系词的时候不多,而且不是本质性的,①但毕竟有。其他古代文献不说,就是在古代诗歌中,"是"作为

---

① 就是说,不是奠基在苏格拉底式的本质性追问基础上的。此乃"东西方文化比较"中一个极大、极深、极重要的课题。这里无力去深入,留待机缘吧。

系词不单单是李白这首诗,类似的还有"疑是银河落九天"(李白:《望庐山瀑布》)等等。再比如,耳熟能详的诗句"同是天涯沦落人,相逢何必曾相识"(白居易:《琵琶行》)也是很典型的例子。让我们对后者稍作分析。这里的"是"字,看起来显然是一个把主词"我以及琵琶女"与宾词"天涯沦落人"联系起来的系词,而这个系词的语法功能就在于:通过它,两个现成的东西和现成的状态被勾连起来了:"我和琵琶女"是现成存在者,而"天涯沦落人"则是另一种现成的存在状态。所以这个诗句通常被翻译为"我们俩同是流落天涯的异乡人,今日相逢何需曾经相识"。诸位是不是发现了一个秘密:所谓"古代汉语",其实不过是"现代汉语"的"缩写",是穿着"古代服装"的现代汉语。然而,值得警惕的是,这种由前者向后者的转渡,或者不如说由后者向前者的演变是不是太流畅了点!?注意,我不是要说,将这里的"同是"之"是"解释为系词是"错的",不,这种解释恰恰是"正确的",但正因为如此,这种解释却是与这句诗、更精准地说与这个诗句的吟咏没有关系。同是天涯沦落人…诸位真的认为这个诗句是白居易在"弦弦掩抑声声思""大珠小珠落玉盘"的琵琶声中终于作出了一个判−断:哦,原来我们俩是同一类人?!再静心听一次:同−是…天−涯…沦落…人…如果我们确乎被这个诗句触动了,那绝不是因为白居易或者我们知道了"白居易与琵琶女是同一类人",绝不是因为"同是"之"是"的作为系词的判断性充实;毋宁说,我们被震动了,那是因为这个诗句说话了,而我们则在倾听中回应着此说话,就是说,是因为我们的此在在这个诗句的歌唱中突破了"是"字判断性表达的认识论桎梏,将自身嵌进"源在"颤动不已的发生之中:一个随风飘荡无处安顿的呼声，穿云破雾不绝如缕地回荡鸣响——即使没有"这个"琵琶女或"这个"白居易也照样鸣响——"同是天涯沦落人"是也。从这个例子不难看出，即使我们在诗句的表达面上将"疑是"之"是"解释为纯粹的系词，然只要这个诗句开始说话，一旦它进入吟咏，这个"是"字就会退出其判断性的系词岗位而自行隐匿，而"是"的这种隐匿才开放出"地上霜"的"存在性"场域，从而让"地上霜"不断重新袭来。好了，关于"是"这个字，我们似乎说得太多了，就此打住。

地，象形字。《說文》："元氣初分，輕清陽爲天，重濁陰爲地。萬物所陳列也。从土，也聲"；土，"地之吐生物者也。二象地之下、地之中，物出形也"。地，本真意义上的大地，正如海德格尔已指出的那样，远不是一个"堆积在那里的质料体的观念"，也不是"一个行星的宇宙观念"。① 令我十分惊讶的是，所谓"萬物所陳列也""地之吐生物者也""物出形也"等等，与海德格尔对大地的领会何其亲密："大地是承受者，开花结果者，它伸展于岩石和水流之中，涌现为植物和动物。"② 中国古人当真不可小觑也！诸位都是跟随海德格尔运思的，"大地"是一个"专题性"的思域，这里就不去展开了。

上，指事字。《說文》："⊥，高也。此古文上，指事也。"何为"指事"？《段注》："象形者，實有其物，日、月是也。指事者，不泥其物而言其事，⊥、丅是也。"上或下，不是某个相对的现成位置，而是"指事"也。这很有意思。依此而言，所谓

---

① 参见《林中路》，第28页。
② 参见《演讲与论文集》，第157页。

"地上"说的就不是表象性的某个"方位",就像"尽扫六合""囊括四海""并吞八荒"中的"六合""四海""八荒"说的不是方位一样,而是深厚阔大得多的"在世之事"。

霜,形声字。《说文》:"霜,丧也,成物者。从雨,相聲。"王筠《句讀》引《京房氣候》:"喪與成,似相反而實相成。"这种解释让我们现代人很难受,因为"这是从霜的作用角度所作的解说。本义为露水附着在物体上凝结成的白色结晶体"①。不难看出,后者的解释是表象性的科学性解释,其中对古人解释的解释,也是科学性的解释。这种解释当然是正确的(还可以有更正确的解释),但却是无关痛痒的,因为它说的是一种永远在我们"对面的""普遍的"的东西,比如对面山上的白色结晶体与对面冰箱里的白色结晶体不仅是"普遍同一者",而且与我们纵然彼此相望,但永远"白发如新"。更为本质的是,这种解释无法击中活生生的霜之霜-存在,就是说,击中那"云腾致雨,露结为霜"之霜(《千字文》),那"月落乌啼霜满天"之霜(张继:《枫桥夜泊》),那"羌管悠悠霜满地"(范仲淹:《渔家傲·塞下秋来风景异》)、"渐霜风凄紧,关河冷落,残照当楼"(柳永:《八声甘州》)之霜,以及那"艰难苦恨繁霜鬓"(杜甫:《登高》)、"尘满面,鬓如霜"(苏轼:《江城子》)之霜。其实,霜,从来就不是光秃秃的"白色结晶体",它从来就是以上述诸方式到场的,或者说,它源始地就是在人之在世生存中来际会的,即使是那"对面山上""对面冰箱里"甚至那实验室里或纯粹理论观审的"白色结晶体"也如此。霜,丧也,成物者。诸位不觉得这种

---

① 谷衍奎编:《汉字源流字典》,第840页,华夏出版社,2003年。

"解释"更切己也更精准吗?

按这首诗的吟咏,我们可以将之分为两部分:第一、二句为上半片,三、四句为下半片。我们已经大致经验了上半片中每一个字单独的"说话"。无须赘言,这种"单独的说话"与这首诗上半片的吟咏是共属一体的,后者把前者聚集为一体,前者则将自身开展入后者的聚集中去。现在就让我们参与进这首诗整个上半片的吟咏。

作为"纯粹所说"或"命名着的召唤",上半片诗在吁请着什么呢?吁请物的到来。第一句命名着吁请床、月的临在,第二句命名着吁请大地、霜的临在。这里的被吁请之"物",绝非任何对象性的现成之物,任何"共识性"的表-达之物,任何认识性的经验之物。床,不是摆在那里赤裸的家具,而是"天下休舍"之物;月,不是一个知识性的天体概念,而是四季轮回、阴晴圆缺之月;地,不是天文学或地理学意义上的质料性存在者,而是"万物所陈列""地之吐生物者也";霜,不是"露水附着在物体上凝结成的白色结晶体",而是"丧也,成物者"也。一言以蔽之:诗歌所召唤之物,不是表-达性的现成之物,而是人之此在于此逗留之物,是在人之在世生存之涌动中到来着之物。物之"到来着"说的什么?说的是在命名着的召唤中,让物切近我们,进入我们,如上半片诗通过对床、月、大地和霜的命名,召唤它们走向我们,朝着我们到来。但是,这种召唤绝不是召唤一个客观-公认的物,并通过召唤将这个表象-概念性的物从远处抓取过来,放到"眼前在场",从而了结召唤本身。诗之召唤乃源始的召唤,就是说,它不是经验或"存在者"位面上的召唤,而是"存在论"上的召唤，亦即"唤入召唤自身的召唤"。① 这意味着，诗之召唤在将被召唤之物由远方唤近之际，总是已经将之推向了远方，因此这种召唤总是在带近－推远之间动荡不息：这里刚进入在场，那里就已经进入不在场，故而这里又才进入在场。

如前所说，这首诗一上来就叠加地召唤：静…夜…思…这是全诗的基调。在此基调的弥漫回旋中，我们此在的在世牵挂渐渐剥落，乃至整体脱落，于是"本质性的东西在寂静中突兀而稀罕地发生"②：床－前－明－月－光。这厚重却又轻轻的一声吟咏，将我们的此在推入一种真正的独－在，亦即将我们的此在从"共在"性的生存推入"此－在"性的孤寂。这种"孤独把灵魂带向唯一者，把灵魂聚集为一，并且因此使灵魂之本质开始漫游"③。但此"漫游"不是无意的四处飘荡，反倒是高度聚精－会神地逗留在某个地带之中，倾听物本身不断到来着的诉说，并接住这种诉说的袭来：床－前－明－月－光。床，吁请我们的此在进入"休舍"。注意，吁请"进入休舍"，绝非是吁请进入生物学或生理学意义上的"睡觉"，因为后者作为"自然的事情"是不需要"吁请"的，何况睡觉并不意味着"休舍"，因为在睡觉中我们通常总还在"夜有所梦"。所以，床的召唤不是吁请我们进入一种昏昏然的临睡状态，相反是吁请我们尽力出离那不舍昼夜的在世牵挂，从而"腾空"我们的此在。一个操劳－操心缠身、封闭于在世牵挂中的此在，是不会发生"明月光"这回事的，因为根本

---

① 参见《在通向语言的途中》，第12页。
② 参见《在通向语言的途中》，第40页。
③ 《在通向语言的途中》，第59页。

思与诗的风云际会 | 355

就"照"不进去！只有当我们的灵魂真正朝向"休舍"之际，只有当我们的此在突破其共在性生存之围困而空出之际，才能赢获一种"迎接"的存在态势，进而才可能置身于"明月光"的照耀流溢之中。月，吁请"明亮"或"照耀"的到来。

然而，"月"远不单单是吁请光明的到来。月，这个被黑暗庇护着的光明之物，其本身就以照耀之方式召唤着那来自黑暗涌动着的辽阔：它不仅意味着"月映万川""月晕而雨"，也随身携带着"花前月下""晓风残月"的在世音尘，更是直接指向"四季轮回""日月如梭"的生命演历；月，这个总是朝向圆满的不圆满之物，以阴晴圆缺照应着终有一死的人的在世生存，以"月明星稀，乌鹊南飞。绕树三匝，何枝可依""无言独上西楼，月如钩""明月夜，短松岗"，影射着人之此在的清冷孤寂。现在，让我们再听一遍吧：静－夜－思…床－前－明－月－光…在静－夜－床的反复吁请下，我们的此在逐渐从在世之牵挂中空出，并且盘桓在这种空出之中；突兀地，这个孤寂的此在被涌上前来的月光击中，抵达一个解蔽时刻：月光从四面八方倾泻而来，在这种无边的倾泻中，它向着天空－大地－终有一死者开放自身，从而让由这种开放聚集而成的世－界闪烁着到场；置身于这个由月光携带着的世界之倾泻中，我们的此在被穿透，被浩瀚之月或月之浩瀚穿透。终于，第一个诗句的吟咏再次袭向前来：床…前…明…月…光…

继而，第二个诗句的声音开始鸣响：疑…是…地…上…霜…前面说过，这个诗句中"疑"字是最没有"疑"的。但是，召唤"疑"的到来却是最让人"疑"的，甚至可以说，这个"疑"字是第二个诗句中最晦涩的字，这个诗句因而是整首诗中最晦涩的句子,并最终使得本来似乎一眼便看穿的整首诗,也变得深沉了起来。即使我们只将诗看作"表达"(描写、抒情、想象等等),这个诗句也是晦涩的。从逻辑上讲,第一句明明已经斩钉截铁地断言:来到床前的是月光,而且还是"明"月光,第二句怎么可能就立即反悔而转入"疑是"的存在状态?这不符合表达的逻辑嘛。如果一个人非常笃定地断言某物的存在,那么这个断言者若要转变为"疑"的存在状态,就必须:1. 否定开始的笃定状态,这意味着开始的被断定之物已经成为不确定之物;2. 存在两个以上的存在者,它(们)干扰或瓦解了原初的笃定状态,但它(们)本身仍然是不确定的,否则就只会从一种笃定过渡到另一种笃定状态,而不会是"疑"的状态。就这首诗来说,导致"疑"的不用说就是"月光"和"霜"了。李白在月光抑或霜之间困惑?看起来如此。但只是"看起来"罢了。月光之为月光,霜之为霜,乃是两种不同的存在方式,或者说,两者与我们"际会"的方式是不一样的:月光本质上与我们的视觉际会,而霜本质上与我们的触觉际会(无疑还有更"科学"的解释,但这不重要);我们会直接看见月光(当然也可以说月光使我们看见),却不会直接看见霜,"看见霜"乃是某种体感、触摸直至对"霜,丧也,成物者"之领会现象的衍生现象,一如"看见梨"乃"亲口吃梨"的派生现象一样。这就是说,如果李白困惑于月光抑或霜,那绝不是他在"皎洁月光"还是"露水凝结成的白色结晶体"的判定之间摇摆不定,仿佛他在进行"科学性"的判定似的。作为表达,"疑是地上霜"一望见底,无需解释,最多我们根据上一句添加一些诸如"诗人朦胧地乍一望去,在迷离恍惚的心情中,真好像是地上铺了一层白皑皑的浓霜;可是再定神一看,四周围的环境告诉他,这不是霜痕而是月色"这样的联想。我不知道,这类联想究竟是李白在矫情还是我们在矫情?矫情过后问题依然尖锐地存在于此:李白本人的困惑如何可能触动我?与我何干?我借题发挥的自由联想又与人家李白何干?这些外在解释的本质是:止步于诗歌的表达地带。也许,这个诗句作为表达-判断,能够抵达某种共在性的"共识",但我们也势必为此付出背弃诗之为诗的本质性代价。

作为吟咏,"疑是地上霜"路过了它的表达地带,而深入于其命名着的召唤;作为这样的召唤,它是晦涩的,深奥的。如前所说,"疑是"之"是"不是判断系词,它在诗之吟咏中自行退隐,从而将物之存在性场域开放出来。故而所谓"地上霜"就绝非摆在那里等待被判定的现成之物,更非"在迷离恍惚"中作为对"明月光"的错判。诗之吟咏根本就无关乎判断或描绘。作为吟咏,"地上霜"就是对霜之召唤,召唤霜的活生生到来,这种到来从上下四方全面侵袭着我们的此在。其实,月光与霜绝不是非此即彼的,而是完全可能"共在"的,亦即在特定的季节中同时在场:"霜露既降,木叶尽脱,人影在地,仰见明月。"(苏轼:《后赤壁赋》)然而,既然月光与霜可以同时在场(这首诗本就成于这个季节),那"疑是"从何而来?有何可疑?于是,我们又被带到了诗之本质面前:诗乃吟咏,乃命名着的召唤。

"疑-是-地-上-霜"吁请"地上霜"临在,同时也就召唤着物与人相关涉,亦即召唤着人之此在的"疑是"的临在。但这看起来仍然是晦涩难解的,因为既然月光与霜一同临在,那为何还要召唤"疑是"的临在?实际上,如果一个此在的灵魂一方面迎着月光的倾泻,并且收到浩瀚之月从其存在深处送出的消息,与此同时，他又受到"地上霜"的侵袭，接住了"霜，丧也，成物者"的存在性袭来，那么，一种生存性的迷乱、困惑亦即所谓的"疑是"便已然临在了。作为吟咏，这个诗句唱出的绝不是什么"认识论"式的困惑：究竟是月光还是霜？或者恍恍惚惚中分不清究竟是月光还是霜，毋宁说，这个诗句唱出的乃是生存性的"迷离"，存在性的"困惑"：来自天空的"明月光"与从大地涌出的"地上霜"，遥相呼应地猝然命中正处身于"静－夜－思"中孤寂的此在；于是，一个由天空、大地以及终有一死者际会而成的"世界"到来；这个释放为"风吹青草，露结成霜""霜露既降，木叶尽脱""是处红衰翠减，苒苒物华休"（柳永：《八声甘州》）的世界，绝非任何可表象的世界，而是一种持续到达着的世－界；这种从存在深渊飘忽前来的"到达"，并非现成存在者的乌合集结，而是到－来着的闪耀；这种闪耀式的来到，其实就是时间之"有终性"向着此在的递送，就是生存之"有死性"向着此在的击入；在这种源始时间之有终性及其源始生存之有死性的递送和击入中，生存着的此在之"独在"本质，此在生存命运性的无家可归，不可遏制地袭上前来，一种生存本身的困惑于是便借道此－在沛然涌出："逝者如斯夫，不舍昼夜"（《论语·子罕》）；"阁中帝子今何在，槛外长江空自流"（王勃：《滕王阁序》）；"唯有长江水，无语东流"（柳永：《八声甘州》）……哦，"疑是地上霜"作为吟咏，已经悄然掠过其表－达位面，融通"床前明月光"的袅袅余音，重新震荡鸣响：

床…前…明…月…光…疑…是…地…上…霜…

现在进入诗的下半片：举头望明月，低头思故乡。我们已经

思与诗的风云际会 | 359

在诗的上半片经验了由退入每一个字的说话来倾听诗句的吟咏。上半片的吟咏不仅释放出这首诗唱咏的辽阔场域,而且给出了思入其吟唱的"运思指引"。因此,我们将"扬弃"上半片诗歌的倾听方式,直接从"整体"上倾听下半片的吟咏,这当然绝不排斥对其中某一个词单独的凝神倾听。

诗的上片通过吁请物(床、月光和霜)的到来,命名了随着这种到来而涌出的人之生存本身之困惑,从而召唤着一种逗留,一种在天空-大地-终有有死者共属一体之时间性世-界中的逗留。诗的下半片尽管也离不开对物的呼唤(明月和故乡),但却是从对有死者的召唤开始的,而且还是一种别具一格的召唤:举头望…低头思…。然而,这样的召唤真有什么独特吗?它难道不是早已消磨殆尽于诸如"抬头不见低头见"这样的日常在世方式中了吗?

确实,作为表达,"举头望明月,低头思故乡"这两个诗句直白平实,抬眼便可洞穿,似乎除了"我禁不住抬起头来,看那天窗外空中的一轮明月,不由得低头沉思,想起远方的家乡"这样的领会外,简直就已无话可说。在此类解释中,词语诗意的磨损,何其深重;词语命名力量的发送,何其衰弱!作为命名着的召唤,诗句中所有的字词都是对"黑暗"的命名,更确切点说,都是只有在屏息倾听中才会时间性地到来。

让我们先来倾听"举-头-望"和"低-头-思"。倘若我们停留在词语的表达上,那么这两个非常对称的结构,听起来就仿佛是一个健身教练的指令:抬头挺胸,吸气收腹;或者更像是一个上课老师的命令:抬头看黑板,低头做考题。不,不是这样的。"举-头-望"和"低-头-思"绝不是形式性的描述或祈使性的表达，而是命名着的召唤，并且每一个字都如此。按《说文》，"擧，对擧也。从手，與聲。"朱骏声《通訓定聲》："擧，谓两人擧之。"陈衍《辯證》："擧、舉二字，一屬兩人對擧，一屬兩手對擧。""氐（低），至也。从氐下箸一。一，地也。"然而，对这个诗句来说，"举"字之所说触动我们的，不是究竟是"两人对举"还是一人"两手对举"，而是：什么样的"头"如此沉重，竟然需要两人或一人"对举"？"低"字之所说触动我们的，不是与"举头"方向相反的"向地面垂头"，而是：什么样的"头"如此灵动，一上一下之间便允诺出一片思域？抬个头，低个头，有这么夸张吗？一种真正的"举头"恐怕就是如此沉重，一种真正的"低头"恐怕就是如此灵动。君不闻"兴尽悲来，识盈虚之有数。望长安于日下，指吴会于云间"（王勃：《滕王阁序》）；"昨夜西风凋碧树，独上高楼，望尽天涯路"（晏殊：《蝶恋花·槛菊愁烟兰泣露》）；"西北望长安，可怜无数山"（辛弃疾：《菩萨蛮·书江西造口壁》）；"抬望眼，仰天长啸，壮怀激烈"（岳飞：《满江红》）……如此这般的举头-低头，说的显然不是肢体意义即不是表达某种器官动作意义上的举头-低头，而是并且仅仅是，"吟咏"：举头…望…明月，低头…思…故乡。

举头望明月。只消"举头"，就能"望明月"吗？只要时间、气候等条件具备，我们似乎举头就总能望见明月。还有比这更"自明"的事情吗？但由此至少有三个问题向我们逼来。第一，虽然举头就能见月，但这个"月"却绝非一个概念性的现成之物，毋宁说，月，源始地就是包括概念之月在内的"在世"之月，就是说，月，向来"先行地"总是在不同的人生阶段（幼

思与诗的风云际会

年、青年、壮年和暮年）以及不同的生活情景中来照面的（如或"花前月下"，或"梦断秦楼月"，或"晓风残月"）。因此，说举头就能看见月，这不等于在表达一个经验性的"认识论事实"，仿佛通过这一事实，我们便抵达了某种"普遍共识"似的；然如果不穷尽于这种共识性的作为"地球的卫星"的月球，这个"举头望明月"的月，又究竟是什么样的月？第二，如果举头就能看见一直现成摆在那里的月，那么我不知道，这个分享太阳之光的月球有什么看头？瞠目凝视一个光秃秃的月球，我不知道，除了干瞪眼之外，还有什么可"望"（当然了，对月作科学研究另当别论）？第三，倘若只消一举头便能"望明月"，那么诸如"一个民族要有'仰望星空'的人"的说法，便让人困惑难解，因为所谓"望-星空明月"，不就是"抬"一下头的动作吗？这有什么难的？连我家狗狗也经常端坐在阳台上举头望苍天！但是别忙，狗狗真在"望"吗？它能"望"吗？"望"字在叹息，因为我们根本没倾听它的吟咏。

《说文·壬部》："朢，月满與日相朢"也；又《说文·亡部》："望，出亡在外，望其還也"。农历每月十五，"月满与日相望"，是为"望"也；出门流亡在外，盼归（不仅"家人"而且"流亡者"本人也然），是为"望"也。前者说的乃时机，后者说的乃人生在世的一种根本的生命姿态。时-机，说的不是什么"具有时间性的客观条件"（《现代汉语词典》），而是时间之机-会：时，时-间也；机，"微也，殆也"；"微，隐行也"；会，"合也"（《说文》），聚集也。故而时-机，说的是时间之机会，而时间之机-会，说的是某种"隐行"的聚集性到达。何种"隐行"聚集性到达呢？盼归也。这种在时-机的聚集性到达中涌流着的盼归生命姿态,就是"望"之存在,或存在之"望"。这里有几点需要深入。

首先,望乃是一个"存在"之时刻,而非一个固定的时间点(望日)。我们总会"把酒问青天":"明月几时有?"但难道我们真不知道"几时有"?难道它不是在固定的时间点上"有"的吗?当然不是。只有当我们的此在放空当下在世之繁忙喧嚣,承担起"独在"的生存命运,倾听月之辽阔的消息,并接住这种辽阔聚集性的袭来——只有"在"此时此刻、此情此境,才有"望"这回事发生,或者说,才发生了一个"望之时刻"。这种作为存在时刻—生命姿态的望,并非与作为一种器官动作的抬头-低头互为表里,因为"望"可以伴随着抬头,但抬头却并不必然意味着"望",这种器官动作甚至担保不了"能"望,就是说,在"举头-望"中,"望"字无疑是重音。若用现象学术语更严格地讲,"抬头"之于"望",只是一种"形式指引",它邀请着后者在聚集着的当场发生中去"充实"自身。

其次,"望"作为生命姿态的"盼归",说的不是期盼着从一个地方(异乡)返回到另外一个地方(家乡),因为这样的返回事实上就了结了"盼归"。作为吟咏,盼归之望,不是在包括李白的经验在内的任何经验层面上说话的,而是在"存在论"意义上歌唱的;换句话说,"举头…望…明月"作为歌唱,总是掠过所有的经验-表象形态,不断地重新发出召唤,重新开放出自身。所以,望作为盼归,始终盼来-盼去,归来-归去,从而盼归入自身,在来-去之间震荡不已。

第三,盼归之望为什么是"根本的生命姿态"?难道"仰天长啸,壮怀激烈"式的"望"就不根本?我所谓"根本"说的既

思与诗的风云际会 | 363

不是"普遍"也不是"特殊",而是"源始"或"本真"。那种始终隐行着、又命运性地凭空袭来的盼归之望,其实是很稀罕的,绝非随便抬抬头便会发生的。但"稀罕"不是质上的特殊和量上的稀少,而是这种盼归之望,始终只是闪耀性地或扣留性地"存在"。人作为时间-历史性的存在者,本质上是活在曾在着的将在中,说得通俗点,就是活在由过-去拱卫着、滋润着和塑形着的各种各样的"盼头"中。这些形形色色的盼头有可能实现不了,也有可能实现了:实现不了的,继续盼;了结了的,重新盼。陶渊明唱道:"归去来兮,田园将芜胡不归?"回归田园或"退隐山林"就是终极的盼头?若如此,那些世世代代祖祖辈辈活在田园山林的农人,岂不是压根儿就不产生任何盼头?实际上,不管是建功立业还是退隐山林的盼头,无论是触之凿凿抑或缥缈虚玄的盼头,均不可能了结源自生存本身的盼头,这不仅因为前者不过是后者的衍生样态,更是因为一旦盼头本身了结了,人便坠落成一完成了的现成存在者,因而,"人性"本身也就了结了。人,以盼头的方式栖居。然而,行走在这条没完没了的盼之道上,一种生存之困境就会隐隐然从暗处涌拍而来:我们身在何处?去往何处?无论我们身在何处、去往何处,都提不尽人性的深渊,因为以了结某种盼头的方式才将自身真正释放出来的"盼头本身",使我们总是"身在曹营心在汉",总是不在已在之处,去往尚未去之处。这意味着,作为以盼头为根本栖居方式的存在者,我们不可能通过兑现某种乃至一切盼头而终结活在盼头中的栖居方式,而一旦这种栖居方式从那无休无止的盼头之追迫中陡然脱身绽出,一种"被抛的"独在茫然、无家可归的此在-生存境况便会悚然悬临。所谓"无家可归"的生存境况,说的不是任何"价值"独断，更非某种"悲观主义的"生命姿态，毋宁说，"无家可归是在世的基本方式，虽然这种方式日常被掩蔽着"①。然而，如果无家可归是人生在世根本的生存方式，那就意味着人之生存始终以"无家可归"的方式受到"家"持续不断的召唤，哪怕你"生于斯，长于斯，死于斯"，就是说，哪怕你从未踏出过出生地半步，也照样在无家可归的生存中受到家的强烈召唤。这种来自作为家的存在本身的不息召唤，在"静－夜－思"中突破那些五花八门簇拥着的在世之盼头的掩蔽，将人之此在唤入那作为根本生命姿态的盼归之望颤动着的吟咏之中：举头…望…明月…

最后，"举头望明月"作为一个祈使性的表－达句，② 听起来确实同构于诸如"抬头看黑板""抬头看着我"这样的祈使句。③ 因此，"举头望明月"这个一听就了然的句子，无非是诚邀我们抬头去看悬浮在夜空中的一个发光的对象（哦，更科学的说法可能是分享太阳光辉的一个天体）？果真如此？且不说这个日日、月月、岁岁均现成摆在那里、抬眼便能见到的光亮圆球究竟有什么看头，作为命名着的召唤，举头…望…明月，不是吁请

---

① 《存在与时间》，第318页。
② 通常把它只理解成李白为刺激读者而自我描述的一个表达句（"我禁不住抬起头来，看那窗外空中的一轮明月"），但这种完全外在的解释其实什么都没有说，更要命的是，这些对诗歌的解释－鉴赏，不仅其本身毫无"诗意"，而且正是它们遮蔽着诗歌的吟咏。
③ 其实，即使是这样的祈使句，说的也远不只是一种器官性动作。"抬头看黑板"不是叫你看一个作为对象的黑板（看黑板干什么？有什么看头？），而是招呼你"不要开小差、集中精神、专心听讲"等等。同样，"抬头看着我"也不是让你看我这张对象性的脸（我很自豪这张希腊脸？没人看过？），而是警告你"不要对我撒谎，不要把别人当傻子，老老实实告诉我真相"等等。

我们去看向一个能表象的对象，用海德格尔的话说，这个诗句完全不在"存在者"位面上说话，而是在"存在论"位面上说话。李白看到的月是怎样的月（这只能是我们主观任性的猜测），我们每一个读者看到的月是怎样的月，科学眼中的月又是怎样的月，所有这一切都应该被"悬隔"，柔和点说，都应该被掠过，因为它们都不是"事情本身"，或者说，都只是事情本身的泡沫。那么，事情本身是什么？是"望…明月"的召唤，是在倾听"举头…望…明月"的歌唱中接住的那种"当场袭来"或"聚集性到达"。月，亏阙也，满则阙也。月的这种始终在亏阙中朝向满的存在方式，遥遥照射入人的存在，并在总以亏欠之方式朝向自由的存在方式中悠悠鸣响：在月之阴晴盈昃的运行中，闪烁着天空与大地联袂运作的浩瀚之境；在人之无家可归的命运性生存中，发送着归家的强烈呼唤。故而，尽管被日常在世顽固地遮蔽着，承担着生存性的有死-自由的灵魂，总会挡不住地从沉沦在世的夹缝中不断挣扎而起：举头…望…明月…

然而，如此这般的举头望明月，并不能解除无家可归的生存性命运，反倒是抽刀断水，更深地陷入"不忍登高临远，望故乡渺邈，归思难收"的生存性困境之中（柳永：《八声甘州》）。于是，这种故乡之渺邈，难收之归思，便无可遏制地吟唱了出来：低头…思…故乡…

正如"抬头"不一定"能望"，"低头"也担保不了"能思"，它们说的不是什么"想着，想着，头渐渐地低了下去，完全浸入于沉思之中"，而是在"存在论"上"作诗"的"形式指引"。"思故乡"之"思"与"静夜思"之"思"一样，如前面所说，绝非今人在现代分类学框架基础上专题性的"思－维",① 尤其不是更狭窄的"概念"性之思,而是更丰饶也更源始的生存论现象。假如说,"举头－望"是一种"外放"的话,那么,"低头－思"就是一种"内收"。但外放与内收本质上是相互共属的:"举头－望"意味着望入月之辽阔,而望入月之辽阔已经意味着容纳它、深通它,就是说,已经意味着"低头－思",至于这种望－思是否在表象层面抬了头或低了头,完全是无足轻重的。所以,容纳、深通作为思本身,就是源始的生存论现象本身;思作为容纳、深通本身,就是这种现象的丰富性本身,而那些现代分类学意义上的思考、思维、思辨、思议等等,不过是被这种源始－丰富的生存现象奠基的衍生现象而已。海德格尔的区别于概念性之思的"思",终于在这里,在静夜－思中,在低头－思中,在"命运之早先的往昔"中返乡了!②

低头⋯思⋯故乡。在举头⋯望⋯明月之际,"故乡"已经在召唤,已经从"明月"之暗处袭入"思",就是说,思已经穿透扑地月华而容纳着、深通着自远方蜂拥奔来的"故乡"的呼唤。然而,"故乡"在说着什么?这个"思⋯故乡"又在说着什么?故,会意字,由"古"和"攴"会意。《说文》:"古,故也。从十、口,識前言者也";"攴,小擊也"。古与攴相会而成"故"。

---

① 思维之"维",按《说文》:"维,车盖维也",即系车盖的绳子。车盖有了绳的系缚,就稳定了,定向了,乃至固定了。思而维意味着,作为容,作为"有容乃大"的容本身,思已被其"维"所牵引,被"维"所定向、去远乃至塑型。虽然思而维乃思之成就,乃思之"建功立业",但这些牵引着、定向着、去远着和塑型着的成就和功业,也命运性地制约着思之为思,亦即瓦解着思之容纳或思之辽阔本身。

② 参见《林中路》,第343页。

"故，使爲之也。"《段注》："今俗云原故是也。凡'爲之'必有'使之'者，'使之而爲之，則成故事矣'。"这里的领会明显偏重于"为之"之"使之"，而其关键则在于"识前言者也"，亦即记识"过去"年代的言语和故事也。鄉，会意字，甲骨文从二人张口相对，从盛满食物的"皀"，会两人相向对食之意。《说文》："鄉，國離邑，民所封鄉也。"張舜徽《約注》："國者，都也。謂離都邑稍遠之地。"承培元《引經証例》："封猶聚也；乡，歸鄉也。"如此这般领会的"故乡"，与我们今人的领会遥相呼应：故乡，指的是过去的（故）出生地（乡），或长期居住过的地方，或老家等等。如果故乡说的就是这样的某个现成的、过去的、具体的和确定的地方位置，那么，所谓"思…故乡"自然就是说的对这某个空间处所的回忆、怀想、牵挂、思念等等。这看起来没有任何问题。

然而，没有问题的地方恰恰就是酝酿问题的温床。通常所谓的"思故乡"，说的的确就是回忆那山、那水、那树，怀想那些如烟的往事，牵挂那些不在眼前的故友亲朋，思念那些尚生活在家乡的父母兄妹。这样的领会听起来很流畅，但在这种流畅滑过之际，却顺势悄然遮蔽着事情之本质。一个"质"的问题和一个"量"问题逼向我们。第一，对于那些土生土长、从未离开过家、终生就生活在"故乡"的人来说，是否就没有"故乡"的说法？是否就不存在"思…故乡"的逻辑可能？在这个日新月异的时代，倘若你回到的那个"故乡"已然面目全非，你是否除了悼念式的回忆，根本就没有"故乡"？诸如"低头思故乡""望故乡渺邈，归思难收"这样的诗句，是否纯粹就是"为赋新词强说愁"式的自我折磨？谁让你要离乡背井？第二，对于生活在飞机、海轮、高铁、汽车、网络等等四面环绕中的我们今人来说，故乡近在咫尺，随叫随到。但向这种缺乏"遥远"的故乡之返回，真的能了结那种生存性的"思…故乡"的情绪？不仅如此。今天的我们真正可以做到"四海为家"了，就是说，我们实际上到处都可以是"故乡"，因而也就无所谓"故乡"。但这是否意味着我们已经不可能领会"思故乡""归思难收"这样的诗句了？我们是否事实上在很大程度上已完全丧失了"思故乡"的经验了？所有这些是不是说我们通常对故乡的领会是"错误的"？不。作为那山、那水、那事以及那人之聚集地的故乡，不过是"故乡"的派生样态，由此而来的"思-故乡"因而也只是一种衰变形态。然而，故乡及其思故乡"源始的"或"本真的"形态是怎样的呢？

低头…思…故乡…。一声隐约而又弥漫的呼唤，将我们带向一种彷徨迷茫：何为故乡？故乡在哪里？奥尔格·特拉克尔歌唱道："灵魂，大地上的异乡者。"① 只要作为"灵魂"或"本真"的"我们"——不是作为"共在"或"常人"的"我们"——还栖居在这大地上，② 就命定是个"异乡者"，就注定是"独在异乡为异客"（王维：《九月九日忆山东兄弟》）。虽然故乡总是表现为那山、那水、那事以及那人之聚集地，但这种聚集地却只不过是故乡的"能指"或"载体"或"肉身"。故乡的根本意向是庇护和安顿，而思-故乡就是"充实"或"行"这种意向；换句

---

① 转引自《在通向语言的途中》，第32页。
② 这里，"大地一词所说的，既与关于堆积在那里的质料体的观念相去甚远，也与关于一个行星的宇宙观念格格不入。大地是一切涌现者的返身隐匿之所，并且是作为这样一种把一切涌现者返身隐匿起来的涌现。在涌现者中，大地现身而为庇护者"。《林中路》，第28页。

话说，思-故乡就是寻求庇护和安顿。为什么作为灵魂的我们，始终是这个大地上的"异乡者"，因而总是处在寻求故乡的庇护和安顿的生命姿态中呢？这是因为"我们"作为"我"，根本上是"终有一死者"，更精确点说，以终有一死的方式"存在"，一如海德格尔所说："有限性不是附在我们身上的某种特性，而是我们的存在之根本方式。"① 以这种方式生存，意味着在生存之根处的这个"我们"源始地是"独在"。但这种源始的独在，说的不是那种除掉"我之外"其他的全体余数后剩下的空间-表象性的孤寂"个体"，这样的个体作为对象性的现成存在者，其根本的存在方式恰恰是"共在"性的。② "源始的独在"说的是：作为时间性的存在者③，此在源始的存在方式是"到时"（Zeitigen），而到时说的是"有终"或"有死"，而且是这种有终或有死本身；这意味着，人作为到时着的此在，只能自己去承担作为有终-有死本身的"此在"，亦即人根本上是独在着的存在者，尽管这种独在向来总已滑入那似乎可以无尽绵延的"共-在"之中；④ 然所谓承担起独在，并不是进入区别于共在的另一种被称为"独在"的现成状态，而是说，此在只消生存，它就始终能够从任何沉沦着的共在之现成状态中撤出，向着有限-有死

---

① 海德格尔：《形而上学的基本概念》，赵卫国译，第10页，商务印书馆，2017年。下文凡引此书，只注书名和页码。
② 参见《存在与时间》，第25～27节。
③ 参见拙著：《神仙信仰现象学引论——对几部早期道经的思想性读解》，第222～227页，四川大学出版社，2015年。
④ 包括动物在内的其他现成存在者，都不仅不是承担着"有死"或"有限"的时间性存在者，而且本质上是无所谓时间的存在者。"只有人能死，动物只是消亡。动物的前面以及后面都没有死。"*Poetry, Language, Thought*, p.178.

的本真独在返回,这就是说,独在作为此在的存在始终是"未-来"的,而且是这个未来之-来本身。所以,只要此在存在,它就源始地在"存在论"上"独在"。

倘若作为以终有一死的方式生存的存在者,我们存在论地独在,那么这等于说,我们也存在论地"无家可归"。然而,恰恰正是这种深深嵌入了我们生存本身独在着的无家可归,才使故乡的召唤或思-故乡在存在论上成为可能。是什么决定着"思-故乡"的存在时刻的莅临?明月?是的,明月最容易诱发思乡之情。但没有或看不见明月就不会思-故乡了?或者,"身处故乡"就不可能禀有"思-故乡"的现身情状了?因此从根本上讲,不是明月,也不是过去身处何处、如今又身处何处,更不是某个现成地理位置上的任何东西,而是无家可归之独在,以及是否迎向这种独在着的无家可归,最终决定着"低头思故乡"的"存在时刻"。

故乡不是那山、那水、那事以及那人,而是穿透它们而来的存在的呼唤,隐然却又不息的呼唤;故乡也不是摆在那里固定的空间处所,而是掠过它伸展向远方,飘忽而来-去的远方,比一切远方都更辽远的存在自身的辽远。于是,我们终于经受着荷尔德林那破空而来的幽寂歌唱:"难以赢获,那锁闭的故乡";[1] 终于领会着海德格尔那思意弥漫的深切道说:"家乡——不单纯作为出生地,也不仅仅作为熟悉的景致,而是作为人类各依其历史性此在而在其上'诗性居住'的大地之力量。"[2] 故乡总是扣留

---

[1] 转引自《荷尔德林诗的阐释》,第 11 页。
[2] 海德格尔:《荷尔德林的颂歌〈日耳曼尼亚〉与〈莱茵河〉》,张振华译,第 104 页,商务印书馆,2018 年。

着自身,因而"诗人的天职是返乡"①,诗歌之本质就是召唤着的返乡。不仅如此,哲学作为思,思作为对一切可能的现成存在者的超越本身(meta…),其真正的使命其实也就是立于这个无家可归的 meta 深渊上的归－乡。于是,我们终于领会了诺瓦利斯令人惊讶的吟咏:"哲学是真正的思乡,一种随处都要回家的冲动",进而接住了海德格尔的指点:"只有当我们,做哲学活动的人,随处都不在家时,才可能是哲学……随处都想回家指的是:随时或同时存在于整体之中……我们存在着,而只要我们存在着,我们就总在期待着什么……达于存在之整体,我们被我们的思乡症所驱使。"② 一言以蔽之:我们根本不可能通过诸如"终身不离故土""四海为家""消除与故乡的距离"这样的方式来"赢获"故乡。故乡之为故乡,向来是在故乡本身之不可赢获的切近中到来,就是说,向来只是在思念中到来。然这种思念却不是对某种或某些现成存在者的思念,因为这样的思念是可以通过"赢获"被思念者而了结掉的,毋宁说,本真的思念乃是一种在独在中袭来的存在时刻。此存在－时刻意味着:故乡,始终不以"概念性共识"的方式来照面,而总是在独在着的思－念中才到来以及重新到来;而这又进而意味着,故乡,总是在到来的同时扭身遁去,为的恰恰是在又一个存在时刻重新到来,所以作为独在着的思念－存在,故乡始终是辽远的。

正因为故乡－存在本身如此这般的辽远,所谓"前不见古人,后不见来者。念天地之悠悠,独怆然而涕下"(陈子昂:《登

---

① 《荷尔德林诗的阐释》,第 31 页。
② 《形而上学的基本概念》,第 9~10 页。诺瓦利斯的话转引自此书。

幽州台歌》)是也；也正因为故乡本身的这种始终-辽远，所谓"不忍登高临远，望故乡渺邈，归思难收"是也。作为安顿和庇护之道，托付给那山那水那事那人的故乡，是我们的"来处"，而来处似乎渐行渐远。但这种曾在着的来处无论怎样渐行渐远，也不过以"孤帆远影碧空尽，唯见长江天际流"（李白：《黄鹤楼送孟浩然之广陵》）的方式，返身投递进我们的"去处"，缠绕进我们终有一死的生存。有来处就有去处。实际上，来处已经暗示着去处，暗示着"终有一死"的存在性伴随。一旦在世之繁忙牵挂莫名地整体剥落，这种共属一体的来处-去处就会无声地横溢而来，那种从无家可归之独在深渊凭空袭来的"故乡"之召唤，就会不绝如缕地拍岸而来：低头…思…故乡…

不难发现，诗的下半片的两个诗句极为对称："举头"与"低头"对接，"望"与"思"神通，"明月"与"故乡"押韵。作为对所谓"思乡之情"的表-达，这两个诗句撞入表象、联想、描画、语义、语音等等概念性或准概念性运作的空转之中，穷尽于诸如"后两句通过动作神态的刻画，深化思乡之情。'望'字照应了前句的'疑'字，表明诗人已从迷蒙转为清醒，他翘首凝望着月亮，不禁想起，此刻他的故乡也正处在这轮明月的照耀下，自然引出了'低头思故乡'的结句"这类大同小异的理解和解释之中。但作为对黑暗的命名着的召唤，这两个诗句以"举头-望"的外放和"低头-思"的内收打开了一个"之间"：明月与故乡之间，来处与去处之间，天空之辽阔与大地之深厚之间。与上半片诗召唤物的到来不同，整个下半片诗直接召唤的是这种"之间"，即直接邀请我们在此"之间"逗留。为何如此专门而又强烈地召唤这个"之间"之地带呢？因为我们人本质上就栖居在此"之间",而这一点却又始终被命运性地遮蔽着。我们作为人,人作为终有一死者,终有一死者作为时间－历史性的此－在,向来沉没于牵挂(Sorge)的在世生存之中。这个被海德格尔称为"沉沦"着的存在者的世界,也就是我们日常现成的在表象－表达中抵达的"光－明"或"共－识"的世界。然,一如倾泻的月色奠基于浩瀚的黑暗一样,一切光－明或共－识的存在者也奠基于那无边黑暗的蓬勃涌动,更精确点说,奠基于存在之聚集着的消散或消散着的聚集。这里要特别强调指出,这种我们称为"黑暗""地带""聚集""消散"等等的"之间",说的不是这样那样的辩证"概念",如与光明对立的黑暗、与有形对立的无形等等。若用海德格尔的行话说,这种"之间"说的是在"存在论差异"中显－现的"实事本身"(参见《语言》,特别是其中对"痛苦已把门槛化为石头"这个诗句的读解)或"源在"(Ereignis)(参见《哲学论稿:从本有而来》)或作为"解蔽"之"真"(参见《论真理的本质》)。当我举头望向明月之际,故乡已经弥漫着到来,明月与故乡相互嵌入、相互送达,而"我"就承担着这种作为相互的"之间";在我低头思－念作为我之来处的故乡之际,我的去处,作为终有一死者的去处,已经悬临着到场,来处与去处相互成就、相互伸展,而"我"就承担着这种作为相互的"之间"。一旦这种"之间"赤裸裸地袭向我,就是说,一旦"我"袒露在"之间"的这个去蔽时刻,明月与故乡、来处与去处,便在震荡中开－放出它们真正的亲密为一:故乡入住于浩瀚的明月之中,明月逗留于故乡之辽远之中;来处唤起于去处,去处派送着来处……

然而,让人无所适从的是,这种"之间"顽固地拒绝一切概念之光以及变相的概念之光的探照,一旦后者企图将前者收拢为任何"什么",这种作为活生生的"实事本身"、"源在"以及"解蔽之真"的"之间",便立刻消隐了,自行遮蔽入存在者及其关系之中了。于是,一种命运性的存在本身之困境赫然在目:"存在者簇拥着存在,使存在走投无路。"① 而作为存在之守护者的我们,也随之陷入走投无路之境。然,当真山穷水尽了吗?

幸好,诗还在歌-唱,思还在应-答。诗,就是以命名的方式,呼唤着那幽暗弥漫却又走投无路的存在的到来,并将这种到来收存入词语的庇护之中。故而,当床、霜露、月光和故乡孤寂缄默的时候,诗作为作诗却还在吟唱。思,就是以容纳、深通的"形式指引"方式运思,② 迎接那涌动不息却又走投无路的存在的袭来,并在概念-表达的重重围困中应答这种袭来。故而,当月光之浩瀚与故乡之辽远、生命之来处与去处、生存之在世牵挂与无家可归之独在处境隐没不显之际,思作为容纳却还在应-答。

经过诗与思的风云际会,我们终于真正被送入一种海德格尔所说的"未受损伤的和谐",③ 来到一个未受词语之表-达侵袭却又时刻维持在蓄势待发的诗-思真正开放以及重新开放的态势

---

① 《林中路》,第 355 页。
② 所谓"形式指引"是一个大的专题,这里无力展开。就引几段海德格尔的原话吧:"所有哲学的概念都是形式指引着的,而只有当它们被这样理解时,它们才形成真正的把握之可能性";"这种指示绝不携带其内容,它们是形式的指示";"哲学概念普遍的特点,即它们全都是形式的指引。它们是指引着的,这就是说:这些概念的意义内容并不直接就意指或说明其所关涉的目标,有的只是一种指示,指出领会者被这种概念关系所敦促,要求在其此中去实施其自身的某种转变"。参见《形而上学的基本概念》,第 418 页,第 421 页,第 422 页。
③ 参见《演讲与论文集》,第 286 页。

之中：静-夜的空寂动荡、床-前的闪耀绽放、霜露的凛冽袭来、明月的倾泻照射，以及那故乡之辽远和难收之"归-思"……所有这的一切，最终都在词语命名着的无声召唤下，庇护入那不惊不乍却又透穿千古的庄严大音之悠悠鸣响中：

静…夜…思
床…前…明…月…光
疑…是…地…上…霜
举…头…望…明…月…
低…头…思…故…乡…

跋 文

目击众神死亡的草原上野花一片
远在远方的思比远方更远……

——改自海子《九月》——

哲学是一种出类拔萃的生存论现象

众所周知,海德格尔好发惊人之语。如果我们不止步于这些惊人之语的表-达面,而是震碎其表达性外壳,立刻就会被牵引进由这些表达性外壳庇护着的巨大思想-空间。

"哲学是一种出类拔萃的生存论现象。"这是海德格尔在《对亚里士多德的现象学解释》中的一句惊人之语。① 就表达而言,这句话的意思无非是:1. 哲学是一种生存论现象;2. 这种生存现象是出类拔萃的。"出类拔萃",乃一个形容词修饰语,而"生存"或"生存论"是海德格尔的"专门术语",此不赘述。② 因此,作

---

① 这句话的原文为:Philosophie ein (das ausgezeichnete) existenzielles Phänomen. 英译为:Philosophy is an existentiell phenomenon (the preeminent one). 从译文的表达面看,中译是基本"准确的"。中译见海德格尔:《对亚里士多德的现象学解释》,赵卫国译,第50页,华夏出版社,2012年。
② 从"概念"或"定义"上讲,这个术语的大致意思是:"此在能够这样或那样地与之发生交涉的那个存在,此在无论如何总要以某种方式与之发生交涉的那个存在,我们称之为生存(Existenz)……此在总是从它的生存来领会自己本身:总是从它本身的可能性——是它自身或不是它自身——来领会自己本身";"这种存在者的'本质'在于它去存在(Zu-sein)……我们挑选生存(Existenz)这个术语来称呼

为概念性的表─达，这个句子的整体意思是：作为一种生存论现象，哲学是出类拔萃的。整个句子的重音显然在"出类拔萃"上。

说哲学是一种出类拔萃的生存论现象，这至少触及两层意思：第一，作为一种生存论现象的哲学，说的远不单单是作为一门学科的哲学。作为现代大学里与其他诸学科比肩并列的一门学科，哲学并没有哲学专家们通常自以为是的那种优先地位，因为只要是"一门学科"，它就势必像其他所有学科一样，被自己学科的对象域所限定，即使我们赋予它"普遍必然""科学之科学""科学之基础"等等崇高的定位也如此。这是不是说，在学科林立的大学中给予哲学的头衔还不够高？不，恰恰相反，正如海德格尔所说：只要"将哲学与科学进行比较就是对其本质的不合理的贬损"，"仅仅将哲学估价为科学的典范这一点，就已经是对其最内在的本质之最致命的贬低"。① 这就是说，只要 Philo-sophia（爱─智）蜕变为哲─学，而哲学仅仅以"一门学科"的方式来照面，那么，Philosophia "最内在的本质"就已经受到"最致命的贬低"。可是，这个遭受最致命贬低的"最内在的本质"是什么呢？这个追问把我们带入事情的第二个位面：哲学，怎么可能是一种"出类拔萃的生存论现象"？

这种存在者的存在……把生存专用于此在，用来规定此在的存在。此在的'本质'在于它的生存"。（参见海德格尔：《存在与时间》，陈嘉映、王庆节译，第15页，第49页，商务印书馆，2012年。）简言之，"生存"说的不是一种生物学或生理学现象，而是一种"存在论"现象：作为生存着的此在，人不仅始终不是现成的和对象性的存在者，而且其"生存"本质上恰恰正是对任何这类现成性和对象性的"超越"。

① 海德格尔：《形而上学的基本概念》，赵卫国译，第5页，第4页，商务印书馆，2017年。下文凡引此书，只注书名和页码。

按理说，所有的学科归根结底都归属于作为"此在之生存"的"去存在"（Zu sein），故而都是"一种生存论现象"。然而，尽管都是生存论现象，但诸学科由于占有各自不同的对象域，其根本的学科意向便势必指向或者不如说势必构成各自具体的现成存在者领域。这意味着，包括作为"一门学科"的哲学在内的诸学科，本质上都是在现成存在者的位面上劳作的。既然如此，接踵而至的问题当然就是：哲学凭什么升格为一种"出类拔萃"的生存论现象？难道物理学、数学等等不出类拔萃？难道历史学、法学等等不出类拔萃？难道这说穿了不过只是一种企图凌驾于诸学科之上的"哲学－自恋"？

哲学乃一种出类拔萃的生存论现象。"出类拔萃"这里并不是一种类似大学排名那样的学科等级评价，仿佛作为哲学家的海德格尔刻意将哲学作了一种自恋性的拔高似的；而是说，作为对智慧之热爱的哲学（Philo-sophia），必然也必须出类拔萃，因为仅当它出类－拔萃之际，它才本真地"存在"。换言之，"出类拔萃"说的不是与诸学科相比哲学最优秀，而是说哲学以而且只能以出类拔萃的方式生存。所谓哲学"最内在的本质"，说的就是这种别具一格的生存方式。那么，这究竟是一种怎样的生存方式呢？很多事情的秘密都保藏在词语本身的"说话"之中。如果我们问：什么是哲－学？回答曰：哲学根本上就是爱－智（Philo-sophia）；这个标准答案必然引发进一步的追问：这个被喜爱的"智慧"又是什么呢？智慧必须是个"什么"，否则我们的喜爱便没有坐实的对象。如此这般的追问方式于是在"智慧"这里被无情地拦截住了，因为无论怎样"智慧"本质上都不是任何意义上的"什么"，说得更狠点，这种"……是……"的线性因果式的提问或追问方式，其本身就是、刚好就是非－智慧的，虽然它可能是"高智商"的。① "非－智慧"说的不是"不聪明"或"低智商"，"高智商的"完全可能是无智慧的。一切这样的提问都已经预定了答案：问"智慧是什么"已经先行瞄准和假定了智慧总是某种现成的"什么"，无论这个现成的什么具体"是什么"。但智慧之成其为智慧，首先就在于：它不但始终不是任何什么，而且正好是对任何这种什么的超越。于是，作为爱智的哲学（Philosophia）沉默了。然而，当哲学缄默之际，形而上学（Metaphysica）却在说话。

Metaphysica，英文为 Metaphysics，中译为"形而上学"。我们知道，这个词最初只具有一种编撰学的意义。在亚里士多德时代并没有这个词，到公元前 60 年，安德洛尼可（Andronicus）编撰亚氏全部遗著时，先将关于自然的可感觉运动变化的事物的著作编在一起，命名为《物理学》，而把现在所谓《形而上学》的各篇章放在《物理学》之后，并集合在一部书内，取名为 Metaphysika，即今天我们所谓的《形而上学》。笔者这里无意也无力去讨论围绕这个词的相关词源学问题，我们关注的是由这个词本身而来的"自我介绍"。

Meta-physics，这个词本身就在说话：词干 physics 说的是研究事物具体形态变化的"物理学"；词头 Meta 说着"在……之后"。但这只是 Meta-physics 这个词的纯粹编纂字面的意思。这种由纯粹字面意思而来的"我们称之为'形而上学'的东西，

---

① "智力商数"（Intelligence Quotient），原本就是一种现成的"量"的规定，并未触及"智慧"本身。

只是一个让我们不知所措的术语,一个应对窘境的标号,一个纯粹技术性的头衔,在内容方面根本无所言表"①。随后,这个纯粹的"技术性含义"便逐渐"被指派给了一种内容性含义","变成了'转变'的含义,变成了'离开某物而转向他物'、'从某物越向另一个'的含义";② 由此,Meta 便具有了诸如"是……的基础"或"超越……"这样的含义,而 Meta-physics 也完成了从 physics 向另一种存在者即"一般存在者或真正的存在者"的转变,就是说"形而上学变成了居于感性事物之上的东西之知识的头衔,用于超感事物的科学或知识";③ 终于,Metaphysics 演变成了"真正的哲学"或"第一哲学"。自此以后,哲学,作为爱-智的哲学,便最终落户于这种意义上的形而上学地带。海德格尔写道:"这种转变完全不是随随便便的,这件事决定了某种本质性的东西——真正的哲学在西方的命运。"④ 其实,"这个转变"岂止止步于"哲学在西方的命运",这种命运在现代中国的"白话文运动"中强有力地绵延:我们在将 Philo-sophia 转渡为归属于众学科之一的作为"爱智之-学"的"哲-学"、在将 Meta-physics 转渡为对应于"形而下-器"的"形而上-学"之

---

① 参见《形而上学的基本概念》,第 57 页。所谓"应对窘境"是说"亚里士多德著作的编排者们,无法将这些论文(即《形而上学》——引注)屈尊到学院哲学所划分的三门学科(即逻辑学、物理学和伦理学——引注)中的某一门,基于哲学三门学科牢不可破的状况,人们无法接纳亚里士多德称之为真正的哲学的这部著作。亚里士多德真正的哲学反而产生了窘境"。(见同书,第 56~57 页。)
② 参见《形而上学的基本概念》,第 58 页。
③ 《形而上学的基本概念》,第 59 页。
④ 《形而上学的基本概念》,第 59 页。

中卷入、重塑从而维持着这种绵延。①

这样一来，哲学作为形而上学，便顺理成章地是"出类拔萃"的：形而上－学越出了一切感性的、有形的、特殊的实存事物的领域，而将目光转投向了超感性的、无形的、无限的更高存在者的领域（比如神、不死的灵魂），前者为"出类"，后者为"拔萃"。但是，作为形而上学的哲学，果真因为其出乎可感域而入于超感域便出类－拔萃了吗？且不管可感域与超感域的区分是否合法，这样的出－类实质上不过是相互－出类而已，何来"拔萃"？何以可能"拔萃"？换言之，Meta 是出类，但不过是出此类而入彼类，而这个彼类与此类一样，都属于"存在者"之类，虽然是超感性的、普遍的和彼岸的存在者。对于这种"出类"，海德格尔写道："形而上的东西（神、不死的灵魂）作为一种现存的、尽管更高的存在者"；②"现在所讨论的是根本原则性的，即超感事物或形而上学的东西，是其他存在者之中的某个存在者的领域。形而上学由此降到了与诸科学或实践－技术性知识中的其他关于存在者的知识同等级别，区别只在于，这种存在者是某

---

① "翻译"从来就不是单纯的技术性营生，而是始终走在民族－此在之"共在"生存之道的绵延上。据说是明治时期的日本人井上哲次郎根据《易经·系辞》中的"形而上者谓之道，形而下者谓之器"，首先将 metaphysics 译为"形而上学"的。严复引入此词时，曾将之译为"玄学"，未被接受。其实，"形而上学"也好，"玄学"也罢，关键的与其说在于它们的"能指－所指"的表－达系统，不如说在于 metaphysics 一旦作为"形而上学"或"玄学"出场，我们便已经缠绕进道、器、气、理、阴、阳、有形、无形等等的思考和言说空－间中去了，就是说，缠绕进我们民族独特的在世共在生存的方式中去了，尽管在笔者看来，不仅将 metaphysics 领会为"形而上学"优先于"玄学"，而且将之领会为"玄－学"甚至是"错误的"，因为从本质上讲，meta-physics 恰恰不是玄（黑、虚）之学，而是"明""实"之学。

② 参见《形而上学的基本概念》，第 62 页。

种较高的东西,它居于……之上,在彼岸,trans(超出)";Meta"不再表示思想和认识的一种独特朝向(a particular orientation),对于日常思想或追问的一种特有的回转,而只是那居于其他存在者后面或上面的存在者之地点和秩序的标号。而整体——这些超感事物和那些感性事物——以某种方式都是均等地现存着的……哲学活动是一种自足的根本朝向……形而上学被同化和肤浅化到日常知识水准,只不过它讨论的是超感事物"①。这几段文字一针见血地"揭蔽"出形而上学的"本质":Meta 与 physics 之间,发生着一种所谓"存在论差异"。② 这就是说,Meta 之"出类",不是由此类到彼类之出类,甚至不是由作为此类的存在者向作为彼类的"存在"之出类,而是突入存在论差异

---

① 《形而上学的基本概念》,第 65 页。译文参照英文版作了改动。Heidegger, *The Fundamental Concepts of Metaphysics*, trans. William McNeill and Nicholas Walker. Indiana University Press, 1995, pp. 43—44.
② 所谓"存在论差异"(Die ontologische Differenz),一般可表述为:存在不是存在者,存在者亦不是存在。但正如海德格尔所深刻洞察到的那样,这种领会仍然停留在"传统形而上学语言内",亦即安坐在"作为表象着和设定着的语言"的牢笼内。(参见海德格尔:《同一与差异》,孙周兴等译,第 55 页,商务印书馆,2011 年。)当我们说"存在不是存在者"之际,主词"存在"总已经被这样那样地"存在者化"了,虽然恰好是以"存在"的名义,因为"存在"作为"主词",不仅仍然是"作为表象着和设定着的语言",而且作为与"宾词"相呼应或相匹配的"主词",它必须先行"存在者化",否则句子"存在不是存在者"甚至不能赢获自己的"语义场"!所以,"存在论差异"说的不是两种不同东西之间的差异,而是说"差异本身"(difference as such),并且正是这个"差异本身",才使得"存在不是存在者"这样表象着的言说成为可能。按照海德格尔,"更好的说法:从差异而来进入有待思的东西中;差异之为差异。被遗忘状态归属于差异之为差异。它(差异)保持隐匿和扣留。遮蔽是澄明之为澄明的遮蔽,也即本有的遮蔽"。(同上书,第 55 页,注释⑪。)如果这种差异作为"源在-发生"(Ereignis)始终扣留着自身,那就意味着,我们不可能通过对象性反思-概念的目光去把-捉它,而只能在思-诗的位面迎接它,经受它。

之深渊（Ab-grund）地带的出类，亦即从对象性的存在－存在者的整体区域，跃入思想的发生和创建领域。

倘若 Philo-sophia 源始地说着热爱或追求智慧，那么如前所说，此智慧（sophia）就既不是知识也不是智商，因为后两者本质上朝向并最终归属于对象性的现成存在者领域。而智慧作为哲学、哲学作为形而上学，则是一种思想和认识的"独特朝向"，一种"自足的根本朝向"。问题又来了：这是一种怎样独特、自足的根本性朝向呢？作为"一种"朝向，它有什么资格竟敢在众多朝向中与众不同？它又凭什么独占智慧乃至干脆就是智慧本身？这些尖锐的问题再次将我们带回到作为"第一哲学"的 Meta-physics 那里，因为那 Meta 还在说话。

作为"真正哲学"的 Meta-physics 中的 Meta 究竟在说着什么呢？如果它说的不是相对于可感事物域的超感事物域，就是说，不是诸如第一推动者、神、不死的灵魂，也不是最终的存在者，彼岸的存在者、无限者，甚至也不是最高的种属、一般存在者、普遍者等等，因为尽管它们都很"高大上"，却仍不过是现成的东西，那么这个 Meta 究竟在说着什么？它说着的不是"什么"，而且不是任何可能的对象性的什么，而是说着作为超越的 Meta 本身。

作为大学里的一门学科，哲学当然有自己独特的对象域（如不同的"部门哲学"）和专门的知识系统（如"共识的"抑或"对立的"通识性以及专题性的知识谱系）。然，一如海德格尔极深刻指出的那样："世界之本质的哲学知识，不是或根本不是对某种现存事物的获悉，而是以一种有明确指向的追问，在理解过程中对某物的展开，作为追问，根本不让被追问的东西成为现存的事物。"① 这就是说，无论哲学怎样划分自己的部门哲学，也无论哲学表现为什么样的知识形态，在追问中方才是其所是的哲学，其活动的根本意向就在于"不让被追问的东西成为现存的事物"。就是这个"不让"，在否定着的肯定之双重方式中向我们讲话：作为真正彻底的追问，哲学始终不让自身止步于任何可能的现成状态，不管这种现成的东西是不死的灵魂还是超验的诸神，是可感的还是不可感的、是经验的还是先验的、是形而下的还是形而上的；但是，这种"始终不让"绝非一种空洞的阻止，绝非只是守在门口不让进；恰恰相反，它以深彻渗透从而解构一切现成存在的方式"始终不让"，由此实现并始终重新实现着作为超越的"开端性的完成"。②

所以，源始位面的"形而上学"，从正面讲，就是 Meta-physics，亦即始终保持在这个 Meta 与 physics"之间"；从反面讲，就是阻止发生着的 Meta-physics，坠落或衰退为现成化的 Metaphysics。因而，哲学，作为 Philo-sophia 本真的哲学，就是不断从 Meta-physics 中 physics 的那个位置崛起，更深彻地说，从作为 Mata 与 Phisics 的"之间"的那个"存在论差异"的地带崛起，而这就是从坠落为现成存在中奋起的那个 Meta 本身；哲学作为一种生存活动，就是行这个 Meta 本身，亦即行此始终"尚未"的超越本身。质而言之，本真意义上的哲学只在"存在论上"说话，或者说，真正的哲学活动始终只发生在其"存在论"的地带。

---

① 《形而上学的基本概念》，第 416 页。着重号为引者所加。
② 参见海德格尔：《通往语言的途中》，孙周兴译，第 7 页，商务印书馆，2015 年。

这等于是说，在"哲学"名义下的一切对象性的分类形态以及所有不同的知识形态，就其自身已然成型而言，均不过是其非本真的或衰变的形态，是行超越的哲思冷却后留存的"遗产"或海德格尔所谓的"路标"。这意味着，即使我们的哲学史知识武装到牙齿，即使我们的转述、复述、翻译等等精确到小数点后第 n 位，甚至即使我们长年累月地攻读大哲学家的著作，所有这些都担保不了也不可能担保我们处身在哲学性的生存中。如果哲学本质上是它的 Meta，而且只有在行此 Meta 之际方才是其所是，那便进而等于说，哲学不能入驻任何现成化领域，不能裹足于任何知识形态和概念系统，包括哲学自己的诸历史形态和范畴体系，尽管总会路过它们。海德格尔说："哲学活动只有在达乎话语的地方才是活生生的。"① 只有当我们崛起于现成性之际，突破概念的表达性之际，② 就是说，只有当我们在存在论上说话，亦即行 Meta 之际，才可能生成并且不断重新生成活生生的"哲学话语"。这才是真正的爱-智（Philo-sophia）之道，亦即那呼应并守护着人性中那个"始终尚未"之深渊的爱智之道。

　　哲学引发生命的超越姿态。可这并不能使我们绕开反倒使那个尖锐的问题变得更加尖锐起来：作为一门学科，哲学凭什么立足于现代大学？换一个更干脆的问法：作为现代大学里的一门学科，哲学的真正合法性在哪里？相对于诸学科特殊的对象域，哲学曾将自身的对象域瞄准"普遍者"，由此哲学以为自己可以立足于普遍性。但吊诡的是，相-对于特殊性的普遍性，其实已然

---

① 参见《形而上学的基本概念》，第 415 页。译文参照英文版作了改动（p. 291）。着重号为笔者所加。
② 参见本书下篇《诗与思的风云际会》一文。

因为此"相对"而降格成为特殊的东西。这意味着,将自身的对象域定位在普遍性上的哲学,虽然手握降了格的普遍性,但却不仅构不成对诸学科的任何优先性,甚至也无法担保自己作为大学里一门学科的合法性。于是,我们逻辑地迎来了黑格尔哲学。黑格尔以深度的思辨打通了特殊与普遍的对象性壁垒,将哲学的对象域定位为扬弃了特殊的普遍抑或扬弃了普遍的特殊,从而一举使哲学"囊括四海,并吞八荒"而"王天下",成为始终在场的"绝对"。黑格尔哲学是"百科全书"式的,它必须是百科全书式的,因为以绝对为对象的绝对哲学,君临一切,担保一切,代庖一切,直至干脆就是一切。但是,姑且不论绝对哲学在醉醺醺的思辨中对一切讲话时是否不过是"热昏的胡话",仅就其庞大体系三段论式的固定构演方式来看,作为密纳发猫头鹰的黑格尔哲学,[①] 在根本上就背叛了爱－智(Philo-sophia)的本真存在,因为它"扬弃"了自身的 Meta 性,坠落为不再召唤行 Meta 的现成的东西,尽管作为哲学第一次贯彻始终强势运演的 Meta,这种三段论式的强力思辨饱含着让人叹为观止的创造性。因此,那个问题仍顽强地守候在那里:作为现代大学里的一门学科,哲学的真正合法性究竟在哪里?

现代大学里的每一门学科,都是凭借着自身或明或暗的实用性而取得自身的合法性身份的。但哲学却不可能以任何实用性去赢获自己的合法性资格。哲学到底有什么用处?近代以来,科学势如破竹地渗入一切领域,新老学科雨后春笋般成长壮大,其研

---

① 参见黑格尔:《法哲学原理》,范杨、张企泰译,序言第 16 页,商务印书馆,2016 年。

究对象愈来愈明确具体；每一门学科都在其研究成果的直接转化－应用中自证其存在资格，从而确立自己在大学中的存在位置。在诸学科这种与社会分工一一对应的实用性的全方位挤压下，哲学愈来愈惶恐不安，因为作为大学里一门学科的哲学，无法以对象性的转化－应用方式确证自身的合法性位置。作为诸学科之母的哲学，一如莎士比亚的李尔王一样，最后弄得来竟然无法安顿自身。为了取得在现代大学中合法的一席之地，哲学东奔西突地寻找自己的"实用性"：什么"科学的科学"啦，什么"清理语言的误用"啦，什么"训练思维"啦，什么"无用之用实为大用"啦，等等，等等。所有这些自我辩解不仅苍白无力，更重要的是，它们本身就形成了对哲学之本质最深刻的遮蔽和贬低。

　　海德格尔在上个世纪60年代有篇名文，题目叫"哲学的终极与思的任务"[①]。且不管海德格尔在此文本中说了些什么，单单这个标题便让我们这些搞哲学的情何以堪！然而实际上，谈论"哲学的终极"绝非是要说，哲学作为一个专门的实用性行当歇业关门了，似乎哲学从来就是这样一个实用性行当似的；毋宁是说，哲学彻底"解甲"了：彻底卸去自己作为现代大学里一门学科的一切可能的实用性盔甲，亦即彻底解构自身的实用性意向，因为哲学事实上已终结于"被技术化了的各门科学"[②]，也就是说，科学实际上已接管了一切实证性领域，所有直接间接实用性的"存在者"领域最终都会由诸新老学科接手。"解甲"之后就

[①] 参见海德格尔：《面向思的事情》，陈小文、孙周兴译，孙周兴修订，商务印书馆，2015年。下文凡引此书，只注书名和页码。
[②] 参见《面向思的事情》，第85页。

意味着"归田",就是说,哲学必须直面并进入自身的本质:从一切产生以及重新产生的知识－实用性的东西那里不断退出－超越以及重新退出－超越,并且维持着这种退出－超越。一言以蔽之,哲学必须始终去行 Meta,去行超越。

哲学作为这样一门始终行 Meta 的学科,其概念乃至由此构成的整个"知识系统",本质上完全不是由其"实用性"来担保的。正如本真域中的诗歌乃是"纯粹之说"一样,本真域中的哲学乃是"形式指引"(formally indicative)。对此形式指引,海德格尔说得极其干脆:"所有哲学的概念都是形式指引着的,而只有当它们被这样理解时,它们才形成真正的把握之可能性。"① 虽然这里无力去展开这个极重要的专题,但指出本质性的东西还是可以的。所谓形式指引,说的不是在通常的形式－内容概念的统摄下,作为"能指"的形式对作为"所指"的内容的寻找,尽管这样的寻找也经历着自然的到时－生成(zeitigen)。事实上,黑格尔已将作为范畴的形式－内容之本质,赤裸裸地摊了出来:"所以,内容非他,即形式之转化为内容;形式非他,即内容之转化为形式。"② 这种形式－内容的相互转化意味着:1. 形式是完成了的或现成的,因为它不过是尚未展开或扬弃了的内容,反

---

① 《形而上学的基本概念》,第 418 页。海德格尔的"形式指引"是一个很大的专题,不是一个"跋语"所能容纳的,只能再引两段海德格尔的原话:"这种指示绝不携带其内容,它们是形式的指示";"哲学概念普遍的特点,即它们全都是形式的指引。它们是指引着的,这就是说,这些概念的意义内容并不直接就意指或说明其所关涉的目标,有的只是一种指示,指出领会者被这种概念关系所敦促,要求在其此中中去实施其自身的某种转变"。(同上书,第 421～422 页)。再可参见本书下篇《诗与思的风云际会》一文。
② 参见黑格尔:《小逻辑》,贺麟译,第 278 页,商务印书馆,1980 年。

之亦然；2. 形式对内容的寻找是对象性的，因为寻找现成东西的意向本身已然是对象性的，反之亦然。与这种范畴位面的形式－内容截然不同，海德格尔所说的形式指引，说得恰恰是：1. 解构一切实存的以及可能的现成性和对象性，故而它才可能始终是"形式的"；2. 这种总是重新从其现成性和对象性中腾空而起的"形式"，故而才始终是"指引着的"。如此这般悬空的形式－指引，说穿了就是从存在者－存在的形而上学整体，向着"源在"(Ereignis)之涌动－发生的源始绽出，而在追问中响应并迎接这种绽出，就是我们所谓的"行 Meta"或"行超越"。所以，作为一门本质上行 Meta 的学科，哲学非但不应该也不可能企求通过某种直接的实用性，去赢获自己作为一门学科的合法性；而且事情刚好相反，哲学之为哲学，首先就是从一切实用性意向突围，亦即从一切经验位面的现成性－对象性破围，进而以形式指引的方式行 Meta，最终凭借这种行超越而"存在论"地守护着大学存在的辽阔之域。换句话说，只是因为其非实用意向或超越意向，哲学才可能赢获自己作为现代大学里一门学科的真正合法性。

哲学作为 Meta-physics，Meta-physics 作为以"形式指引"方式行 Meta，的确是一种出类拔萃的生存论现象，一种卓越的生命姿态，因为它在崛起于在世生存之实用性之际，直接深深耸入了人性的深渊。因此，"出类拔萃"或"卓越的生命姿态"并不是一种自恋式的价值评判，而是一种命运，一种人作为时间性存在者、作为能思之存在者的命运。自海德格尔追－思存在以来，作为 Philo-sophia 的哲学，就被带离历史学式的劳作方式而返回存在本身幽暗的辽阔之域，进入行 Meta 之道。一旦踏上这条道路，我们就会陷入"存在者簇拥着存在，使存在走投无路"的四面楚歌之中。① 故而，哲学必须存在论地"出类拔萃"，必须拨开存在者的簇拥而腾空劳作，否则它就会坠落为与其他学科互为学科壁垒的一门始终遮蔽着自身的学科，并进而意味着人性的荒芜和塌缩，因为人作为"能在"之生命存在的意义、尊严和辽阔，已经荡然无存。

哲学乃一种出类拔萃的生存论现象……这话还在诉说，还在敦促……

余　平

2018 年 2 月 18 日于川大花园搁笔

---

① 参见海德格尔：《林中路》，孙周兴译，第 355 页，上海译文出版社，2005 年。

图书在版编目（CIP）数据

思想的虔诚 / 余平著. — 2版. — 成都：四川大学出版社，2023.3
（思问文库）
ISBN 978-7-5690-6084-3

Ⅰ.①思… Ⅱ.①余… Ⅲ.①哲学－文集 Ⅳ.①B-53

中国国家版本馆CIP数据核字（2023）第066639号

书　　名：	思想的虔诚
	Sixiang de Qiancheng
著　　者：	余　平
丛 书 名：	思问文库
出 版 人：	侯宏虹
总 策 划：	张宏辉
丛书策划：	张宏辉　张宇琛
选题策划：	张宇琛　胡晓燕
责任编辑：	张宇琛
责任校对：	于　俊
封面设计：	周伟伟
责任印制：	王　炜
出版发行：	四川大学出版社有限责任公司
	地址：成都市一环路南一段24号（610065）
	电话：（028）85408311（发行部）、85400276（总编室）
	电子邮箱：scupress@vip.163.com
	网址：https://press.scu.edu.cn
印前制作：	四川胜翔数码印务设计有限公司
印刷装订：	成都市金雅迪彩色印刷有限公司
成品尺寸：	145mm×210mm
印　　张：	12.875
插　　页：	2
字　　数：	320千字
版　　次：	2018年9月 第1版
	2023年7月 第2版
印　　次：	2023年7月 第1次印刷
定　　价：	68.00元

本社图书如有印装质量问题，请联系发行部调换

版权所有 ◆ 侵权必究

扫码获取数字资源

四川大学出版社
微信公众号